第三届中国—拉美和加勒比智库论坛文集

刘古昌　主编

世界知识出版社

主　　　编　刘古昌

副　主　编　李国邦

执行副主编　吴长胜　杨云龙

国务委员杨洁篪出席开幕式并致辞

中国国际问题研究基金会理事长刘古昌致辞

中国人民外交学会常务副会长卢树民致辞

智利前总统爱德华多·弗雷致辞

牙买加前总理戈尔丁在论坛上发言

拉美和加勒比国家使团长、苏里南驻华大使皮纳斯致辞

国务委员杨洁篪会见拉美和加勒比国家前政要

分论坛现场

前　言

2016年11月7日至8日，由中国国际问题研究基金会和中国人民外交学会共同举办的第三届中国—拉美和加勒比智库论坛在北京成功举行。来自24个国家和5个地区组织的160位专家学者和各界代表出席会议。中国国务委员杨洁篪到会致辞，智利前总统弗雷、牙买加前总理戈尔丁等拉美前政要出席了论坛。此次论坛的主题是"中拉合作新时刻——开拓进取，共创未来"。43位中外方专家、学者围绕"开拓产能合作，打造中拉务实合作升级版"、"深化人文交流，构建中拉互学互鉴新伙伴"、"建设中拉论坛，推动中拉整体合作新进展"和"助力中拉合作，发挥中拉智库新作用"等议题展开热烈、坦诚、深入的讨论和交流，达成重要共识。这次论坛通过的《中国—拉美和加勒比智库论坛会议纪要》，吸纳了各位专家、学者和嘉宾的重要观点，对进一步促进中国与拉美和加勒比关系在新形势下的进一步发展、加强中拉智库间的交流与合作等方面都具有指导作用。

本书收录了此次论坛有关领导、嘉宾、专家、学者的致辞、演讲、专题发言和书面发言，以供阅读参考。本书编辑方式基本采取了原文所用语言文字，主要是由于我们能力有限，无法将所有稿件翻译成其他有关语言，特此说明，敬请谅解。

中国国际问题研究基金会理事长
刘古昌
2016年11月

目 录

1	前言···刘古昌

开幕式致辞

03	中国国际问题研究基金会理事长刘古昌的致辞
05	中国人民外交学会常务副会长卢树民的致辞
07	国务委员杨洁篪的致辞
13	智利前总统爱德华多·弗雷的致辞（西文）
23	拉美和加勒比国家使团长、苏里南驻华大使皮纳斯的致辞（英文）

第一部分 开拓产能合作，打造中拉务实合作升级版

29	产能合作能否为发展中小国带来新机遇？（英文）······[牙买加]布鲁斯·戈尔丁
33	新形势下中拉产业合作重点领域及模式探讨··················姚淑梅
35	产能合作：中拉经贸合作的新动能··························岳云霞
41	加强中拉贸易、投资和生产联系（英文）···[西班牙]华金·特雷斯·比拉多马特
51	中国与拉美国家的金融合作模式····························王翠文
61	从"丝绸之路"到阿根廷/拉美基础设施发展：中国和拉美合作新路径（西文）································[阿根廷]卡洛斯·胡安·莫内塔
77	中拉产能合作的机遇与挑战：基于对中拉科技合作的考察与思考·········王 萍

87	巴拿马运河扩建和中拉贸易前景（西文）……………[巴拿马]艾迪·塔别罗
91	深化能源电力合作　打造中拉全面合作新引擎………………………周原冰
97	基于全球价值链视角的中拉新能源产能合作研究……………………张　宇
115	基于拉美能源外交战略实证分析看中拉能源合作……………………万　瑜
121	中拉油气合作的机遇与挑战……………………………………………姜学峰
129	开拓产能合作，打造中拉务实合作升级版（西文）…[秘鲁]温贝托·坎波多尼克
139	助力中国企业"走出去"　全面推动中拉投资合作……………………吴启金
145	携手共赢　助力中拉产能合作迈上新台阶……………………………辛晓岱
149	拉美新形势下中国承包商的机遇与挑战………………………………蔺东飞
153	扩大产能合作，实现中拉务实合作提质升级（西文）…………………………………………………………………………………[巴西]利亚·瓦尔斯·佩雷拉

第二部分　深化人文交流，构建中拉互学互鉴新伙伴

159	对深化中拉人文交流的若干思考………………………………………袁东振
163	中拉学术与文化合作：双赢合作（西文）………[委内瑞拉]赫尔曼·里奥斯
169	高校拉丁美洲研究中心与拉丁美洲研究人才培养……………………刘　建
173	深化中拉文化交流：构建合作与共同发展的桥梁……………………左晓园
179	中拉高等教育双边交流之现实与展望…………………………………姜　曙
195	人民所思所为：加勒比国家眼中的中拉关系（英文）………………………………………………………………………………………[巴巴多斯]弗朗索瓦·杰克曼
201	中拉文化产业合作与中国在拉美的国家形象塑造……………………贺双荣

第三部分　建设中拉论坛，推动中拉整体合作新进展

217	拉共体与中国关系展望（西文）……………[厄瓜多尔]弗朗西斯科·卡里翁

225	中拉合作新时代（英文）………………………………	[格林纳达]彼得·戴维
229	携手推进中拉整体合作　助力全面合作伙伴关系…………………………	殷恒民
233	和谐的合作（西文）………………………………	[哥伦比亚]费尔南多·巴尔沃萨
241	中拉论坛在构筑中拉整体合作中的战略效用……………………………	牛海彬
245	中国—拉美和加勒比关系：现状和前景（西文）……	[古巴]爱德华多·雷加拉多
261	中拉合作机制：前景与挑战………………………………………………	崔守军

第四部分　助力中拉合作，发挥中拉智库新作用

267	积极推动智库在中拉合作中发挥重要作用………………………………	吴洪英
275	助力中拉合作　发挥中拉智库新作用（西文）…………………………………………………………	[西班牙]拉斐尔·埃斯特雷利亚斯
281	关于加强和改善中拉智库论坛机制的几点看法和建议…………………	汪晓源
285	创新：中拉未来对话的核心（西文）……………………	[智利]费尔南多·雷耶斯
305	社会团体如何助力中拉合作：以中国拉丁美洲史研究会为例…………	董国辉
311	智库学者在中拉人文交流中的角色定位…………………………………	楼项飞
315	中拉智库新角色：加强合作（英文）……………………………	[牙买加]戴米安·金
319	中国—委内瑞拉智库建设和"我们的认识"（西文）…………………………………………………………	[委内瑞拉]伊赖达·瓦尔加斯
323	如何发挥智库新作用　推动共同发展和相互了解（西文）…………………………………………………………	[乌拉圭]华盛顿·杜兰

第五部分　第三届中国—拉美和加勒比智库论坛会议纪要

331	第三届中国—拉美和加勒比智库论坛会议纪要
335	第三届中国—拉美和加勒比智库论坛会议纪要（英文）

341 第三届中国—拉美和加勒比智库论坛会议纪要（西文）

第三届中国—拉美和加勒比智库论坛闭幕词

349 第三届中国—拉美和加勒比智库论坛闭幕词……………………李国邦

开幕式致辞

中国国际问题研究基金会理事长刘古昌的致辞

尊敬的杨洁篪国务委员,

尊敬的刘洪才副部长、王超副部长,

尊敬的外交学会常务副会长卢树民,

尊敬的智利前总统、政府亚太事务特使爱德华多·弗雷阁下,

尊敬的牙买加前总理布鲁斯·戈尔丁阁下,

尊敬的拉美使团长及各位大使阁下,

尊敬的各位专家、学者和来宾,

女士们,先生们,朋友们:

值此秋冬交汇之际,我们相聚美丽的北京,举办"第三届中国—拉美和加勒比智库论坛"。在此,我谨代表主办单位之一的中国国际问题研究基金会,对前来出席论坛开幕式的中国国务委员杨洁篪和其他有关部门领导、拉美和加勒比国家前政要、与会的各位专家和学者、拉美和加勒比各国驻华使节、中国前驻拉美的资深外交官和企业代表以及中外媒体,表示热烈欢迎和诚挚感谢!

"中国—拉美和加勒比智库论坛"是在世界格局发生重大深刻演变和中拉关系快速深入发展的历史背景下应运而生的,是中拉为加强双方智力交流与合作而搭建的重要平台。自创办以来,论坛始终坚持加强中国同拉丁美洲和加勒比国家智库之间的经验交流与知识分享,为中拉关系不断深

---

* 刘古昌:曾任外交部副部长、驻俄罗斯大使。

化提供智力支持的宗旨，积极开展活动，现已成为中拉之间规模最大、范围最广、影响力最强的中拉智库交流平台。2015年"中国—拉共体论坛"正式成立后，中拉智库论坛被纳入该论坛的主要机制，成为其"专业领域分论坛"的重要组成部分。

本届中拉智库论坛是在国际和地区形势继续发生深刻复杂变化，中拉合作既取得新的重大进展、面临新的合作机遇，又遇到一些困难和挑战的背景下举行的。

为在当前形势下牢牢把握中拉合作新的发展机遇，努力克服共同面临的困难和挑战，双方商定举办第三届中国—拉美和加勒比智库论坛。此次论坛的主题为"中拉合作新时刻——开拓进取，共创未来"，下设"开拓产能合作，打造中拉务实合作升级版"、"深化人文交流，构建中拉互学互鉴新伙伴"、"助力中拉合作，发挥中拉智库新作用"和"建设中拉论坛，推动中拉整体合作新进展"四个分议题。希望各位与会者就此开展热烈讨论，畅所欲言，建言献策，充分发挥中拉高端智库的重要作用，推动中拉关系持续稳定、全面深入发展，为中国和拉美、加勒比地区人民的福祉，乃至全球的和平与发展事业不断作出新的积极贡献！

预祝第三届中国—拉美和加勒比智库论坛圆满成功！

谢谢大家！

中国人民外交学会常务副会长卢树民的致辞

尊敬的杨洁篪国务委员,
尊敬的智利前总统爱德华多·弗雷先生,
尊敬的牙买加前总理布鲁斯·戈尔丁先生,
尊敬的各位来宾,
女士们、先生们、朋友们:

值此第三届中拉智库论坛开幕之际,首先,请允许我代表中国人民外交学会,对始终关心中拉关系发展的朋友们表示热烈的欢迎。

中拉关系近年来全面加速发展。这一成果不仅体现在各类统计数字中,也真切地融入我们的生活。比如,铺设首都国际机场跑道的沥青就来自特立尼达和多巴哥,委内瑞拉、巴西和智利出产的石油、铁矿石、铝和铜为中国工业提供支持。此外,智利的红酒、三文鱼,阿根廷、巴西的牛肉,厄瓜多尔的白虾、香蕉,墨西哥、秘鲁的鳄梨,哥伦比亚、牙买加的咖啡,也赢得了中国中产阶层的青睐。同时,中国的工业品和技术服务也提升着拉美和加勒比地区人民的生活品质,从港口、水电站、桥梁、公路等大型基础设施到地铁列车、汽车、家用电器、智能手机,中国制造、中国技术和中国服务正越来越多地现身当地。

女士们、先生们,

本届论坛的一个分议题是产能合作。中国积累了大量优质产能。同时,

---

* 卢树民:曾任驻印度尼西亚、加拿大大使,外交部驻澳门特别行政区特派员公署特派员。

拉美和加勒比国家也致力于提升本国工业化水平。只要双方坦诚相待，充分挖掘各自优势，寻找到彼此利益的契合点，中拉合作的前景充满希望。

倘若经贸合作使我们成为互惠互利的伙伴，那么，人文交流就能加深彼此间了解，使我们成为心灵相通的朋友，这也是本届论坛设为另一个分议题的意义所在。

女士们、先生们，

中国人民外交学会于1949年在已故周恩来总理的倡导下成立，是新中国第一个专门从事人民外交的机构。作为中拉智库论坛的主办单位，我们愿意为建设好中拉论坛、推动中拉整体合作迈上新台阶作出自己的贡献。

最后，请允许我对论坛的另一主办单位——中国国际问题研究基金会的密切合作致以诚挚的谢意，我也要感谢中国外交部对论坛筹备给予的大力支持。

祝第三届中拉智库论坛取得圆满成功。

谢谢！

国务委员杨洁篪的致辞

尊敬的弗雷前总统阁下，戈尔丁前总理阁下，
尊敬的卢树民常务副会长，刘古昌理事长，
尊敬的拉美和加勒比国家驻华使节，
尊敬的各位专家、学者，各位来宾，
女士们，先生们，朋友们：

"有朋自远方来，不亦乐乎！"很高兴在北京霜染枫林的深秋时节，同各位新老朋友、专家、学者欢聚在第三届中拉智库论坛，畅叙中拉传统友谊，共商中拉未来合作。我谨代表中国政府，对本届论坛召开表示热烈祝贺，对远道而来的各位朋友表示欢迎，对中国人民外交学会和中国国际问题研究基金会为此次论坛所做工作表示感谢！

中国—拉美和加勒比智库论坛汇聚了双方权威专家、学者，成立六年来，就促进中拉关系发展集思广益，深入研讨，集合两地智慧，提出了很多重要建议，为双方政府决策提供了有益咨询，为加深中拉人民相互了解、增进双方友谊作出了积极贡献。我们高度赞赏智库论坛在推进中拉各领域合作中发挥的智力支持作用，期待智库论坛作为中拉整体合作机制的重要组成部分，在中拉论坛的大平台上获得新的发展动力。

过几天，习近平主席将结合出席亚太经合组织第二十四次领导人非正式会议，对厄瓜多尔、秘鲁和智利进行国事访问。本届论坛在这一重大历

---

* 杨洁篪：国务委员，曾任外交部长。

史性访问前夕举行具有特殊意义，希望本论坛能继续就双方合作积极建言献策，为中拉关系发展作出新的贡献。

女士们，先生们，朋友们，

"志合者，不以山海为远。"中拉虽远隔万水千山，但传统友谊深厚，人民心灵相通，合作意愿强烈。近年来，在双方共同努力下，中拉关系进入全面快速发展轨道。中拉建立了平等互利、共同发展的全面合作伙伴关系，中国同地区建交国建立了多种形式的对话与磋商机制。双方务实合作日益深化，利益交融更加紧密。中国已成为拉美第二大贸易伙伴，拉美成为中国企业对外投资重要目的地。中拉科技、文教、地方、旅游、卫生等领域交流合作"百花齐放"，拉美"中国热"和中国"拉美热"日益升温。双方在联合国、二十国集团、亚太经济合作组织、金砖国家等多边框架内保持良好协作，有效维护了共同利益。2015年年初，中拉论坛首届部长级会议在北京成功举行，中拉关系进入双边合作与整体合作并行互促的新阶段。

我认为，中拉关系的全面快速发展得益于双方始终坚持以下原则：

一是坚持平等相待、始终真诚互信。中国始终坚持独立自主的和平外交政策，坚持和平共处五项原则，主张国家不分大小、强弱、贫富都是国际社会平等成员，尊重拉美国家自主选择发展道路和社会制度的权利。中拉在涉及对方核心利益关切等问题上相互理解和支持。政治互信日益深化，成为中拉关系持续稳定发展的根本保障。

二是坚持优势互补、始终携手共进。中拉同为发展中国家，发展阶段相近，经济结构互补，肩负着改善民生、造福百姓的共同任务，具有以合作促发展的共同愿景。双方发挥各自优势，积极开展务实合作，形成互为对方发展机遇的合作格局。互补互利、合作共赢的发展目标成为中拉关系源源不断的发展动力。

三是坚持顺应时代、始终着眼未来。中拉关系发展不仅符合双方根本利益，也顺应和平、发展、合作的时代潮流。中拉都主张世界的命运必须由各国人民共同掌握，主张发展中国家应携手共谋发展、共担责任、共迎挑战。双方都支持世界多极化和国际关系民主化，支持建立合作共赢为核心的新型国际关系，推动全球经济开放、交流、融合，这赋予中拉关系更具纵深的国际视野和战略稳定性。

女士们，先生们，朋友们，

本次论坛的主题是"中拉合作新时刻——开拓进取，共创未来"，这正是新形势下中拉关系发展前景的写照。

当前，国际形势发生深刻复杂变化，世界经济总体保持复苏态势，但增长动力不足，需求不振，金融市场反复动荡，国际贸易和投资持续低迷，保护主义出现回潮。

面对新挑战，中国正按照全面建成小康社会、全面深化改革、全面依法治国、全面从严治党的战略布局，深入落实创新、协调、绿色、开放、共享的发展理念，深化供给侧结构性改革，加速转变经济增长方式，同时不断完善对外开放布局，扩大同世界各国利益交汇点，构建创新、活力、联动、包容的世界经济，共同打造人类命运共同体。

拉美和加勒比国家也在积极采取措施应对挑战，加快工业化进程，加强基础设施建设，推动产业结构升级，以实现包容、可持续发展。各国凭借优越的发展条件和地区团结协作，一定可以实现发展振兴的战略目标，恢复稳定增长和均衡发展。我们对拉美的发展前景充满信心，愿同拉美各国携手应对挑战，促进共同发展。

新时刻需要新的努力方向。中方始终从战略高度和长远角度看待同拉美和加勒比国家的关系，将继续支持拉美国家探索符合自身国情的发展道路，愿同拉方一道，按照双方领导人达成的共识，积极构建政治上真诚互信、经贸上合作共赢、人文上互学互鉴、国际事务中密切协作、整体合作和双边关系相互促进的中拉关系"五位一体"新格局，推动中拉全面合作伙伴关系实现新的发展。

新时刻带来新的合作机遇。中拉正按照双方领导人确立的合作框架和目标，积极推进各领域务实合作提质升级。贸易方面，中国经济仍将保持中高速增长，对拉美大宗商品有着长期稳定的需求，拉美中高端农产品日益受到中国消费者青睐，成为对华出口新的增长点。投资领域，中国有拉美工业化所需的资金、技术和装备，愿同拉方积极探索产能合作新模式，共建拉美物流、电力、信息三大通道，帮助拉美国家打破基础设施瓶颈，促进多元化发展，提高自主发展能力。金融合作方面，中国为各领域合作提供有力支撑，欢迎拉方积极申请使用。中方将以创新发展为动力，在能源资源、基础设施建设、农业、制造业、科技创新、信息技术等领域与拉方深化产业对接与产能合作，促进双方经济增长，拓展新的发展机遇。

新时刻打造新的合作平台。今年是中拉论坛建设承上启下之年，在双方共同努力下，论坛框架下各领域交流丰富多彩，合作倡议加速落实。第二届中拉基础设施合作论坛、第二期"未来之桥"中拉青年领导人培训交流营、第三届中拉青年政治家论坛、第十届中拉企业家高峰会等活动顺利举办，形成重要成果。2015年拉方在论坛相关倡议下来华交流、培训、学习的各类人员超过4000人。"2016中拉文化交流年"期间举办了一系列高水平文化交流活动，拉近了中拉人民心与心的距离。中方将继续同拉方加强协作，深入推进论坛建设，继续办好各项分论坛活动，鼓励创建新平台，为中拉务实合作提质升级和人文领域交流互鉴提供助力。

女士们、先生们、朋友们，

我们高兴地看到，越来越多的智库和学者对中拉关系发展前景持积极乐观的看法，认为中拉合作潜力巨大，双方有望通过发展战略对接，相互输送发展动力，实现更高水平的优势互补和共同发展。希望学者朋友继续坚持严谨客观的学术立场，发挥专业优势，在深入研究中拉关系历史与现状的基础上，提出具有创造性、经得起实践检验的研究成果，为中拉关系发展提供更多的智力支持。希望你们不断总结中拉合作好的经验，推广好的合作模式，使中拉合作更好造福于双方人民。在座各位都具有重要舆论影响力，你们经常往来于中拉之间，希望大家在潜心学术之余经常发声，在中拉之间架起一座学术与文化交流的桥梁，不断增进双方人民相互了解，成为中拉友好的民间使者。

最后，预祝本届论坛取得圆满成功！

谢谢大家！

Ex presidente de Chile
Eduardo Frei

Nuevos horizontes para la cooperación China-América Latina

MI INTERVENCIÓN ABORDARÁ 4 PUNTOS, 2 ECONÓMICOS Y 2 POLÍTICOS

Los 2 puntos económicos son:
- Que China debe colocar más atención a la Alianza del Pacífico
- Que las inversiones en Chile son un verdadero desafío para China

Los 2 puntos políticos son:
- La contribución de cada región a la paz mundial
- La lucha contra la corrupción

CHINA debe colocar especial atención a la ALIANZA DEL PACÍFICO en su inserción en América Latina y el Caribe

La AP es el mecanismo de integración más dinámico que hoy existe en

---

* 爱德华多·弗雷：智利前总统、政府亚太事务特使。

Latinoamérica.

Desde hace décadas que no existía un impulso de estas características en el proceso de integración latinoamericano.

Partió desde una base muy definida: TLC entre todos los países miembros. Una base sólida para metas ambiciosas.

Es un proyecto que no es cerrado, que está abierto a América Latina y que tiene desde su nacimiento una fuerte proyección hacia el Asia.

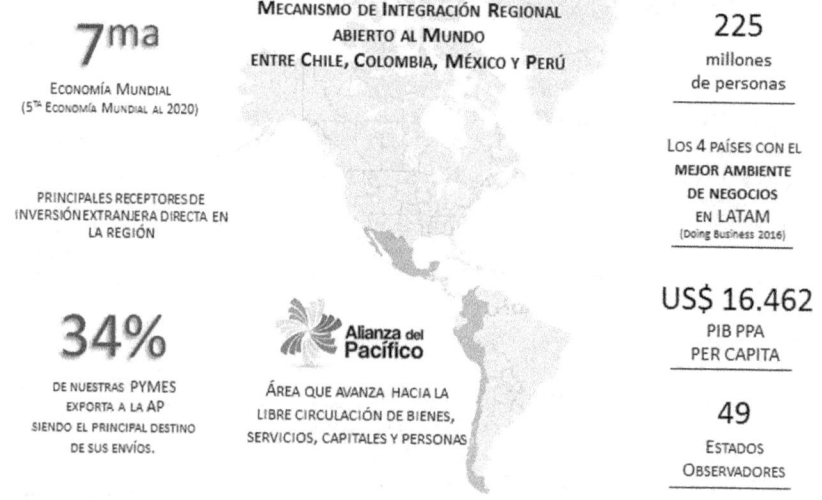

La ALIANZA DEL PACIFICO ya tiene una relación económica con CHINA que ciertamente puede ser expandida.

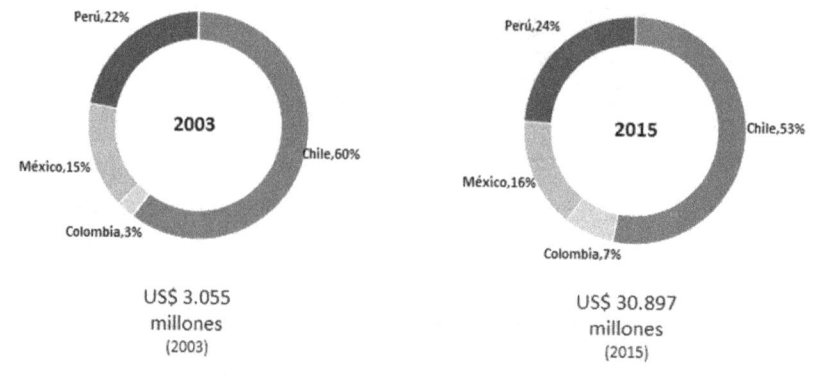

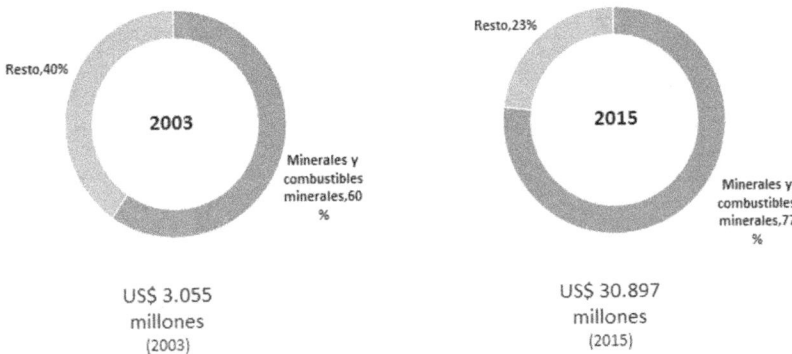

77% de lo que exporta la Alianza del Pacífico a China corresponde a minerales y combustibles.

Acuerdo de Libre Comercio Vigente desde 2006

Acuerdo de Libre Comercio Vigente desde 2010

Inicio de Negociaciones en 2015

Con Costa Rica país Observador y Candidato AP tienen un acuerdo vigente desde 2011

China es país Observador de la AP desde el año 2013

CHINA ya tiene una relación institucional con la ALIANZA DEL PACIFICO que ciertamente puede ser fortalecida.

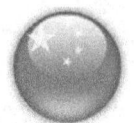

China es país Observador de la AP desde el año 2013

La AP ha desarrollado un renovado esquema de trabajo para dinamizar la cooperación con los Estados Observadores, lo que traduce el trabajo con estos en cuatro áreas temáticas, que son:

Ciencia, Tecnología e Innovación;
Facilitación del Comercio;
PYMEs; y
Educación.

EN EL ÁMBITO DE COOPERACIÓN ENTRE AP Y CHINA EL ÁREA DE COOPERACIÓN ACORDADA FUE FACILITACIÓN DE COMERCIO.

INVERTIR EN CHILE: un desafío para China

Chile es un país abierto a la inversión extranjera.

El Informe Mundial de Inversiones 2015, de Naciones Unidas, ubicó a Chile en el 17avo lugar a nivel mundial en atracción de inversión extranjera en 2015.

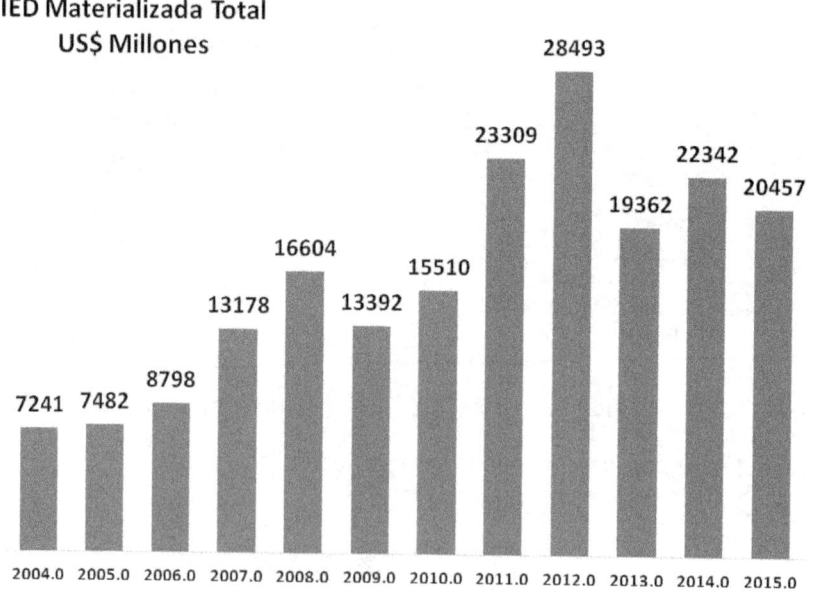

En los últimos doce años los flujos de IED extranjera a Chile han crecido a una tasa media anual del 10%.

¿Cuales son las razones para el alto flujo de inversión extranjera en Chile?

- Hay certeza y seguridad jurídica, continuidad en el tiempo
- Existe un muy buen ambiente de negocios
- Es una muy buena base para negocios e inversiones en América Latina
- Hay un gran potencial para invertir en minería, agroindustria, alimentos, infraestructura, energía entre otros.
- Hay una gran cantidad de indicadores internacionales que avalan lo señalado.

Chile se sitúa en el 2° puesto como receptor de flujos de inversión en América Latina (con el 14%) después de Brasil. (WORLD INVESTMENT REPORT.UNCTAD 2015)

Sin embargo, recibe Chile solo el 3% de la inversión china en América Latina

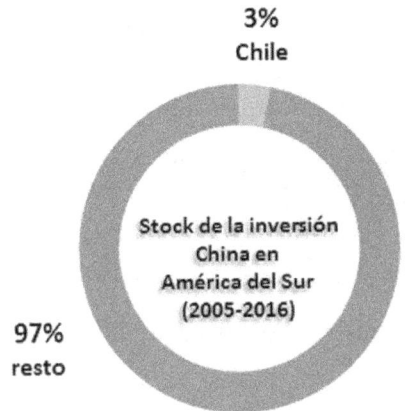

¿DONDE RESIDE LA DIFICUTAD ENTONCES?

Una primera respuesta apunta a que el tipo de proyectos que China busca desarrollar en América Latina, no se da en Chile. Pero quiero apuntar en esta ocasión a una dimensión diferente.

Chile es un ambiente difícil para las inversores chinos por que no están acostumbrados a funcionar en un ambiente de las siguientes características:

• No hay una población china significativa

• No hay grandes proyectos interestatales Chile-China

• Los grandes proyectos públicos de Chile son concesionados por licitaciones internacionales

• Hay igualdad de condiciones para empresas nacionales y extranjeras. No hay incentivos especiales para la inversión extranjera

• Dada la temprana apertura de Chile a la economía internacional hay actores consolidados en cada unos de los sectores de actividad económica

China entonces puede aprender en Chile, a nivel de las inversiones, lo siguiente:

• A trabajar en ambientes en que no hay una presencia económica fuerte del Estado chino

• A trabajar en un esquema de relación público- privada diferente

• Tener control directivo pero no necesariamente involucramiento en la operación misma

• Trabajar en los variados niveles operacionales con nacionales no chinos

• Asociarse con locales para inversiones conjuntas (hay experiencias exitosas en Chile)

• Trabajar en un ambiente sin subsidios, compitiendo con otras ofertas.

¿Qué valor tiene para China realizar este aprendizaje?

• Todas las economías que han tenido una inserción internacional exitosa han recorrido este camino tarde o temprano.

• Amplía sus posibilidades de inversión y mejora sus habilidades de negocios. Una economía similar a China como la de Japón, en el sentido de que busca proveerse de materias primas de manera regular y constante en el tiempo, fue el primer inversor extranjero en Chile entre el 2010 y 2013.

• El esfuerzo que significa tiene una clara recompensa: establece una relación con un proveedor de materias primas confiable y estable, y que el producto o servicio que desarrolle en el mercado chileno puede competir de manera exitosa en los mercados mundiales.

DESAFIOS POLITICOS COMUNES

Contribuir a la paz mundial desde cada región
• En un escenario internacional cada vez más turbulento la paz entre las naciones sobresale entre las condiciones básicas para el desarrollo de los pueblos, para alcanzarlo y disfrutar de sus beneficios.
• En este contexto, cada nación y región debe de acuerdo a sus realidades contribuir a la paz mundial.

China enfrenta un gran desafío, hoy se ha transformado en una potencia mundial.
• Ha pasado de una política internacional de bajo perfil a una más asertiva.
• El ascenso de una nueva potencia en el orden mundial no es fácil.
• El manejo de su fuerza y poder será decisivo para la paz mundial.
• Esperamos que China actúe en esta etapa crucial con la sabiduría que la caracteriza.
• La región latinoamericana ha crecido mucho en su aporte a la paz mundial. Ya hace décadas que estamos libres de conflictos armados interestatales y cuando ellos se han presentado, hemos tenido los mecanismos latinoamericanos para resolverlos sin que escale a mayores.

Permítanme ilustrarlo esta colaboración a la paz con dos ejemplos vigentes: el proceso de paz en Colombia y el caso de Chile.

La lucha contra la corrupción: una tarea política de primer orden.

Uno de los agudos problemas de la gobernabilidad contemporánea es la corrupción.

• Los sistemas políticos y sus diligencias pierden legitimidad en su gente, crea un caldo de cultivo para el descontento social, y fomenta las ilusiones populistas como respuesta.

• De allí que tanto en China como en América Latina actualmente se generan respuestas a este verdadero cáncer de la política actual.

• Efectivamente, hay que reaccionar a tiempo, impidiendo la captura de instituciones y empresas del Estado, tanto a nivel Nacional, regional y local por parte de grupos que están sirviendo sus propios intereses en completa desconsideración por el fin de sus instituciones y el bien común.

• De allí que valoramos altamente lo que esta realizando el Presidente Xi Jinping en esta materia y le deseamos el mejor de los éxitos.

En Chile también estamos realizando un mejoramiento institucional y legal para mejorar nuestros niveles de transparencia y probidad.

CIERRE

China y Latinoamérica tienen un gran espacio para crecer en su acercamiento mutuo. Conocer nuestra visiones, inquietudes y proyecciones, con respeto y espíritu de cooperación son un elemento esencial para una amistad verdadera y que resiste el embate del tiempo.

De allí que deseo a este encuentro de think tanks el mejor de los éxitos.

Dean of the Diplomatic Corps of the Latin American and Caribbean Countries in China, Ambassador of Suriname to China
Lloyd Lucien Pinas

Honorable MR. Yang Jiechi of the State Council of the PRC

Excellencies,

Distinguished participants, honored guests, ladies and gentlemen,

Good morning.

It is my great pleasure and honor to be here today – and on behalf of the LAC-Heads of missions here in Beijing, I salute you and welcome you to the third China LAC Think Tank Forum. I would like to thank the China Peoples Institute of Foreign Affairs and the China Foundation of International Studies for organizing this important event. This distinguished gathering should be viewed as showcasing the long standing cultural, economic and political relations between China, Latin-America and the Caribbean.

It is observed by analysts that from 2003 to 2013 Latin America and the Caribbean have been doing well – with economies growing at an average rate, faster than any decade since the 1970s. Driven largely by China's growth and appetite for natural resources, a number of observers expressed concern that LAC dependence on its resource-led growth could throw us back to the 19th century and the famed "paradox of plenty." (Resource curse – is a paradoxical

---

* 洛伊德·皮纳斯：拉美和加勒比国家驻华使团长、苏里南驻华大使。

situation in which countries with an abundance of non-renewable resources experience stagnant growth or even economic contraction)

Are there clear signs that there is a curse in the region? From personal experience I can tell you that Suriname is not doing well economically at this moment. LAC economies contracted in 2015 and are projected to grow one tenth of one percent in 2016, according to the World Bank. At the same time, the private sector is retreating from the region at an alarming rate, with negative net capital flows to Latin America for the first time since 1998. Another Suriname example is that the Multinational ALCOA has stopped production in the bauxite sector and moved out of Suriname.

Kevin Gallagher from the Global Economic Governance Initiative informs us that Development banks that are supposed to be there to help during downturns are also on the retreat; the World Bank and Inter-American Development Bank cut lending in 2015 by 5 percent and 14 percent respectively.

Despite all this sad news, China is not turning its back on Latin America, even when its own economy slows down. China has pledged to increase exports to $500 billion and foreign investment to $250 billion by 2025. Furthermore, the China Development Bank and the Export-Import Bank of China, provided around $29 billion in loans to Latin American governments in 2015.

In addition to the $29 billion in bilateral loans in 2015, China also set up $35 billion in multilateral finance platforms for Latin America, including a $20 billion China-LAC Industrial Cooperation Investment Fund and a $10 billion China-Latin America Infrastructure Fund.

Also, China provided another $5 billion to the China-Latin America Cooperation Fund that was set up in 2014.

As we are here part-taking in this forum we are reminded that in 2015

China teamed up with the Community of Latin American and Caribbean States (CELAC) and put together a cooperation plan to allocate the mentioned funds and discuss broader issues such as industrialization, infrastructure and sustainable development.

From the on-going discussions we understand that China has a clear Latin America strategy: invest and trade with Latin America to gain access to strategic natural resources and strategic markets. The problem is, the countries of Latin America don't have a plan for China. That is why Think-Tanks such as this one are important. They don't only give strong research outputs, but also fuel discussions, spark change and disseminate new ideas.

I wish this third China LAC Think Tank great success and that this forum will continue in years to come.

第一部分
开拓产能合作,
打造中拉务实合作升级版

Former Prime Minister of Jamaica
Bruce Golding

Can production capacity cooperation offer new opportunities for small developing countries?

This is the third biennial China-LAC Think Tank Forum. It is one of a number of forums designed to enhance cooperation in important areas between the People's Republic of China and the countries of Latin America and the Caribbean.

Speaking particular for Caribbean countries, the majority of which are small island developing states, I wish to thank the Chinese People's Institute of Foreign Affairs and the China Foundation for International Studies for bringing together such a distinguished array of leaders and thinkers from China and the Latin American and Caribbean region. Although the distance that separates us is half the circumference of the globe, we are here to continue the task of finding new, creative and sustainable ways to narrow that distance and to strengthen and expand the bridge of understanding and mutual cooperation that exists between us.

You have, quite usefully, chosen as one area for special focus "Expanding Cooperation on Production Capacity".

Globalization has drastically changed the way in which the world does

---

* 布鲁斯·戈尔丁：牙买加前总理。

business, the ways in which goods and services are produced and marketed. We were widely assured that through greater access to the world's markets and increased trade it would provide countries like mine with exciting new opportunities for economic growth and development.

However, small economies, especially island states, face huge challenges in coping with, let alone, benefitting from globalization. Most of us have a narrow resource base and we have difficulty in attaining the economies of scale to become globally competitive.

Two developments emerging within the last decade offer a ray of hope for small countries like mine. One is China's new and enlightened policy of engagement with Latin America and the Caribbean as encapsulated in its formal policy paper of November 2008. This strategic initiative has produced significant results in terms of investment flows, development financing and increased trade, all of which played an important role in helping the region to withstand the ravages of the global financial crisis. It has been further consolidated in the five-year Cooperation Plan forged last year between China and the Community of Latin American and Caribbean States (CELAC).

The second encouraging and even more recent development is China's promotion of production capacity cooperation with countries in diverse parts of the world. There are many facets to this new thrust including locating production facilities closer to sources of raw materials or markets and the sharing of new technologies to improve competitiveness. This offers exciting new possibilities for economic cooperation and could be a real game-changer for countries like mine. I explain why.

Logistics has increasingly become the pivotal element in the functioning of the global market. It defines the efficiency and reliability of the global supply chain and adds value to the network of procurement, production and distribution. The World Bank has declared it to be one of the core pillars of economic development. It opens up real opportunities for small, developing countries. In the case of Jamaica, we have the special advantage of being located equidistant from North, Central and South America that, together, constitute a market of almost one billion. The phenomenal growth in e-commerce which is expected to exceed US$4 trillion by 2020 is another important dimension of the new trading landscape.

China is already helping us to position ourselves to grasp these new opportunities including major investment in infrastructure. We are committed to establishing Jamaica as a prime logistics centre and that could be significantly enhanced through production capacity partnership with China that would create employment and add greater value to our logistics processes. I hope that both governments will embrace and diligently pursue this idea.

Of course, there is much that we, ourselves, have to do to facilitate this adventure including maintaining a stable macroeconomic environment, putting in place the appropriate regulatory framework, eliminating burdensome and unnecessary bureaucracy, modernizing and simplifying customs procedures.

One important underlying concept in China's production capacity cooperation initiative must be identified and properly recognized because, as self-evident as it ought to be, it does not sufficiently influence economic development thinking and strategies at the international and multilateral levels. It is simply this: as complex and uneven as the global economy is, we are all in this thing together. It seems to me that China understands this very clearly. It is the largest exporter in the world. It therefore has a vested interest in strengthening the capacity of countries worldwide to purchase its products. If too many of us remain economically challenged, China's own growth will be held back, the global economy will be held back.

Chinese investment and development assistance in Latin America and the Caribbean reflect the vibrant partnership that has been established between China and our respective countries. Production capacity cooperation will move that partnership to a higher level and will enable us to move up the value chain. In promoting this idea, in creating these new opportunities, China is synchronizing its interests with ours. It is a visionary approach, a transformational approach. We must grasp it with both hands and make it work.

新形势下中拉产业合作重点领域及模式探讨

姚淑梅

中拉经贸合作快速发展始于 2000 年以后，其背景是世界经济快速发展和中国需求高速扩张。然而，金融危机后世界经济增长格局发生较大变化。目前看，世界经济处于弱复苏周期，未来 5—10 年低速增长将成为常态。根据国际货币基金组织（IMF）最新预测，2017—2021 年世界经济年均增速仅为 3.6%，国际贸易量增速为 4.1%，分别远低于危机前 10 年（1998—2007）的 4.2% 和 6.8%。中国经济亦步入转方式、调结构的长周期，经济增速亦从危机前 10 年平均近 10% 回落至 6.5% 左右甚至更低水平，同期拉美地区经济增速从 3.1% 降至 2.3%。

在这种形势下，对于偏重于大宗商品出口拉动经济的拉美地区尤其是南美国家，加快国内产业结构调整、寻求经济增长新动力成为迫切任务。其中，转变过度依赖初级产品出口的发展方式、努力吸引外资、促进产业多元化发展成为必然选择。与此同时，中国参与国际经济合作的方式进入转型期，企业加快"走出去"参与国际产业合作、使对外投资与贸易良性互动成为这一转型的重要内容，"一带一路"建设和国际产能合作成为对外新战略。可见，中国扩大对外直接投资长期趋势与拉美对外资持续需求相契合，中国和拉美国家发展战略对接有利于促进双方结构性调整，重塑

---

* 姚淑梅：国家发展与改革委员会对外经济研究所综合室主任。

经济发展新动力。

目前看，中拉合作已有良好基础，从资源、能源向电力、交通、水务、通信、制造业和产业集聚区等方向扩展，一些具有重大战略意义的项目如"两洋铁路"也在推进中。不过，从产业合作角度看，综合考虑拉美国家的诉求、中拉经贸格局的长期性、中国优势产业转移的可行性以及拉美地区投资环境等多种因素，未来合作的重点领域：

一是能矿资源领域。加强产业链合作，逐渐向初级产品加工、物流、市场分销等下游产业链延伸。

二是重点拓展其他自然资源领域，主要是农产品、渔业和畜牧业产品的生产合作。

三是加大电信、酒店、旅游观光、交通运输、金融等服务业合作。

四是以中高技术为起点，推进中拉制造业合作。如，航空航天、清洁能源、可再生能源、卫星通信、医学设备、现代化农业技术等合作，与拉美地区共同打造面向全球的供应链和价值链。

为了提高合作效率，加快推动结构性调整，建议拉美高度重视以产业园区的模式推动产业合作。首选基础设施较为完善的地区划定产业园区，优化投资环境，给予优惠政策包括签证政策，便利产品进出口和外来务工人员往来。对企业来说，有利于降低投资风险，通过集聚效应降低成本，快速形成产业链条；对政府来说，通过产业园区集聚资本、集聚技术、集聚人力资本，可以在尽可能短的时间内打造区域增长极，以点带面拉动经济增长，融入新的全球价值链，推动国内产业转型和升级。

产能合作：中拉经贸合作的新动能

岳云霞

一、中拉经贸合作的新目标与新挑战

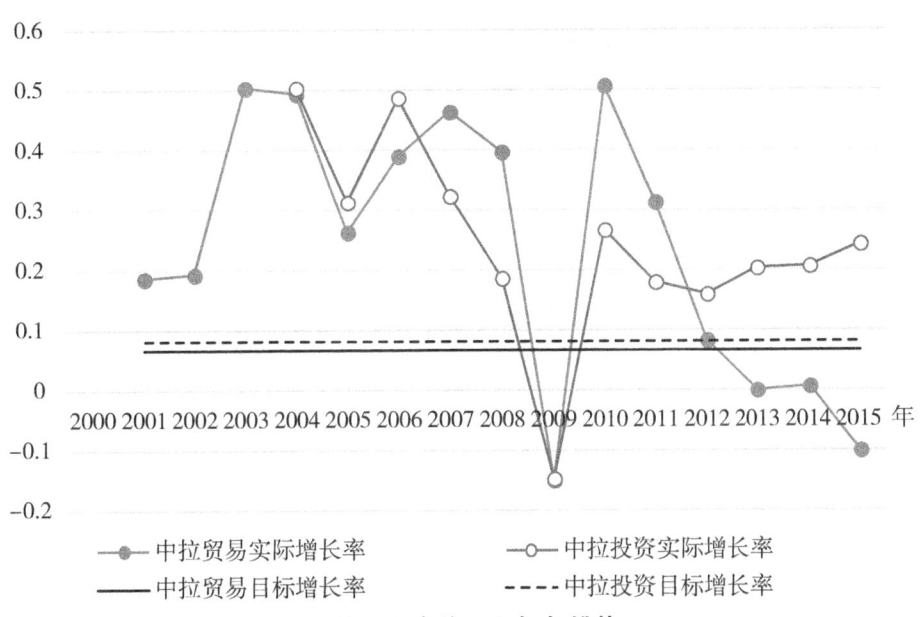

中拉经贸合作：目标与挑战

---

* 岳云霞：中国社会科学院拉丁美洲研究所研究员。

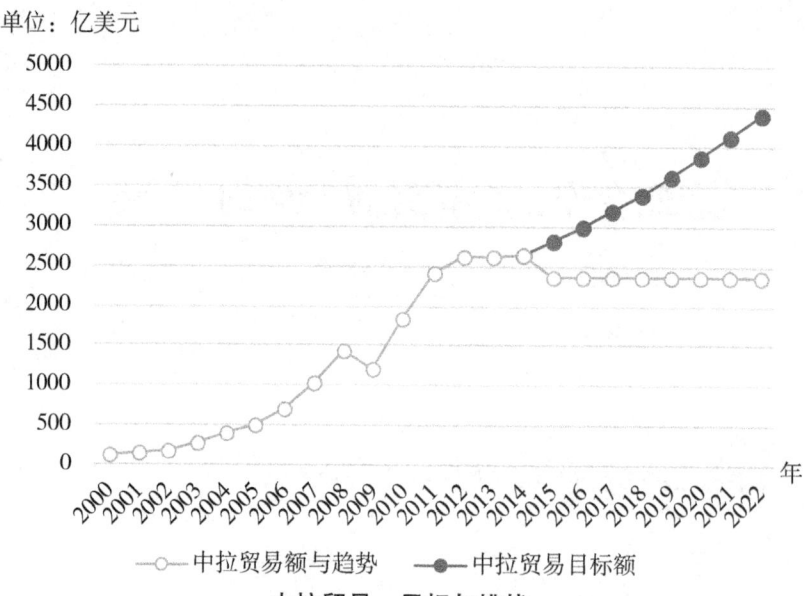

中拉贸易：目标与挑战

两个"十年目标"下：投资增长强劲，中拉贸易需要寻找新的增长动能。

二、产能合作为中拉贸易创造新机会

中拉贸易分阶段变化率及贡献率

(%)

阶　　段		变化率					贡献率		
		Cr	Cex	Cin	Cv	Cn	Contri_ex	Contri_v	Contri_n
第一阶段 （1995—2002）	出口	103.79	14.90	88.89	18.08	70.81	14.36	17.42	68.22
	进口	15.96	30.45	-14.49	-62.56	48.06	190.83	-392.03	301.20
第二阶段 （2003—2011）	出口	100.89	1.10	99.79	-8.73	108.52	1.09	-8.65	107.56
	进口	67.57	6.40	61.17	-3.45	64.62	9.47	-5.11	95.63
第三阶段 （2012—2014）	出口	8.46	3.91	4.55	8.97	-4.42	46.25	105.99	-52.24
	进口	-8.43	-1.47	-6.96	10.30	-17.26	-17.45	-122.25	-204.80

注：中拉贸易的三元边际分解显示，高附加值产品已经进入双边贸易。

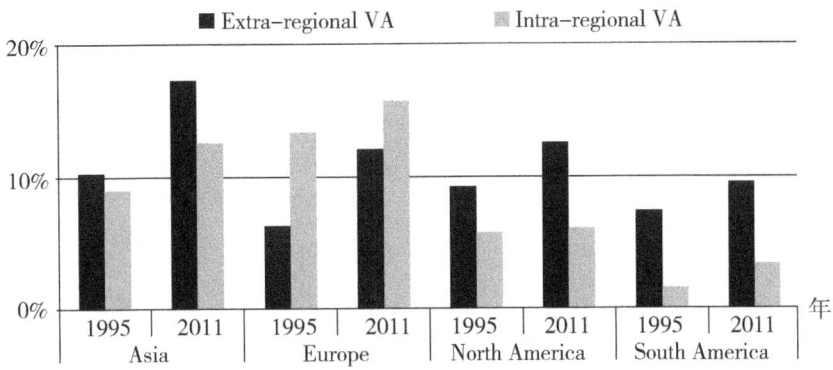

全球价值链中的拉美

拉美在全球价值链下合作加深,为中拉产能合作奠定基础。

三、中拉产能合作的现实压力

- 中拉产能的对接与协调
- 中国企业走向拉美的困难与挑战
- 拉美企业在华困难与挑战

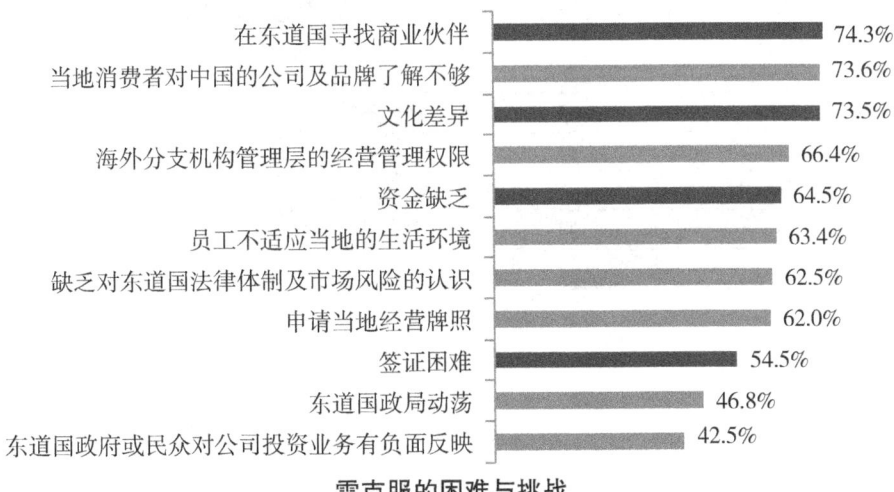

需克服的困难与挑战

注:数据为选择该项指标被调查企业百分比。

投资管制宽松7国	投资管制中性18国	投资管制严格8国
·牙买加 ·智利 ·萨尔瓦多 ·乌拉圭 ·哥斯达黎加 ·巴拉圭 ·秘鲁	·墨西哥 ·哥伦比亚 ······	·阿根廷 ·圭亚那 ·海地 ·厄瓜多尔 ·苏里南 ·玻利维亚 ·委内瑞拉 ·古巴

投资自由度

智利	39	危地马拉	97
秘鲁	41	巴拉圭	102
哥伦比亚	42	多米尼加	108
圣卢西亚	52	萨尔瓦多	112
墨西哥	53	阿根廷	113
安提瓜和巴布达	57	圭亚那	114
巴拿马	61	尼加拉瓜	118
多米尼克	65	哥斯达黎加	121
特立尼达和多巴哥	68	巴西	126
格林纳达	73	洪都拉斯	128
圣文森特和格林纳丁斯	75	厄瓜多尔	130
巴哈马	85	玻利维亚	153
牙买加	88	苏里南	158
乌拉圭	90	海地	174
伯利兹	93	委内瑞拉	177
圣基茨和尼维斯	95		

投资便利化系数

| 智 利 秘 鲁 哥斯达黎加 | 玻利维亚、阿根廷、乌拉圭、智利、秘鲁、牙买加、古巴、巴巴多斯、特立尼达和多巴哥、圭亚那、哥伦比亚、巴哈马、厄瓜多尔、墨西哥 | 巴 西 牙买加 巴巴多斯 古 巴 委内瑞拉 特立尼达和多巴哥 墨西哥 |

投资保护

四、中拉经贸合作的未来路径

- 由贸易驱动走向均衡的经济合作
- 以全球价值链合作为导引,推进中拉产能合作
- 以自由化和便利化为方向,创造良好的经贸合作条件
- 推进投资保护,为中拉产能合作提供保障

Chief Expert, Department of Integration and Trade,
the Inter-American Development Bank (IDB)
Joaquin Tres Viladomat

Strengthening the linkages between trade, investment and production between China and LAC

China-LAC solid economic ties as springboard to upgrade cooperation

The rapid strengthening of economic and trade ties between Latin American and Caribbean (LAC) countries with China during this century has been an important and positive development for both sides and for the global economy. Driven by trade, much of it with China, most LAC countries posted strong economic growth that enabled the region to cut poverty by half through the generation of jobs and the fiscal capacity to fund poverty reduction initiatives.

More recently however, weakening global demand and falling commodity prices have created an environment of slow growth and uncertainty. After a decade of economic expansion averaging 4% annually, LAC GDP growth turned negative in 2015. The prospects for 2016 are even bleaker, with regional GDP expected to fall another 0.5%, reflecting recessions in large commodity exporters. Also reversing decades-long historical trends, world trade seems to

---

* 华金·特雷斯·比拉多马特：美洲开发银行一体化和贸易部首席专家。

be no longer one of the engines of word output, which is now growing faster than trade. From 2008-2015, growth in global GDP averaged 2.2%, while that of merchandise trade was only 0.2%.

Given this more subdued global and LAC economic environment, can cooperation be upgraded?

In our view, innovative ways should be identified in which both sides can build on the existing strong base of trade, investment, and financial cooperation and sharpen the focus of their cooperation and pursue new, pragmatic partnerships. In such endeavor, the IDB can be an effective South-South cooperation platform, since it is the pioneering and largest development bank in LAC, with 26 LAC member countries, that was joined by China in 2009.

The build-up of a solid base to upgrade China-LAC partnership and cooperation

To provide some context on the China-LAC partnership, between 2000 and 2011, trade between China and Latin America and the Caribbean grew at an average annual rate of 31%, with only a brief interruption due to the 2009 financial crisis. As a result, China became LAC's second-largest trading partner, accounting for 14% of the region's trade in 2015. However, the growth in China-LAC trade slowed since 2012, and actually fell in 2014.

Financial ties also increased dramatically in a similar period. Although China's lending to the region fell from its 2010 peak, it has since rebounded, and in 2015 lending totaled US$29 billion, its second-highest level on record. China's cumulative investment stock in LAC stands at nearly US$125 billion since 2005 when it began.

The China-LAC relationship has developed over time from growing trade, to increasing investment and financial flows, to most recently, the exchange of lessons learned from different development experiences that will provide innovative solutions for sustained poverty reduction through South-South cooperation. This sort of cooperation is especially important given the current environment of global economic slowdown and uncertainty.

Enhance cooperation to reduce to trade costs and promote economic integration

Traditional trade barriers between LAC and China have been substantially lowered overtime, but can be further reduced. China's overall average tariffs weighted by its imports are less than 5%. However, when tariffs are weighted by the exports of LAC countries, the tariff burden is higher. For example, based on their export values, Argentinian exports to China face average tariffs of 14%, and those of Brazil and Mexico face average tariffs of 10%. Given this disaggregated analysis, new opportunities for pragmatic cooperation focusing on specific sectors of interest may be identified by both China and LAC countries to reduce those tariffs, benefitting consumers and producers on both sides.

In addition to tariffs there are regulatory issues faced by each side when exporting to the other such as tariff rate quotas, licensing, and standards. Unlike tariffs, which are easy to quantify, regulations are often difficult for exporting companies to understand. This presents another opportunity for China-LAC cooperation, by helping one another's businesses navigate such regulations. For example, LAC agricultural producers would benefit from increased knowledge of sanitary and phytosanitary standards in China; whereas improved information on technical standards in LAC countries would help China's exporters of manufactured goods. Similarly, improved market information in LAC and China generated by export promotion agencies would also help firms identify export markets, especially SMEs, and new investment opportunities.

China already has free trade agreements (FTAs) in force with Chile, Costa Rica, and Peru, which have reduced tariffs even further. FTAs help diversify exports including those of higher value-added products, foster productive integration, and facilitate bilateral direct investment flows. This highlights continued interest in pursuing closer trade relations. As additional FTAs are concluded, tariffs will have even less prominence overtime.

As tariffs continue to decline, the high volume-to-value ratio for the predominantly agricultural and mining products that Latin America exports to China means that transport costs are increasingly looming large for exporters. And for agricultural products, inefficient customs and border processes can mean more losses from spoilage.

Beyond the policy front, what can be done to address these non-traditional trade costs related to burdensome procedures in customs, inadequate infrastructure, and imperfect information?

In order to achieve deeper regional and global integration and improve linkages to international value chains, the IDB has identified three challenges to be addressed by LAC countries that can also benefit China: 1) implementing and taking advantage of free trade agreements, which I addressed earlier; 2) promoting productive integration though higher participation in international value chains; and 3) reducing logistics and transport costs with combined investments in policy and regulation and critical economic infrastructure.

Productive integration includes areas such as export promotion and investment attraction, an area that is essential in helping companies reduce the costs of gathering intelligence on preferences, opportunities, and regulations in overseas markets. This is especially relevant for SMEs since, due to their size, they can seldom afford to pay for distant market intelligence, thus the need to have effective export promotion agencies on both sides to share market information with their countries' firms. Addressing such market information costs generates new opportunities for pragmatic cooperation on even more focused business forums, for example.

LAC can learn from China's experiences in identifying new markets and promoting its exports abroad. Its success in bringing together prospective buyers and sellers is an area in which LAC countries are working and would benefit from China's lessons learned.

In transport and logistics costs, LAC countries face slow and cumbersome border crossings and customs clearance. For example, the average customs clearance time is 3 days in LAC, compared with 2 days in China. Such delays are costly; for every additional day a good is in transit, it adds roughly 0.6% to 2.3% in tariff-equivalent costs.

In fact, logistics is one of the three areas of economic cooperation emphasized by Premier Li during his May 2015 visit to our region. Cooperation in logistics might take the form of: making information on customs and border procedures easily accessible to companies; technical assistance on good practices in trade facilitation, such as China's experiences in reducing customs and border transactions times through more efficient ports and airports; and pursuing mutual recognition agreements on authorized economic operator programs. China has such programs with some trading partners but not yet with LAC countries, which are beginning to adopt with IDB support, thus creating an opportunity to explore pragmatic cooperation.

What can be learned from China's successful experiences?

One lesson from China's successful experiences is the linkage between productivity and export growth. China has substantially transformed its economic model through increased productivity, which has been an important contributor to its remarkable growth and poverty reduction. Innovation has been another driver of growth in China, which invests 2% of its GDP in research and development; a figure four times that of LAC's top-performing economies.

China's experiences with infrastructure development are also relevant for LAC economies. China's infrastructure was ranked 39th among 140 countries by the Global Competitiveness Index, with China's railroad infrastructure leading the way (at 16th place). China is the largest investor in infrastructure worldwide: spending 8.5% of GDP on infrastructure investment, compared to 1.8% in Latin America.

However, given that there was not sufficient investment in infrastructure during the earlier economic boom years, it will be challenging for LAC countries to now make the investments necessary to reduce trade and logistics costs in the current environment of slower economic growth and accompanying fiscal constraints.

In this sense, cooperation with China might take the form of financing for strategic infrastructure projects, including public-private partnerships, as well as through South-South cooperation including the exchange of technical knowledge based on China's own experiences regarding the capacity investments that proved the most helpful in fostering its trade-led growth.

To achieve maximum returns, strategic investments should simultaneously address the hardware and software of integration. However, since software investments, such as those related to reduce tariffs, reduce burdensome customs procedures or reduce information costs, are considerably less costly, it is recommended that these be the central focus, accompanied by targeted investments in hardware (IDB, et al., 2011).

Our proposals for enhanced, pragmatic cooperation would benefit from the collaboration between China and LAC that has taken place through the IDB. Partnerships between China and the IDB are focused on three main areas:

• The first is financing cooperation. In 2013 the IDB teamed up with the People's Bank of China to launch the US$2 billion China Co-Financing Fund for LAC, the first of its kind among the Multilateral Development Banks. With China's increasing representation in the Inter-American Investment Corporation (IIC), Chinese financial institutions and companies are actively seeking co-financing and co-investment opportunities with private sector businesses.

• The second area is trade and investment promotion, such as the annual China-LAC Business Summit. The IDB is also closely working with the Alibaba Group to connect LAC small- and medium-sized enterprises to the Chinese market through the ConnectAmericas, LAC's leading online platform for SMEs.

• Third, the IDB is partnering with Chinese institutions such as the Chinese Academy of Social Sciences among other research and higher education research centers in knowledge-sharing activities in various topics of mutual interest. Knowledge partnerships will be further enhanced through the China-LAC Knowledge and Policy Exchange Initiative.

The way forward through enhanced partnerships in a context of subdued trade and output growth

To summarize, pragmatic cooperation between China and LAC can indeed be upgraded but it is necessary to sharpen its focus to increase new opportunities for trade, investment and finance growth.

This innovative, pragmatic, upgraded cooperation may take several forms:

• First, identifying additional opportunities to reduce tariffs, especially through FTAs.

• Second, simplifying non-tariff regulations and in particular, helping businesses overcome information hurdles so that they are better able to identify and comply with regulations in export markets and determine opportunities for investment.

• Third, cooperation on trade facilitation and logistics, such as the accessibility and availability of information, technical assistance on good practices, and pursuing mutual recognition of authorized operator programs.

• Fourth, through financing and technical assistance in infrastructure, and investing in public-private partnerships.

References

Aróstica, P. (2016). The Transition to the Knowledge Society. In Made in CHI-LAT. Integration and Trade Journal No. 40.

Beliz, G. (2016). Convergence or Deglobalization. In Made in CHI-LAT. Integration and Trade Journal No. 40.

Hummels, D. and Schaur, G. (2012, January). Time as a Trade Barrier (NBER

Working Paper No. 17758). Retrieved from: http://www.nber.org/papers/w17758.pdf.

Inter-American Development Bank (IDB), World Bank and Economic Commission for Latin America and the Caribbean (ECLAC). (2011). Investing in Integration: The Returns from Software-Hardware Complementarities. Policy discussion brief presented to the Fourth Meeting of the Finance Ministers of the Americas and the Caribbean, Calgary, Canada, March 26. Retrieved from: https://publications.iadb.org/handle/11319/1376.

Inter-American Dialogue. (2016). China-Latin America Finance Database. Retrieved from: http://www.thedialogue.org/map_list.

International Monetary Fund (IMF). (2016). World Economic Outlook.

McKinsey & Company (2013, June). Chinese infrastructure: The big picture. Web page: http://www.mckinsey.com/global-themes/winning-in-emerging-markets/chinese-infrastructure-the-big-picture.

Mesquita Moreira, M, Soares, A. and Li, K. (2016) Uncovering the Barriers of the China-Latin America and Caribbean Trade. Washington DC: IDB. Retrieved from: https://publications.iadb.org/handle/11319/7852.

Myers, M. (2016). Latin America in China's New Reform Era. In Made in CHI-LAT. Integration and Trade Journal No. 40.

World Bank. (2016). World Development Indicators.

中国与拉美国家的金融合作模式

王翠文

进入 21 世纪，随着中国加入世界贸易组织，中国的经济实现了迅猛发展，综合国力显著提高，目前已成为世界第二大经济体和全球最大的贸易国。中国同世界各地区的经济联系也空前紧密。在过去的十年中，中国与拉美的经贸关系迎来了全方位快速发展的新时期，形成了优势互补、互利共赢的全方位与快速发展新格局。拉美地区由于在地理位置上与中国相距最远，因此也被称为中国贸易商和投资商的"最后领地"。中拉贸易关系的加强也表明，中国已经成为全球性的贸易和投资国家。[①]目前，中国是拉美第二大贸易伙伴国和第三大投资来源国，贸易、投资和金融合作构成了中拉经贸合作的三大引擎。随着 2014 年 7 月习近平主席访问拉美、2015 年 1 月中拉论坛首届部长级会议在北京召开、2015 年 5 月李克强总理访问拉美四国，中拉整体合作由构想走向现实。

一、金融合作是中拉整体合作进程的重要组成

21 世纪后，特别是在中国加入世界贸易组织后的十余年间，得益于

---

* 王翠文：南开大学拉丁美洲研究中心副教授。
① Thomas P. Narins, "China's Eye on Ecuador: What Chinese Trade with Ecuador Reveals about China's Economic Expansion into South America", p.267.

中国强劲的经济增长以及双方不断增强的政治互信，中拉贸易额获得大幅度攀升。相较其他地区而言，中国已成为拉美地区增速最快的贸易伙伴。巴西是中国在拉美地区最大的贸易伙伴，中国也是巴西第一大贸易伙伴、出口对象国和进口来源国。智利是拉美国家中与中国开展经贸交往较早的国家之一，两国经贸关系在双边自由贸易协定实施的带动下快速增长，智利成为中国在拉美的第二大贸易伙伴，中国成为智利在全球的第一大贸易伙伴。从2006年起，中国先后与智利、秘鲁和哥斯达黎加三国签订了自贸协定，而中国和哥伦比亚于2012年5月启动的自贸区合作可行性研究已完成，目前进入协议谈判阶段。[①]

随着全球经济一体化的发展，国际贸易与国际直接投资的关系日益紧密，两者对于促进一国经济的增长具有十分重要的意义。我国对拉美地区的直接投资虽然起步较晚，投资基数较小，但近年来增长迅速，成为中拉经贸合作的重要驱动。

2003年，中国对拉美地区的直接投资仅为10亿美元。2008年国际金融危机后，中国成为全球重要的资本输出国，对拉美的投资出现了跳跃式的增长。2010年是中国对拉美的直接投资快速增长的一年，首次超过100亿美元。截至2014年年末，中国在拉美地区的对外直接投资存量达1061亿美元，仍然是中国对外直接投资存量的第二大地区。[②]2006—2014年，中国流向拉美地区的投资总额中大约90%流向了英属维尔京群岛、开曼群岛两避税地。这两地区作为世界著名的避税港型离岸金融中心及其所提供的"避税"优惠政策，正是中国大量资金流向该地区的最直接的和最主要的原因。2008年国际金融危机爆发后，国际社会高度重视税收征管协作，中国政府加入了《多边税收征管互助公约》，因此，近几年流向避税

---

① 田志、吴志峰：《中国在拉美地区的自由贸易区布局及合作战略》，载《拉丁美洲研究》，2014年第1期，第27页。

② 商务部：《中国对外直接投资统计公报》，2014年，第51页。

地的外国直接投资（FDI）比重有所降低；中国投资于秘鲁、阿根廷、巴西、委内瑞拉和墨西哥等东道国的比重虽小，但呈现出明显的增长趋势，尤其是 2009—2012 年度直接投资额快速增加。在近年来中国投向拉丁美洲的直接投资中，绝大部分流入两大避税地和委内瑞拉、阿根廷、巴西、墨西哥等东道国。

2006—2014 年中国对拉美主要国家直接投资流量

（十万美元）

年份	英属维尔京群岛	开曼群岛	委内瑞拉	阿根廷	巴西	墨西哥	哥伦比亚	智利	秘鲁	总计
2006	5381	78327	184	62	101	−37	−34	66	54	84104
2007	18761	26016	695	1367	511	172	2	38	67	47629
2008	21043	15240	98	108	224	56	68	9	246	37092
2009	16121	53663	1157	−228	1163	8	57	78	585	72604
2010	61198	34961	944	272	4875	267	69	337	1390	104313
2011	62083	49365	818	272	1264	415	333	140	2143	116833
2012	22393	8274	15418	7430	1941	1004	835	262	−494	57063
2013	32216	92534	4256	2214	3109	497	179	118	1146	136269
2014	45704	41917	1160	2699	7300	1406	1831	163	451	102631

资料来源：根据商务部《2014 年中国对外直接投资统计公报》制作。

随着中拉贸易和投资的快速增长，对金融合作深入发展的需求也"水到渠成"。为了让企业更好地适应和参与到经济全球化的进程中来，中国政府积极探索，最大限度地利用国内外两种资源、两种市场。特别是近十年来，我国加快了"走出去"经济发展战略的实施步伐，拓展海外市场，获取海外资源。但正如所有的商业活动一样，企业的对外直接投资也存在风险，因此，政府提供的政策性金融显得尤为重要。而国际金融危机也在客观上促使中拉加快金融合作。2009 年 1 月中国正式成为美洲开发银行成员。2009 年 4 月，中国与阿根廷央行签署了 700 亿人民币的双边互换协议。

2013年3月，中国与美洲开发银行合作成立融资基金，为拉美和加勒比国家提高经济竞争力、反贫困、缓解气候变化影响等提供金融支持。中方向该基金共计出资20亿美元。此外，中国还以设立合作基金的形式，与拉美国家开展金融合作。

二、政策性银行主导中国对拉美的金融信贷

政策性金融是出于政策性扶持的目的进行的金融行为，其行为动机和最终目的是国家和社会利益的最大化。纯粹依靠市场机制，会在经济领域留下一些"空白"。当海外投资风险程度过大时，大部分的金融主体难以忍受高风险所带来的潜在损失，便不再愿意对进行海外投资的企业提供金融资源的支持。为充分发挥金融市场资源潜力，政府有必要通过提供政策性金融支持的经济手段支持金融的发展。政策性金融介入对对外直接投资也具有促进作用。政策性金融市场先行，将资金投放到符合国家政策意图或重点产业的海外投资活动中，表明国家的扶持意图，可以引导其他金融资金参与其中，提高资金的支持力度，增加金融资源的供应，从而对海外投资起到促进作用。[1]

近年来，中国国家开发银行和中国进出口银行在拉美的业务发展迅速（详见下图），两家政策性银行通过开发性金融以及优惠性贷款的模式与拉美地区国家进行金融领域的合作，"石油换贷款"模式也成为中拉金融合作的一大特点。中国对外开发性金融主要通过出口信贷、非优惠性贷款以及海外投资支持的方式进行。[2] 此外，中国工商银行、中国银行等商业

---

[1] 刘铁磊：《我国企业海外投资保障体系的政策性金融支持》，载《经济论坛》，2010年第8期，第48—49页。

[2] Sabrina Snell, "China's Development Finance: Outbound, Inbound, and Future Trends in Financial Statecraft", U.S.-China Economic and Security Review Commission, 2015, pp. 23-24.

性银行也加大了对拉美的工作力度，纷纷在巴西、阿根廷、秘鲁等国成立分行或开展业务。中拉贸易和投资的快速增长以及 2008 年国际金融危机的爆发，都在客观上促进了双方金融合作的意愿与行动。

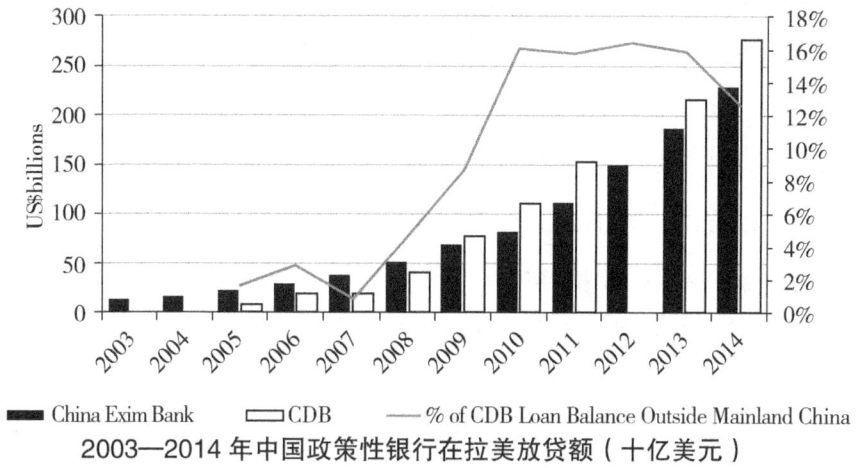

2003—2014 年中国政策性银行在拉美放贷额（十亿美元）

资料来源：Sabrina Snell, "China's Development Finance: Outbound, Inbound, and Future Trends in Financial Statecraft", U.S.-China Economic and Security Review Commission, 2015, pp. 23-24.

从规模上看，自 2005 年中国开始向拉美地区发放贷款以来，中国已经累计向拉丁美洲国家提供了约 1250 亿美元的贷款，特别是 2010 年，中国放贷额超过世界银行、美洲开发银行和美国进出口银行对该地区贷款的总和，达 370 亿美元。目前，中国的两大政策性银行已经在开发性金融方面超越美国，同时在对外优惠性贷款和非优惠性贷款的发放上超越了世界银行等多边金融组织。

三、中国对拉美金融信贷的合作模式

国家开发银行、进出口银行等政策性银行以及工商银行、中国银行等商业性银行纷纷为中国企业在拉美的产业投资和工程承包提供金融支持。

中国在拉美地区的贷款主要集中在阿根廷、巴西、厄瓜多尔和委内瑞拉四国。2015年，巴西、厄瓜多尔和委内瑞拉接收的贷款占拉美地区获得贷款总额的95%。[①] 这四个国家基本形成了中国对拉美金融合作的基本模式。

（一）贸易主导的合作模式：巴西和阿根廷

巴西是全球农产品出口大国，也是拉美主要的工业大国。中国已成为巴西最大贸易伙伴、最大出口目的地国和最大进口来源国。巴西也是中国在金砖国家中最大的贸易伙伴。[②]2015年，巴西与中国双边货物进出口额为663.3亿美元，其中，巴西对中国出口356.1亿美元，占巴西出口总额的18.6%；巴西自中国进口307.2亿美元，占巴西进口总额的17.9%。自2005年至今，中国累计向巴西投资455.2亿美元。主要集中在能源、金属和农业等领域。2007年12月，中国石油化工国际石油工程公司和中国国家开发银行同巴西石油公司和巴西国家经济暨社会发展银行签署了卡赛内天然气管道项目合作协议。根据该协议，中国国家开发银行通过巴西国家经济暨社会发展银行向巴西石油公司贷款7.5亿美元，贷款期限15年；中国石油化工国际石油工程公司作为总承包商承建此项工程。这是中巴双方在大型工程项目合作中首次引入这种银行与企业合作模式。2010年中国在巴西的投资量达到126亿美元，是至2010年为止所有投资累计总和的20倍。2010年9月，中国进出口银行和中国银行向全球最大的矿石生产商巴西淡水河谷公司提供12.3亿美元的贷款。李克强总理2015年5月在中巴工商界峰会上宣布设立中拉产能合作专项基金，旨在服务中拉全面合作伙伴关系，推进中拉产能合作。该基金由中国人民银行、国家外汇管理局会同国家开发银行发起，将提供300亿美元融资，支持中拉在产能和装备制

---

① Margaret Myers, Kevin Gallagher and Fei yuan, Chinese Finance to LAC in 2015: Doubling Down, Inter-American Dialogue, 2016, p. 1.

② 《2015年巴西货物贸易及中巴双边贸易》，http://www.qufair.com/forum/detail/id/2333，登录时间：2016年10月6日。

造领域的项目合作。中国也提出,愿同拉美国家扩大货币互换及本币结算等合作,共同维护地区乃至世界金融市场稳定。[①]该基金于 2015 年 9 月正式开始运行,首期规模 100 亿美元。[②]

在阿根廷的经济结构中,对外贸易在国民经济中占有重要地位。阿根廷致力于促进出口,推动出口产品结构调整和出口市场多元化。中国商务部的信息显示,2015 年阿根廷与中国双边贸易额为 171.71 亿美元,比上年增长 10.5%。阿中双边贸易额占阿根廷对外贸易额的 14.7%,中国为阿根廷第二大贸易伙伴。阿根廷自中国进口 117.83 亿美元,比上年增长 9.7%,自中国进口额占阿根廷进口总额的 19.7%,中国为阿根廷第二大进口来源国。阿根廷对中国出口 53.88 亿美元,比上年增长 12.4%;占阿根廷出口总额的 9.5%,中国为阿根廷第二大出口市场。[③]中国对阿根廷的金融合作最早可追溯至 2007 年,当年,国家开发银行与阿根廷投资与外贸银行签订金融合作协议,并提供了 3000 万美元信用贷款,主要用于发展阿根廷的出口部门。这标志着中国与阿根廷在金融领域的合作迈出了第一步。2012 年 3 月 14 日,中国国家开发银行与阿根廷外贸投资银行签署了第二期《开发性金融合作协议》。根据这份框架协议,中国国家开发银行将向阿根廷外贸投资银行提供总额为 2 亿美元的长期贷款,用于阿根廷的工业基础设施建设、可再生能源开发等项目。该协议的签署是中阿两国金融机构多年合作取得的成果。[④]

---

① 《中拉产能合作专项基金将设立 提供 300 亿美元融资》,http://finance.sina.com.cn/world/20150521/021922229180.shtml,登录时间:2016 年 9 月 14 日。
② 《中拉产能合作投资基金起步运行 首期规模 100 亿美元》,http://finance.ifeng.com/a/20150901/13949949_0.shtml,登录时间:2016 年 9 月 14 日。
③ 《2015 年阿根廷》,http://www.mofcom.gov.cn/article/i/dxfw/nbgz/201602/20160201265078.shtml,登录时间:2016 年 10 月 4 日。
④ 《中国和阿根廷签署金融合作协议》,http://news.xinhuanet.com/world/2012-03/15/c_111657450.htm,登录时间:2016 年 9 月 13 日。

中国与巴西和阿根廷的合作进程的特点是：贸易主导，经贸合作基础深厚，但贸易在整体合作进程中比重有下降趋势，投资稳步发展，金融势头最为强劲。双边的金融合作具有贸易主导明显、合作进程更为均衡的特点。

（二）金融主导的合作模式：委内瑞拉和厄瓜多尔

委内瑞拉作为石油输出国组织创始国之一，拥有最大的油气资源，是世界上最大的石油出口国。进入21世纪以来，中委经贸关系进入了加速发展时期。在此期间，中国与委内瑞拉建立了紧密合作关系，其核心是"中委联合融资基金"（简称"中委基金"）。2007年11月，"中委基金"协议文件在中国—委内瑞拉高级混合委员会（简称"中委高委会"）第六次会议上正式签署，该基金为委内瑞拉的基础设施和社会项目建设提供融资支持，总金额120亿美元，其中中方提供2/3的资金（80亿美元），委方提供另外1/3（40亿美元），期限3年。2007年11月及2009年4月，中国国家开发银行分批次提供了两期资金。目前，中国对委内瑞拉援助的形式包括贷款、军售、购买石油、建设基础设施等。与委内瑞拉的伙伴关系有助于中国商业目标和政治目标的实现，包括以合理价格获得初级产品、出口中国生产的高附加值产品及服务等。[①]2014年7月，中委双方达成一致，将向中委基金再发放60亿美元的贷款，其中40亿美元由中国国家开发银行发放，另外20亿美元来自委内瑞拉开发基金。[②]委内瑞拉将以每日总计10万桶的原油和石油产品作为贷款偿还。2011年6月，中国和委内瑞拉政府续签了属于中委共同基金管理的一系列贷款协议，协议内容包括中国国家开发银行向委内瑞拉提供总额40亿美元的新贷款。"中委共同基

[①] Maxime Tania, "China's energy security strategy towards Venezuela", Universiteit Van Ameterdam, 2012, p.87.

[②] "AidData，Joint China-Venezuela Fund Fondo Estrategico Pesado de Financiamiento Tranche A - Renewal 2", http://china.aiddata.org/projects/38380，Date: 2016.9.17.

金"是委内瑞拉经济社会发展银行和中国国家开发银行在 2008 年共同建立的,旨在为委内瑞拉国内的能源、矿业、农业、住房等一系列重要行业的项目提供资金。2015 年 1 月,中国与委内瑞拉达成一组新的双边协议,中国将为委内瑞拉提供 200 亿美元资金,由中国国家开发银行提供。这些双边协议将以能源、工业以及房地产行业为中心。作为全球最大原油储备国,委内瑞拉经济受到了油价连续数月下挫带来的巨大财政压力。分析人士认为,来自中国的资金支持将有助于委内瑞拉在 2017 年避免违约,也为马杜罗考虑推行政治成本高昂的改革争取了一些时间。①

2008 年厄瓜多尔发生 32 亿美元的债务违约后,自身竞争力受到损害,被信贷市场拒之门外。对国外石油依赖逐渐增加的中国便抓住机遇,与厄瓜多尔开展能源领域的合作。路透社称,2013 年中国预计将覆盖厄瓜多尔 62 亿美元融资需求的 61%。中国可以要求在未来几年获得厄瓜多尔至多 90% 的石油出口权。② 长期以来,厄瓜多尔国内电力供应短缺,依靠与邻国互通电网。从 2005 年开始,政府加大了对水电基础设施的投资,电力部 8 个在建重点水电项目总装机量 2822.4 兆瓦,预计到 2016 年将彻底改变电力供应短缺现状。③2014 年 10 月 29 日,在厄瓜多尔战略协调部长波韦达的见证下,中国进出口银行与厄瓜多尔财政部在北京签署了 500 千伏输变电线路项目融资协议,金额约 5.09 亿美元。装机容量为 1500 兆瓦的科卡科多辛克雷水电站是厄瓜多尔最重要的水电项目,目前已经完工超过 70%,已投入大约 20 亿美元,其中 85% 的建设资金是中资公司中国水利水电建设集团公司通过中国进出口银行提供的,有望在 2016 年投入使用。

---

① 《中国再借委内瑞拉 200 亿美元 以防此前贷款违约》,http://finance.qq.com/a/20150108/014391.htm,登录时间:2016 年 9 月 17 日。
② 《外媒:中国买断厄瓜多尔石油部门》,http://finance.sina.com.cn/chanjing/cyxw/20131127/111517451498.shtml,登录时间:2016 年 9 月 15 日。
③ 《对外投资合作国别(地区)指南——厄瓜多尔,2015 年版》,http://fec.mofcom.gov.cn/article/gbdqzn/upload/eguaduoer.pdf。

该项目也是厄瓜多尔历史上最大、最重要的输变电线路项目。

如上所述,中国与委内瑞拉和厄瓜多尔合作是中国提供金融信贷推动下的整体合作进程,其中贸易与金融发展基本同步,直接投资进程发展相对缓慢。

Director de la "Especialización en Economía y Negocios con Asia Pacífico e India" de la Universidad Nacional de Tres de Febrero de Argentina

Carlos J. Moneta

Del "Camino y la Ruta de la Seda" al desarrollo de la infraestructura en Argentina/América Latina. Nuevos senderos para la cooperación entre la RP China y nuestra región

Infraestructura: un requerimiento mundial para el crecimiento económico y desarrollo

Requerimientos y capacidad de financiamiento de la infraestructura necesaria. Un problema mundial

Necesidades promedio 2016-30 (en trillones, USD valor constante 2015):

- Puertos: 0,9
- Aeropuertos: 1,3
- FFCC: 5,1
- Caminos: 11, 4

Total puertos, aeropuertos, ferrovías, y caminos: 18,7 trillones USD

Las inversiones en infraestructura continúan transfiriéndose a los mercados emergentes (ejemplos, en %)

	Inversiones 2000-2015	Inversiones 2016-2030
Europa Occidental	16%	12%
Asia desarrollada	14%	7%
India	3%	6%
América Latina	5%	7%
Europa Oriental	5%	4%
China	26%	29%

60% del total de las inversiones que se necesitan corresponden a las economías emergentes

Fuente: McKinsey Global Institute, 2016

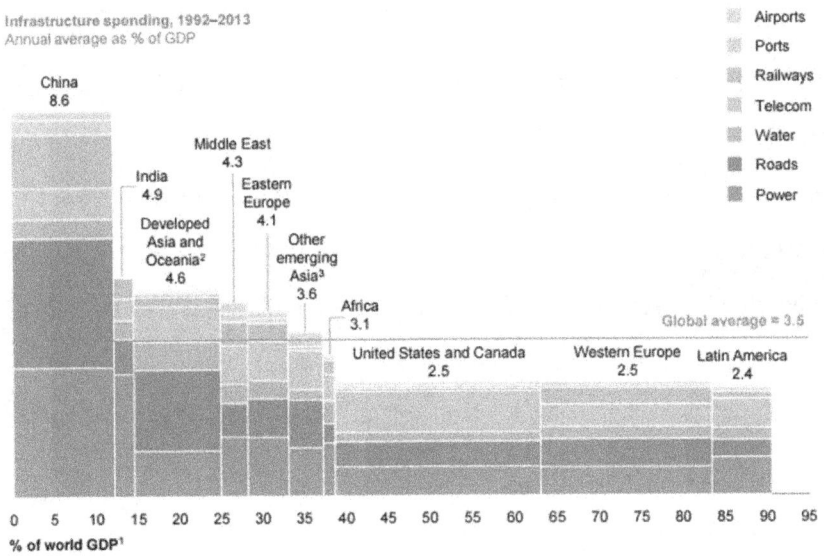

Gastos en infraestructura económica: distintas regiones y países (1992 – 2013)

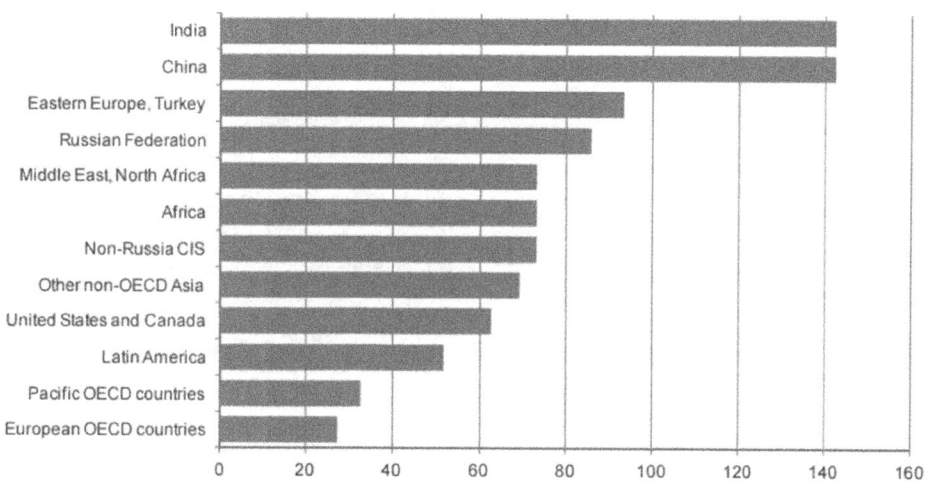

Gastos en infraestructura económica: distintas regiones y países (1992 – 2013)

Fuente: IEA (2010), Energy Technology Perspectives 2003: Scenarios and Strategies to 2050, Transport Model Spreadsheet Version 1.28, OECD Publishing, Paris

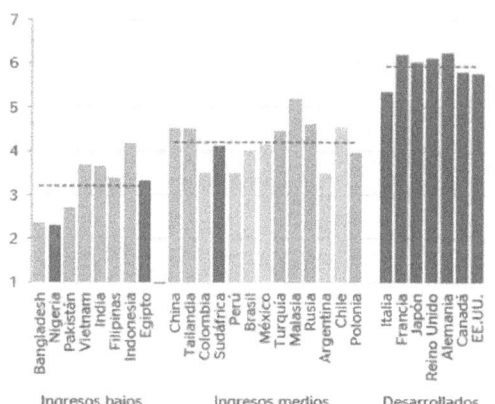

La baja calidad o falta de infraestructuras perjudican la competitividad y con el tiempo pueden convertirse en un importante cuello de botella que impedirá un mayor crecimiento.

Los retos para desarrollar la infraestructura son enormes dada la baja recaudación fiscal, lo que conduce necesariamente a plantearse fuentes de financiación alternativas como los bancos regionales, las asociaciones público-privadas o la diversificación de la cartera de los prestamistas globales.

Calidad de las infraestructuras (2013-2014; calificación de 1 a 7) Carlos Moneta

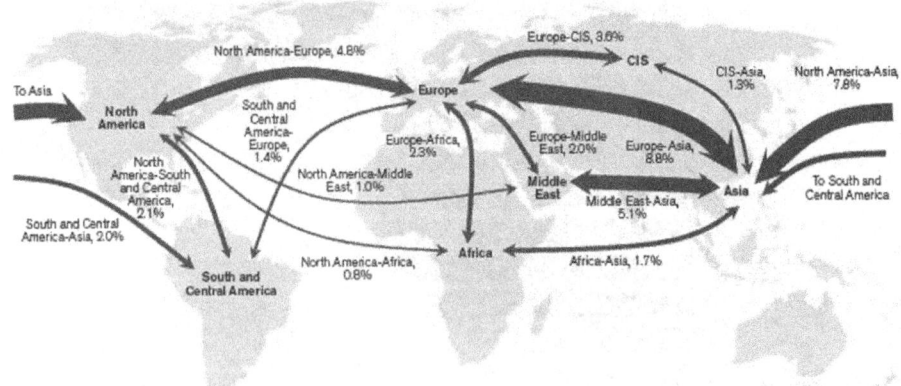

La importancia de las rutas está cambiando...
Porcentaje del comercio total entre las regiones del mundo

Elaborado a partir de BBVA, Emerging Trends y Development Countries, oct. 2013.

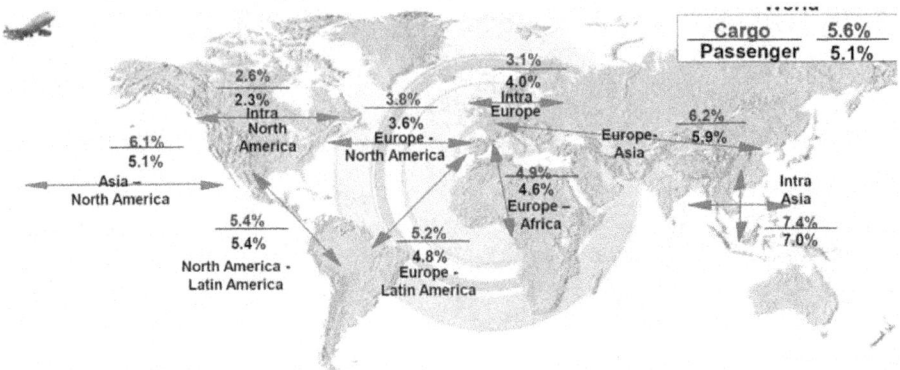

2030: Vinculaciones aéreas globales: situación de América Latina (Promedio anual de crecimiento 2011-2030)

Conectividad euroasiática: el Proyecto chino del "Camino y la Ruta de la Seda".

El Proyecto Chino de conectividad: Eurasia en el 2030

Presidente Xi Jinping, reunión APEC, Beijing, 2014: lanzamiento de "Rutas de la Seda" y Banco Asiático de Infraestructura

"Cinturón y la Ruta" abarcan cerca de 60 países ubicados en Asia, Europa y parte de Africa (4.500 millones de personas y 30% del PIB mundial).

Objetivos:

• Avanzar en la conectividad de Asia, Europa y África y sus mares adyacentes.

• Flujo libre y ordenado de los factores económicos.

• Profunda Integración de los mercados.

• Coordinación en materia de políticas económicas.

• Profundización y ampliación de la cooperación regional.

• Establecer asociaciones entre los países del "cinturón y camino".

• Crear redes de conectividad en todas dimensiones y múltiples niveles.

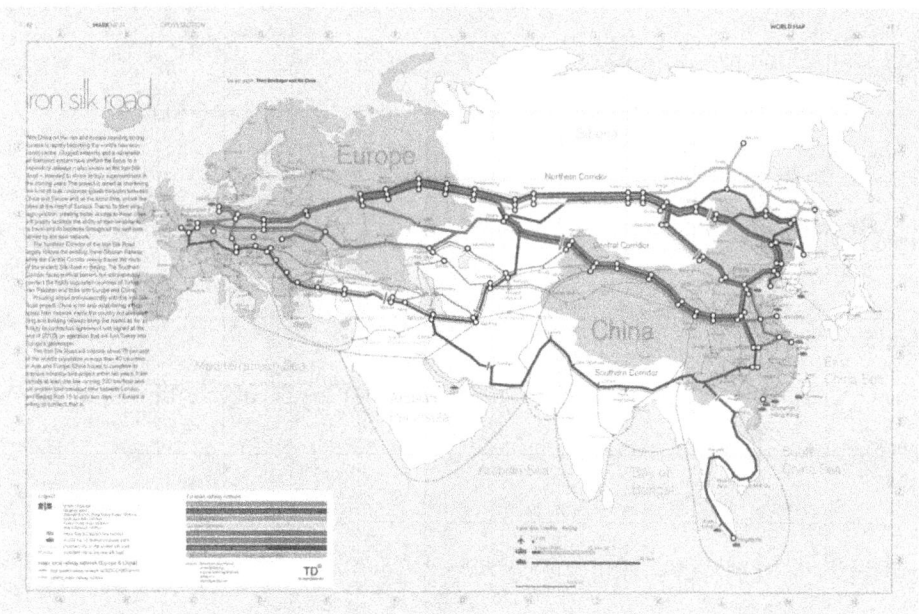

El Camino y la Ruta de la Seda: la conexión euroasiática

Fuente: C. Moneta, "Lectura para latinoamericanos. El desarrollo e inserción geoeconómica internacional china, 2010 -2030/40" en C. Moneta y S. Cesarín (Editores), "La Tentación Pragmática. China: lo actual, lo próximo y lo distante", EDUNTREF, Buenos Aires, agosto 2016.

El proyecto chino de conectividad geoeconómica y política euroasiática: el "Cinturón económico de la Ruta de la Seda del siglo XXI" (2014-…)

Asia: Necesidades y fuentes de financiamiento en infraestructura

• Inversión requerida anual: 750.000 millones USD (estimado); mayor al 4% de su PIB.

• 32 economías en desarrollo necesitarían para transporte (principalmente rutas) 2,73 trillones USD en período 2011-2020 (estimado), donde China y luego India requerirían la mayor parte de los fondos.

• Fuentes de financiamiento disponibles:

—BAII: 50 billones USD; capital autorizado 100 billones USD; capacidad de financiación 2,5 veces el capital suscripto: 250.000 millones USD.

—ADB (Banco Asiático de Desarrollo). Coopera con el BAII. 2015 prestó fondos a China para infraestructura.

—Nuevo Banco de Desarrollo BRICS: capital 50 billones USD.

—Fondo de Infraestructura ASEAN; Hedge Funds y Fondos Soberanos.

Banco Asiático de Infraestructura (BAII)

• Formado actualmente por 57 países (37 asiáticos y 20 no regionales. Único país sudamericano: Brasil).

• Contaría con cartera de proyectos superior a los 30.000 millones de Euros en los primeros 5 años de operaciones.

• Sectores prioritarios de inversión en la fase inicial (2016-2018): transporte, logística, energía, agua, desarrollo urbano, TICs, infraestructura rural y desarrollo agrícola.

• Primeros proyectos en Tayikistán (desarrollo rural), Bangladesh y Pakistán (rutas).

• Acuerdos establecidos de cooperación con otros entes bancarios: Banco

Mundial, European Bank for Reconstruction and Development, ADB.

• Estatutos del BAII permiten al Banco financiar proyectos fuera de su zona de operaciones, si estos "resultan de utilidad en el cumplimiento de sus objetivos".

• La política de compras de bienes y servicios no introduce restricciones geográficas.

Brasil y Argentina fueron invitados a participar en el BAII; sólo Brasil se incorporó. Resulta prioritario promover la incorporación de Argentina y de otros países latinoamericanos. Esto permitiría, entre otros muchos puntos relevantes, que las empresas de LATAM pudieran adquirir conocimiento directo y posteriormente, operar, de las múltiples dimensiones y sectores incorporados en el "One Belt, One Road".

La importancia que asume para China "One Belt, One Road" y su participación en los procesos de infraestructura global.

RP China: 13er Plan Quinquenal de desarrollo económico y social nacional 2016-2020.

Algunos lineamientos II:

• Desarrollo "abierto".

Cooperación económica bidireccional, abierta y transfronteriza

—Mejora de las inversiones en el extranjero

—Apertura de nuevos ámbitos para la IED china

—Reducción de las limitaciones de acceso a la cooperación

• Desarrollo regional: "Un Cinturón, una Ruta".

—Mejorar mecanismos de cooperación bilateral y multilateral

—Establecimiento de infraestructura internacional

—Mayor cooperación entre instituciones financieras internacionales

—Gobernabilidad económica internacional

—Promover negociaciones comerciales multilaterales; aplicar la estrategia sobre América Latina y el Caribe

RP China y Argentina, Brasil y México en el G20: algunos temas para la cooperación.

• Coincidencia en procurar privilegiar y fortalecer a este Foro, asignándole carácter preeminente en la gobernabilidad mundial.

• Necesidad de cooperar, con mutuo beneficio, en el fortalecimiento del sistema multilateral de comercio.

• Posibilidades de trabajar conjuntamente en pos de la constitución de una plataforma multilateral para inversiones en infraestructura (AIIB; ADB; New Development Bank…)

• Necesidad de cooperar en temas relativos al cambio climático.

América Latina/MERCOSUR: situación y necesidades en infraestructura. El relevante papel de la participación china.

Infraestructuras en AP y LAC: análisis de caso: América del Sur.

• La región presenta un preocupante atraso relativo en materia de infraestructura de transporte y provisión de servicios logísticos

• La situación difiere según los países, pero comparten un nivel en este sector que los separa del grado de desarrollo alcanzado en Asia Pacífico

• El diagnóstico* señala que las insuficiencias se distribuyen en distintos componentes del sistema:

—Elevados costos de transporte interno, por carencia de infraestructura y servicios asociados

—Lentos procesos en la facilitación aduanera y comercial

—Dificultades para dar cuenta de las exigencias de los trámites oficiales relacionados con el comercio exterior

• Fuente: Carciofi, R, «Recursos naturales, competitividad e infraestructura en América del Sur» en Albrieu, R. López, A. y Rozenwurcel (coordinadores) Los recursos naturales en la era de China: ¿Una oportunidad para América Latina. Red Mercosur, 2012.

Infraestructuras, rutas y transporte

Infraestructuras. Concepciones en el siglo XXI necesarias para América Latina/MERCOSUR:

Estructuras portuarias (a modo de ejemplo)

• Los puertos como gigantescas plataformas logísticas vinculadas a grandes zonas industriales que compiten entre sí.

• Localización de principales compañías marítimas y necesidad de sistema de transporte rápido al interior.

• Nueve de cada diez buques botados anualmente, corresponden a armadores asiáticos… y LATAM/MERCOSUR?

• Ampliación del Canal de Panamá (Y materialización de vías de cruce oceánico en el itsmo centroamericano) permitirá triplicar la capacidad de los buques que lo cruzan.

• Tiempo de transporte entre costas de AP y continente americano y europeo se reducirán entre un 20 a 25% en la próxima década.

• Para adaptarse a los cambios en marcha, los puertos de LAC/MERCOSUR requieren contar con nuevas concepciones del complejo portuario industrial y de distribución, junto a desarrollo en sector de contenedores.

Infraestructuras, rutas y transporte II

• Necesidad de introducir importantes mejoras en la infraestructura (intermodal, barcazas-ferrocarril, muelles, etc.) conflictos de ciudad-puerto y conectividad terrestre): ej.: papel de los puertos brasileños y potencial matriz de infraestructura concertada argentina-uruguaya y sus hinterlands.

• LATAM/MERCOSUR requieren adoptar decisiones con respecto al papel que le asignan al transporte y la logística en su modelo de inserción global.

• ¿Cuáles son los objetivos que se quieren adoptar? ¿Solo es reducir costos logísticos o participar en los mercados de servicios logísticos?

• Tener en cuenta que Asia Pacífico resultará el centro de vinculación aérea y marítima más importante a nivel global en la próxima década y las enorme necesidades de infraestructura intrarregional en América Latina.

• Para mejorar su conectividad, América Latina/MERCOSUR/Argentina podrían contar con importantes aportes financieros y tecnológicos provenientes en primer lugar, de la RP China, al cual posiblemente podrían sumarse Japón y otros países de AP. Ejs:

—"Plan de Cooperación 2015-2019" CELAC-China; BAII y otras fuentes previamente citadas.

Ejemplos de proyectos relevantes en América del Sur:

Proyecto del Corredor Bioceánico Ferroviario I

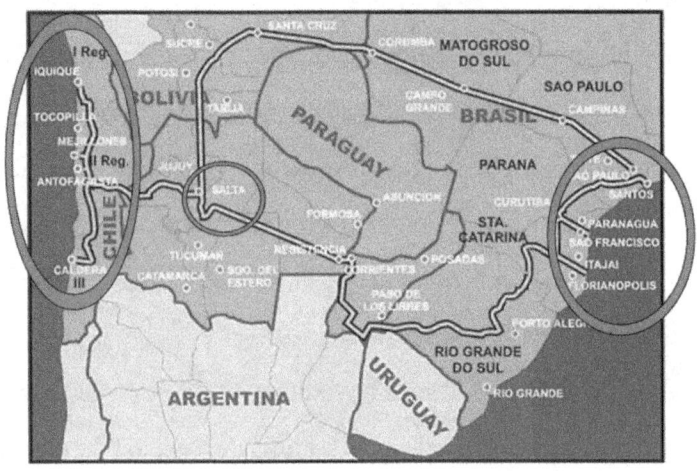

Ejemplos de proyectos relevantes en América del Sur:

Proyecto del Corredor Bioceánico Ferroviario II

(Traza argentina)

El Corredor Bioceánico es una de las herramientas más importantes para la conexión bioceánica de Argentina y otros países vecinos:

• Conecta el Océano Atlántico con el Pacífico

• Sistema de Transporte Multimodal de 2.600 km. de extensión.

• Une los puertos del Sudeste de Brasil: Santos, a San Francisco con la región del Noroeste (NOA) y Nordeste argentino (NEA) y con los puertos del Norte de Chile (Antofagasta, Mejillones, Iquique).

Conecta una superficie de 3.600.000 km2 - El área cubierta comprende regiones de Brasil, Paraguay, Bolivia, Argentina y Chile. Población cercana a los 30 millones de habitantes

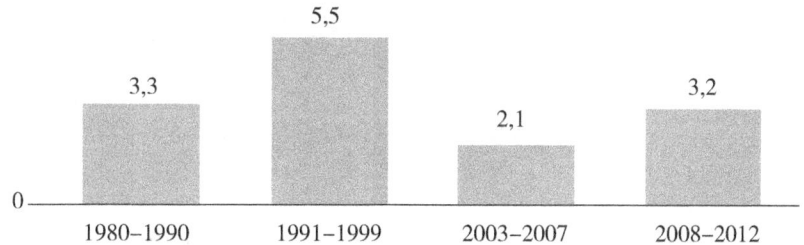

Argentina: Inversiones en infraestructura (en % del PIB), 1980-2012

Fuente: La Nación, 12/09. Secretaría de Transformación Productiva sobre bases de datos de Banco Mundial

Ejemplos de proyectos relevantes en América del Sur:

Proyecto del Corredor Bioceánico Ferroviario III

(Traza brasileña)

• Ferrovia Bioceânica Brasil-Perú (propuesta en Mayo 2015) Açu (BR)-

Bayovar/Matarani (PER)

- Conecta el Océano Atlántico con el Pacífico
- Comprende áreas de Brasil, Perú y Bolivia.
- Longitud:

—A-Matarani: 4.700 km

—A-Bayovar: 3.500 km

- Brasil, Estados comprendidos: Rio de Janeiro, Minas Gerais, Goiana, Mato Grosso, Rondonia Acre.

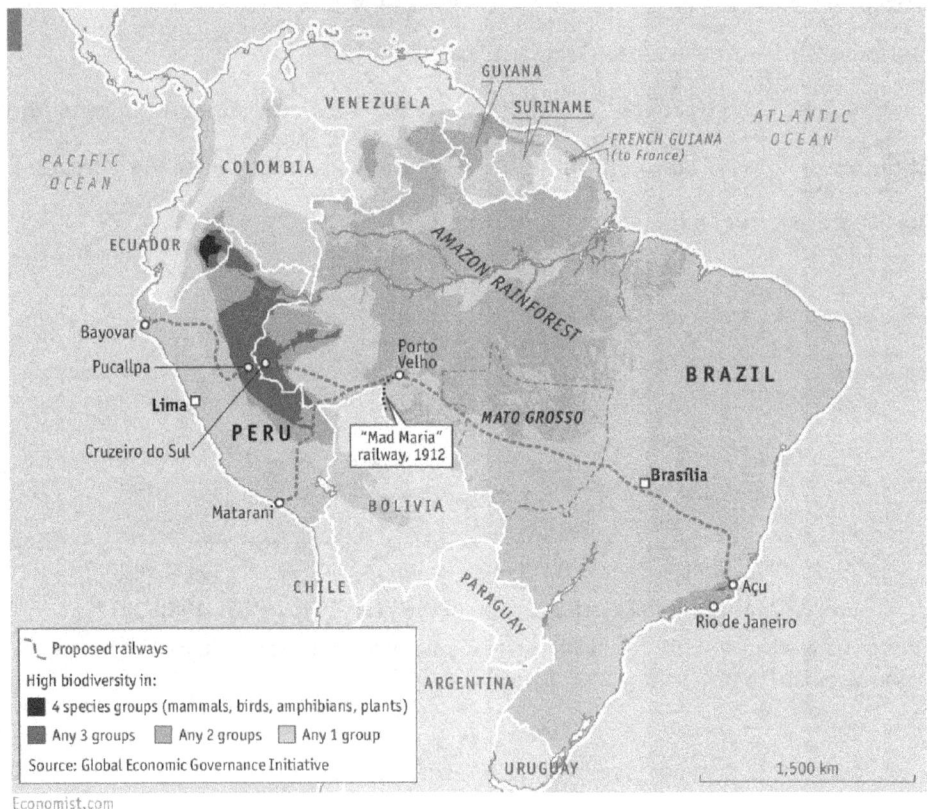

Misión del Premier Li Keqiang a LATAM (21-28/05/15)

Brasil:

—35 acuerdos que cubren energía, infraestructura, bancos, alimentos, transporte, comunicaciones, tecnología satelital, educación y deportes. Valor total: 53.000 millones de USD

Acuerdo de Cooperación: Programa 2015-2021

• Algunos de los proyectos firmados.

• Ferrocarril Transoceánico: Brasil (Acu)-Perú(Bayovar-norte-y Matarani-sur-). Costo final (estimado): 30.000 millones USD. Compromiso financiero actual: 10.000 millones USD.

• Evaluación: permitiría reducir en 30 USD/tn el costo de transporte a China de hierro y soja y más fácil acceso de productos chinos a Brasil + posible integración de componentes chinos con productos brasileños en Manaos.

La participación china en el financiamiento de proyectos de infraestructura en América Latina/MERCOSUR.

Algunos ejemplos

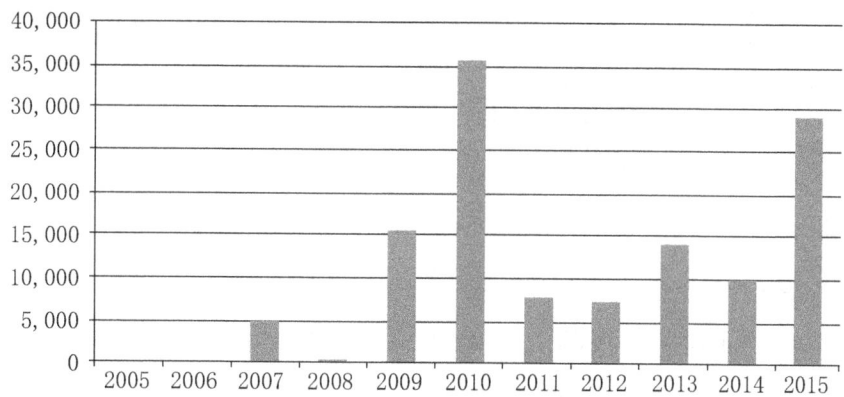

Financiamiento chino a proyectos en América Latina, en millones USD (2005-2015)
Financiamiento de proyectos de infraestructura: 40,3 billones (2005-2015)
Fuente: Gallagher, K. y Myers, M., "China-Latin America Finance Database", Washington, DC. Inter-American Dialogue (2015)

Primer Foro China-CELAC:

I Reunión de Ministras y Ministros de Relaciones Exterior de la CELAC y China (Beijing, 23-01-2015)

Plan de Cooperación 2015-2019

• Instrumentos financieros disponibles:

—Fondo de Cooperación China-ALC: 5.000 millones de USD

—línea de crédito en condiciones preferenciales especiales ofrecidas por China: 10.000 USD

• Infraestructura y transporte:

—Promover cooperación entre China y CELAC; posibilidad de celebrar un Foro sobre Infraestructura

—Desarrollo de infraestructura en áreas de transporte, puertos, carreteras e instalaciones de almacenamiento; logística empresarial; TICs; banda ancha; radio y TV; agricultura; energía y electricidad; vivienda y desarrollo urbano

—Participación de empresas de China y CELAC en proyectos de integración de ALC; mejorar competitividad e intercomunicación entre China y estados de CELAC

—Crédito especial para infraestructura entre China y ALC: USD 20.000 millones

Foro de Cooperación en Infraestructura China-ALC

• Se establece en la primera Reunión Ministerial China-CELAC. Primera Reunión 4-5/06/2015, junto con Foro Internacional sobre Inversión y Construcción en Infraestructura (IIICF, Asociación de Contratistas Internacionales, China).

• Segunda Reunión: Macao 2-3/06/2016. Participan 11 ministros del sector, de ALC.

Otras fuentes de financiamiento para infraestructura

Banco de Desarrollo de China (CBD) (1994)

• Objetivos principales: desarrollo de infraestructura e industrias estratégicas.

• Apoya los Programas de inversión y cooperación establecidos por el gobierno chino para acciones en el exterior.

ICBC, Banco Industrial y Comercial de China (1984) (Primer banco comercial mundial)

Bank of China (1912, banco comercial)

• Ejemplos de financiamiento:

—Argentina (tiene con China una "Asociación Estratégica Integral"): Represas Néstor Kirchner y Jorge Cepernic (CDB, ICBC y Bank of China, 4 billones USD, 2016) y Ferrocarril Belgrano Cargas (CDB y ICBC, 2,4 billones USD 2012).

• Son los proyectos más importantes de este tipo en América Latina.

Fuente: "Proyectos de Infraestructura con financiamiento chino en Argentina Juan Uriburu Quintana, Seminario: "Infraestructura para la Conectividad Sudamericana: Experiencias y posibilidades de cooperación entre Latinoamérica y Asia Pacífico", UNTREF, 2016.

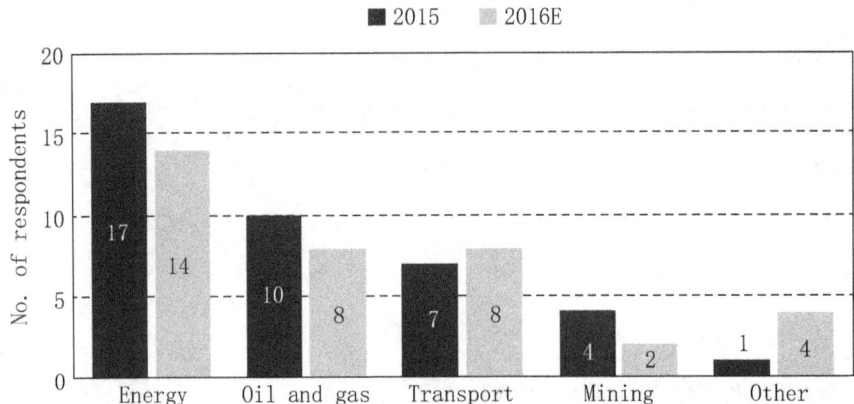

Encuesta sobre orientación más probable de inversiones chinas en infraestructura, en América Latina. Total de inversiones en infraestructura 2013-2015: 41,8 billones USD

Pregunta: ¿Cuáles fueron los dos sectores en infraestructura que recibieron más inversiones chinas en el 2015? ¿Cuáles son los dos sectores en infraestructura que usted espera que reciban mayores inversiones chinas en el 2016?
Fuente: Financial Times, May 26, 2016.

"Si el proyecto es oportuno, recibe el apoyo del pueblo; cuando el momento apropiado arriba, no debe esperarse un solo instante"

Wen-Tzu

中拉产能合作的机遇与挑战
基于对中拉科技合作的考察与思考

王 萍

进入新世纪以来,国际格局一直处于复杂的调整变动中。国际金融危机的深层次影响仍在持续,欧洲国家长期处于经济衰退中,美国经济缓慢复苏,国际市场上大宗商品价格持续下跌,中国经济发展进入新常态。面对复杂的国内外局势,中国政府在"一带一路"的战略框架下,提出了具体的中拉合作新思维。2014年7月在中拉领导人会晤中,习近平主席明确提出了构建"1+3+6"中拉务实合作的新思想。2015年5月李克强总理在访问巴西、哥伦比亚、秘鲁、智利拉美四国时提出了关于推动中拉产能合作、促进中拉经贸合作提质升级的重要倡议和举措。从上述中国对拉新思维中可以清晰地看出,中拉双方在签署的《中国与拉美和加勒比国家合作规划(2015—2019)》中确定了以能源资源、基础设施建设、农业、制造业、科技创新、信息技术为六大重点领域,促进中拉产能合作,推动中拉务实合作深入发展。显而易见,科技创新不仅为六大领域之一,也贯穿其他五大领域,是提高其生产效率和竞争力的关键因素。本文希冀从科技交流与合作的视角管窥中拉产能合作这一大课题。

---

* 王萍:南开大学拉丁美洲研究中心主任。

一、中国与拉美科技合作的发展

中国与拉美的科技交流与合作已有半个多世纪的历史。在这半个多世纪里,科技交往在促进中拉关系发展方面起着越来越重要的作用,伴随着中国和拉美的现代化进程,中拉科技交流与合作也经历了从单纯的援助到平等互利合作的历史过程。

中国与拉美地区的科技合作与交流大体上涵盖两个方面:一个是中国对拉美的科技援助;另一个是平等互利基础上的科技合作。

科技援助是我国对拉关系的重要组成部分,在相当长的时期内在中拉科技合作中占据一定的重要地位。但是,就我国外交战略的总体格局而言,由于拉美与美国紧密的地缘政治关系以及经济发展水平较高,长期以来拉美在中国对外援助格局中的地位并不突出,更不用说科技援助的地位。尽管如此,中拉关系的发展历史表明,在推动中拉建交、巩固外交阵地和配合对拉美的重大外交行动等方面,援助都发挥了不可或缺的外交杠杆作用。

中国对拉科技援助始于1960年,中方向首个与我建交的拉美国家古巴提供6000万美元无息贷款,用于古巴购买技术设备、建设工农业项目等,并接受200名古巴技术人员来华培训。在60、70年代,中方主要通过提供无息贷款的方式,同拉美建交国开展了农业、纺织等领域的技术合作,派遣专家援助圭亚那发展水稻种植业。80—90年代,随着中国同拉美国家迎来建交高峰,科技援助成为中拉开展南南合作的重要内容,我国本着"平等互利、讲求实效、形式多样、共同发展"的原则,向厄瓜多尔、玻利维亚等多国提供了以小型技术合作为主的援助,中方赠送示范性设备,并派遣专家赴受援国传授技术,同时接受对方人员来华考察学习、接受培训。在这期间还引入了优惠贷款这一新兴融资模式。显而易见,上述中国对拉美的经济援助主要是基于国际主义原则的无偿援助、无息贷款和优惠贷款。

进入新世纪以来，中国对拉科技援助发生了变化，在以往强调政治意义的同时，开始重视经济利益。2008年中国发布了对拉政策文件，明确指出："中国政府将根据自身财力和经济社会发展状况，继续向拉美有关国家提供不附加任何政治条件的经济技术援助，并将根据拉美国家的需求逐步增加援助。中国政府愿通过举办农业技术培训班和派遣技术人员等方式，推动中拉农业科技、人员培训等领域交流合作。积极推动中国节能技术、数字化医疗、小水电等科技成果和先进实用技术在拉美的推广应用，开展技术培训，提供技术服务和示范。"这为对拉科技援助提供了指导原则。

近年来，中国根据上述精神，依托在农业、水利、航空航天等科技领域的技术经验和人才、管理、装备优势，结合国家援外战略部署和规划布局以及拉美国家重点科技援助需求，本着互利合作、注重时效的原则，积极开展对拉科技合作，不断拓宽合作领域，深化合作内涵，取得了积极效果。

中国同拉美和加勒比国家的科技合作发展顺利，取得了一系列成就。目前，我国已经同阿根廷、墨西哥等13个拉美国家签订了政府间科技合作协定，双方科技合作项目每年达近百个，主要集中在航天、天文、生物科技等领域。代表性项目包括：中国—巴西地球资源卫星、气象卫星合作项目，中国—委内瑞拉通信卫星、遥感卫星合作项目，中国—玻利维亚通信卫星合作项目，中国—古巴生物技术合作和人员培训项目，中国—阿根廷高精度人造卫星激光测距系统合作观测和研究项目。

二、中国与拉美科技合作的特点和成就

从上述中拉科技合作的发展进程来看，中国与拉美国家的科技合作取

得了不少成就，主要有以下几方面的特点：

一是中国和拉美政府极为重视科技合作，中国和不少拉美国家签署了政府间科技合作协定以及核能合作、南极合作等具体领域的科技合作。并建立了相应的机制，诸如政府间科技合作混委会，来落实合作协定的具体内容。

二是中国与拉美国家均积极鼓励本国企业之间加强技术合作，中国企业在加大对拉美相关领域投资的同时，扩大了与拉美国家有关方面的技术合作。近年来，中拉在铁路、能源、水电等领域的技术合作尤为引人注目。

三是无偿援助仍占主要地位。仅2000—2008年中国向拉美提供的无偿物资援助就有50多批次，包括通信设备和办公用品等。援助的科技含量逐步提高，近年来出现了笔记本电脑、卫星激光测距仪等技术密集型产品。

四是中小型成套项目居多。中国共向古巴、巴哈马等15个国家援建了40多个成套项目，包括小型水电站、科技示范区、农业基地等，不少项目是当地经济社会急需的"民生工程"。

五是优惠贷款在援助结构中大幅增加。新世纪以来，中国改变了以无息贷款为主的项目融资方式，逐步扩大优惠贷款的比重，更加注重项目自身的发展前景和经济可行性，在优惠贷款的框架下，向玻利维亚、委内瑞拉等国援建了一批重要项目。

六是人力培训项目崭露头角。中方通过派遣专家、开设研修班等方式，每年对拉美国家进行人力资源培训，为其科技发展和人才储备提供了重要助力，受到拉美国家的普遍欢迎。

七是拉美地区组织成为新的平台。作为中拉整体合作的重要组成部分，中国积极通过安第斯共同体、美洲国家组织、美洲开发银行等地区组织实施同拉美相关国家的科技合作项目，并设立合作基金用于项目后续发展。

八是有关项目社会效益明显。中国在拉美进行的农业技术合作扩大了当地粮食产量，深受老百姓欢迎。小型水电站及太阳能电池等项目改善了受援国能源供应状况，特别是解决了偏远农村地区用电问题，取得了良好社会效益，得到较高评价。

总体而言，中国与拉美的科技合作取得了相当大的成绩，科技合作的内涵不断扩展，从单纯的科技援助转向科技合作，这一变化应该说是更加符合国际准则。按照经济合作与发展组织（OECD）下属的发展援助委员会的解释，援助概念是指官方机构（包括管理机构和地方合作机构）为促进发展中国家的经济发展改善生活水平，向发展中国家和多边提供的赠予成分至少为25%的贷款。联合国认为是"为促成国际合作，解决国家间属于经济、社会、文化及人类福利性质之国际问题"的国际发展援助。我国学者周弘指出，发展合作不是"一种慈善行为，而是一种明智的举动，一种集体生存的法则，一种对双方有利的行动"。上述理论为我国与拉美开展平等互利，确切地说，互利共赢的科技合作奠定了坚实的理论基础。此外，中拉科技合作也从务虚向务实转变，合作领域不断扩大，合作形式日益多样化，合作水平不断提高，成为推动中拉关系的重要力量。

三、中国与拉美科技合作面临的挑战和发展的潜力

中拉科技合作所面临的挑战主要来自两个方面：一是中国与拉美科技合作中存在的问题；另一方面则是需要摸清拉美国家科技发展的优势和需求。

中国与拉美科技合作存在的主要问题：一是我国对拉美国家有关领域的科技发展状况了解不够，对他们的科技优势和劣势尚不清晰，这样容易导致我国在制定对拉科技合作战略时发生偏差的结果。二是我国无论是对

拉美国家的科技援助还是科技合作的力度和深度仍较为有限，就科技援助而言，总体上，我国对拉美科技援助投入明显少于美国和其他西方国家，即使是横向比较，也远低于中国对非洲的科技援助。而且我国与拉美国家的科技合作也尚处于初始阶段，合作领域虽有拓展，但仍有较多空间尚待挖掘，合作的互动性也较为缺乏。三是提供技术指导多，技术转让成分少，高科技项目占比低。部分技术传授不到位，个别项目因中方专家回国而搁置。

上述中拉科技合作存在的问题，在某种程度上也正好说明，中拉科技合作还具有很大的提升空间，科技合作的潜力巨大。

事实上，与亚洲和非洲国家相比，拉美国家拥有很多有利因素，有着丰富的自然资源，在经历长达半个多世纪的现代化建设后，拉美国家经济和科学技术获得迅速发展，拉美一些国家的科技水平已接近发达国家的水平，如阿根廷、巴西、墨西哥、智利等；而经济发展水平较低的拉美国家，其科技发展水平也相对低下，贫穷的拉美国家则谈不上有何科技发展和进步，分化的现象随着现代化进程的深入表现得愈加明显。

目前尽管拉美大国在科技领域取得了突出的成就，其他拉美国家也在个别科技领域取得一些成果，比如在生物学、应用科学、空间科学技术、预防医学、生物医学技术在农业中的应用等领域取得十分突出的成就，以及巴西的水电技术、阿根廷的核电技术、墨西哥的热电、智利的造纸和渔业技术均比较先进，但客观地说，他们所取得的成就仍然比较有限，特别是对世界科技的影响。

同时，与中国相比，即便是在拉美发达国家，其科技研发的投入也普遍偏低，其研发活动主要依靠政府经费的支持，大多数国家建立了国家科学技术委员会管理科技发展。近年来，比较明显的是，拉美国家的科技发展一方面受到政府的控制，另一方面又受到国家经济形势的影响，尤其是政府财政状况的直接影响使拉美的科技发展受到极大的影响。尽管有些较发达的拉美国家取得了一定的科技成就，但大部分拉美国家的科技发展水平仍在低水平上徘徊。

就整体而言，拉美各国的高科技发展是不平衡的，拉美各国在研究与开发的具体模式、投资规模以及发展结构方面也有所不同。

首先，具体到政府和公共部门在研发活动中的作用，长期以来，拉美国家缺乏独立而明确的科学技术发展政策，智利和阿根廷缺乏独立而明确的科学技术发展政策，因此，它们在提高科学技术能力方面还面临着很大的困难。

第二，尽管私人部门在研发活动中也发挥着重要作用，①但从总体上讲，拉美地区私人工业企业的研发活动依然远远落后于发达国家和新兴工业化国家和地区，特别是拉美地区当前的技术创新的总体能力依然很弱，并且有较大的脆弱性。

第三，拉美各国的产业结构影响了拉美的研究与开发，其科研活动主要集中于传统部门。

第四，尽管20世纪60年代以来拉美国家实行了拉丁美洲的国家创新体系，但是其创新体系深受发展模式的影响。在"进口替代工业化"时期，拉美的国家创新体系缺乏一种良好的吸纳国外先进技术的机制和模式。而到了初级产品出口时期，由于依赖原材料和大宗产品的生产和出口作为国家的经济支柱，而一般说来这类产品的科技需求不大，对科技进步很难产生动力。而且可悲的是，上述发展模式不仅并未能提高生产部门的竞争力，反而导致其经济结构陷入依附性、脆弱性的怪圈。

正是上述种种原因致使拉美地区具有重大影响的科技成就相对较少，

---

① 在历史上，拉美私人部门的研发开支主要局限在以下三个群体：一是设在当地的跨国公司的子公司；二是中小型企业，一般是家族企业；三是国内大型企业集团。拉美私人研发部门的研发能力和规模在不断扩大。此外，在拉美的研发投入中外国资金占有一定的比重，尤其是多边和双边科学技术开发机构和私人非盈利组织。

更缺少重大的科技创新成果。

总体来看，拉美既不像非洲地区或大部分亚洲国家那样经济发展程度不高、科技水平低下，也不像欧洲国家那样经济实力强大、科技创新能力很强。尽管拉美国家已经在现代化道路上探索了半个多世纪，有些国家甚至接近一个世纪，但拉美国家在诸多领域仍明显缺乏科学技术的竞争力，特别是科技创新能力。无疑，这些领域为中拉开展科技合作提供了巨大的空间。

四、几点建议

当前，我国正按照中央统一部署，着眼国内国外两个大局，积极建设平等互利、共同发展的中拉全面合作伙伴关系，打造政治上真诚互信、经贸上合作共赢、人文上互学互鉴、国际事务中密切协作、整体合作与双边关系相互促进的中拉关系五位一体新格局。科技合作是我国开展对拉工作的重要资源。下阶段，我国应积极贯彻中央外交战略思想，紧密结合整体外交、经济发展和科技"走出去"需要，抓住拉美国家发展科技、农业技术经验的机遇，将拉美地区作为我国对外科援的重点方向之一，推动中拉科技合作迈上新台阶，进一步丰富中拉全面合作伙伴关系内涵。为此，建议如下：

一是加强顶层设计，合理兼顾对拉美科技援助和发展与拉美的科技合作。要从满足拉美国家需求的角度出发，找准我国和拉美国家之间的科技优势和需求，提高合作的针对性和时效性。在项目选择上，既要注重受惠面广的民生类项目，也要注重高科技含量的项目。

二是用好现有平台，加强对拉美科技交流与合作的机制建设。构建重点领域技术国际转移平台、打造科技规划研究、区域一体化合作网络等形式的合作和援助项目。依托中拉科技创新论坛这一新平台，推动与拉美科技合作进入机制化轨道。

三是与时俱进，不断推进与拉美国家的科技合作。要发挥各自强项，注重授人以"鱼"与"渔"相结合，通过培育"造血"功能，提高拉美国家科技自主发展能力。

四是开拓创新，尝试科技合作的新模式。可借鉴其他国家的经验，同时还要重视非政府机构和企业的力量，建立多方参与的综合思路。发挥我国技术、装备和资金优势，鼓励具有条件的科技企业参与项目，促进设备和技术出口，最终实现有关项目市场化运作。

*Especialista en Investigación Económica de
la Autoridad del Canal de Panamá*
Eddie Tapiero

La ampliación del Canal de Panamá y la perspectiva del comercio Chino-Latinoamérica

El comercio internacional ha sido un gran impulsor del bienestar de los países. A través de la historia podemos observar cómo el intercambio de bienes y servicios ha ayudado a las naciones a aumentar los ingresos de exportación, ha apoyado a la creación de empleo y al mejoramiento del capital humano, lo cual apoya a la competitividad y sostenibilidad de las economías en el largo plazo y también se puede observar cómo el comercio internacional ha ayudado a los consumidores a obtener productos provenientes de China a mejores precios. No debemos olvidarnos de que en ese intercambio también se ha transferido información y conocimiento que ha ayudado en la evolución de la raza humana. Un ejemplo de esta situación se puede observar en el desarrollo de China en los últimos años, que con su modelo exportador ha podido sacar a más de 400 millones de personas de la pobreza extrema en menos de 10 años y en los avances económicos que han ocurrido en la región de Latinoamérica debido al aumento en su comercio internacional. Desde 1914, el Canal de Panamá ha jugado un papel importante como un eslabón primordial en comercio

---

* 艾迪·塔别罗：巴拿马运河管理局国际和经济问题专家。

internacional y ahora su ampliación ofrece nuevas ventanas de oportunidades a los países de Latinoamérica.

El Canal hay que observarlo no como un lugar donde atraviesan buques sino como un punto de interconexión entre mercados de producción y de consumo o como un lugar de encuentro de la carga. Por el Canal atraviesa los distintos tipos de carga que van de Asia hacia la costa este de Estados Unidos, de la costa este de América a la costa oeste de América y de costa oeste de Suramérica hacia Europa. El Canal permite que los mercados se interconecten y su resultado es mejores precios para todos, exportadores, importadores y finalmente a los consumidores. Históricamente el volumen de carga por el Canal, el mismo se ha movido en línea con el comercio internacional y ha avanzado fuertemente en la últimas décadas.

Desde el 2000, el mundo ha experimentado un aumento en el volumen del comercio internacional. La entrada de China en la OMC, aunada a su nuevo modelo económico impulsó una nueva era en el comercio internacional que apoyó las exportaciones y mejoras en el bienestar de muchos países de Latinoamérica. Este auge en los volúmenes de comercio impulsó cambios importantes en sectores como el de transporte y el logístico que promueven el desarrollo de nuevos modelos de negocios y abren nuevas oportunidades para los países. Como resultado, los buques han aumentado su eficiencia de operación y su tamaño y nuevos procesos de informática y diseño están reduciendo los costos logísticos de manejar esa carga. Pero uno de los cambios más importantes ha sido la ampliación del Canal de Panamá cuya apertura ofrece nuevas oportunidades para la región que de seguro cambiarán los patrones de comercio tradicionales hacia el siglo XXI enfocándose no solo el intercambio tradicional, sino apoyándose en la conectividad y las economías de escala.

El proyecto de Ampliación del Canal, inaugurado el 26 de junio del presente, permite mayor exportación de productos en graneles como el Carbón de Colombia y el Carbón y la Soya de Estados Unidos, de derivados del petróleo como el GNL de Estados Unidos, de las frutas, vegetales y otros productos de países de Centro y Suramérica. Pero esto es solo una parte de los beneficios. El Canal Ampliado también ofrece la oportunidad de aglomerar y re-direccionar la carga a través de lo que se llama el transbordo. Y ésto ofrece la oportunidad a que países exportadores puedan exportar volúmenes en tamaños que de otra forma no serían rentables. Por esta razón, el Canal Ampliado debe ser observado como una herramienta en el comercio internacional de Latinoamérica y como una forma de mantener la sostenibilidad del comercio internacional, incluyendo el Chino-Latinoamericano.

China es una economía importante. Su crecimiento económico y social ha ayudado a mejorar el bienestar de muchas economías en la región a través del comercio internacional al igual que Estados Unidos y esta relación hay que verla hacia el futuro. El comercio internacional en el Pacífico y en especial, el comercio con Asia, promete ser un pilar importante para las exportaciones de Latinoamérica. Una creciente clase media en Asia ofrece una oportunidad, no solo para crecer en exportaciones desde Latinoamérica, sino también para poder diversificar las exportaciones utilizando estas nuevas oportunidades que brinda el Canal Ampliado. Nuevos centros de acoplo y distribución en Panamá pueden apoyar ese comercio.Pero esto requiere una nueva mentalidad.

Latinoamérica ha avanzado mucho en comparación con la década de los 80s. La pobreza extrema se ha reducido, las expectativas de vida han aumentado, las economías son más estables y la democracia ha sido abrazada por la mayoría de los países. Existe más integración política, económica y social que antes y los mercados están cada vez más abiertos hacia el mundo. Sin embargo, el mundo no es estático. Las condiciones cambian cada día y se requiere estar preparado para los cambios. Los vehículos autónomos, el internet de las cosas, las impresoras 3D, prometen mejorar nuestro entorno, pero hay que tener presente que eso también es un llamado a innovar y poder responder adecuadamente al entorno utilizando las nuevas herramientas disponibles.

El Canal ampliado es una de estas herramientas que se pueden utilizar para mejorar las exportaciones. El 90% del comercio internacional se mueve por vía marítima. El Canal y la conectividad de Panamá permite a otros países a mejorar sus exportaciones incorporando la conectividad que brinda Panamá y al Canal de Panamá en los planes estratégicos de desarrollo. En esa forma, la región puede mejorar su bienestar reajustando las inversiones en los sectores más prioritarios para el país. Muchas Gracias.

深化能源电力合作 打造中拉全面合作新引擎

周原冰

近年来,中拉关系实现跨越式发展。2014年习近平主席在出席中国—拉美和加勒比国家领导人会晤时倡议共同构建中拉"1+3+6"务实合作新框架,成为中拉全面合作的新起点。当前,中国经济增长进入"新常态",正从投资驱动型向消费驱动型转变,而拉美正在进行经济转型升级,中国和拉美的经济互补性极强,经贸合作前景广阔,能源电力作为中拉合作的重要领域,深化中拉能源电力合作将进一步打造中拉全面合作的新引擎。

一、中拉能源电力合作的重要意义

一是实现中拉能源电力合作共赢。中拉能源电力合作是中拉关系的重要组成部分。在能源贸易方面,中国先后与巴西、厄瓜多尔、委内瑞拉等国签署了"贷款换石油"协议,规模已经超过300亿美元。在电力合作方面,中国在拉美投资建设水电站已经超过8个,并投资、建设、运营巴西电网。

中拉能源资源互补性强,中国的能源资源相对匮乏,是世界上第一大

---

* 周原冰:国家电网公司能源研究院副院长。

能源消费国，需要依靠进口实现能源资源的供需平衡，并在油气勘探开发、特高压、智能电网等领域具有世界领先技术；拉丁美洲石油、矿产、水电、风能、太阳能、地热等能源资源丰富，中拉能源合作具有广阔的市场空间。双方将在能源供需、能源体制改革、能源结构优化、能源发展转型升级等方面实现互利互惠、合作共赢。

二是开创中拉经贸合作新局面。近年来，中拉双方贸易规模的不断拓展，贸易结构不断优化，投资规模和合作领域也在不断扩大，中国已成为拉美第二大贸易伙伴国和第三大投资来源国。受国际大宗商品价格低迷影响，2015 年中国同拉美和加勒比国家贸易额下降 10.2%，为 2009 年以来的首次下降，中拉经贸合作逐渐遇到瓶颈。拉美地区有丰富的自然资源，但产业结构、技术管理、基础设施等方面较弱，存在资金和劳力不足，而中国在资金和劳动力方面的优势巨大，同时经济增长带来对能源的巨大需求，中拉能源电力合作将拓展中拉合作的深度和广度，拉长、做实中拉合作产业链，创造更大的互补优势，打造双方务实合作"升级版"，开创中拉经贸合作的新局面。

三是为增强中拉政治互信奠定基础。能源电力在一国经济发展中具有十分重要的战略地位。近年，中国同拉美国家保持密切交往，政治互信不断加深。2014 年习近平主席在中国—拉美和加勒比国家领导人会晤时提出的中拉"1＋3＋6"务实合作框架，将能源合作列为双方合作的重点领域。2015 年，李克强总理访问巴西，在中巴工商界峰会上提出中拉产能合作的"3×3"新模式，推动中拉能源电力领域开展国际产能合作。中拉能源电力合作将进一步增进双方务实合作的基础，增强双方的政治互信。

二、国家电网公司推进中拉能源电力合作的实践

国家电网公司作为全球最大的能源公用事业企业，具有电网规划、投

资、建设、运营一体化产业链优势。近年来，国家电网公司秉承清洁绿色的发展理念，致力于优化全球电力资源配置，加强与拉美国家的交流与合作，推动了中拉在电力领域的合作共赢。

一是投资运营巴西电网，为巴西提供安全可靠的电力服务。2012 年，国家电网公司成功收购巴西七家输电特许权公司，国家电网公司充分发挥技术优势和运营管理经验，确保巴西所属输电资产运行平稳，未发生任何严重停电及设备损坏事故，全面完成巴西电监局针对特许权经营商运营绩效的各项考核指标，显著提升了巴西电网运营管理水平。2014 年 2 月和 2015 年 7 月，国家电网公司分别又中标巴西美丽山水电送出一期、二期项目，项目建成后可将巴西北部的水电资源直接输送到东南部的负荷中心，进一步优化巴西电力资源配置。

二是探索构建全球能源互联网，研究推动拉美电网互联。为了应对能源发展面临的资源紧缺、环境污染、气候变化三大挑战。中国倡议以清洁和绿色发展为原则，以满足全球电力需求为目标，提出了全球能源互联网发展战略，为实施"两个替代"、实现能源可持续发展指明了方向和道路。拉美地区清洁能源资源蕴藏丰富，发展潜力巨大，在世界清洁能源发展指数最高的 10 个发展中国家中，有 4 个国家（巴西、智利、墨西哥和乌拉圭）来自拉美，[①] 拉美可再生能源快速发展，2014 年，太阳能、风能等可再生能源领域的投资达 230 亿美元。[②] 拉美地区大部分国家为发展中国家，能源需求旺盛，但又面临环境污染、气候变化等压力。建设全球能源互联网，实现拉美电网互联，是保障拉美地区能源绿色可持续发展的重要举措。国家电网公司积极研究论证拉美电网互联，提出开发墨西哥、智利、秘鲁等国太阳能基地和亚马逊水电基地，建设南美洲电力环网和中美洲—巴拿

---

① 美洲开发银行数据。
② 同上。

马—哥伦比亚、古巴—多米尼加—委内瑞拉两条跨洲联网通道，实现拉丁美洲风、光、水互补互济，获得时区差、季节差联网效益。远期，通过北美洲电网受入北极风电，实现与亚、欧、非互联，参与全球清洁能源的大范围配置。

三是通过电网投资建设，带动了当地就业和经济增长。注重本土化运营，雇用当地员工从事生产和管理，带动当地就业增长。美丽山一期、二期项目是巴西和美洲大陆第一和第二个特高压直流工程，是巴西基础设施领域的重点工程，带动了巴西当地电源、电工装备、原材料等上下游产业，为当地创造大量就业岗位，实现中巴双方互利互惠、合作共赢。

四是服务当地社区，开展公益活动，积极履行企业社会责任。认真落实国家电网公司"你用电，我用心"的服务理念，积极服务当地社区发展，提升居民用电服务水平；发挥国家电网公司品牌优势，赞助中巴文化体育交流和巴西青少年教育项目、"文化之旅——贫民窟马累交响乐团"项目、国际青少年乒乓球里约巡回赛、中巴文化月、里约四季长跑等社会公益项目，积极履行企业社会责任。

三、推进中拉能源电力合作的几点建议

中拉能源电力合作具有丰富的实践基础和广阔的发展前景，应进一步依托中拉智库论坛，推动中拉能源电力合作取得实质性进展。

一是加强中拉能源电力合作的政策支持。鼓励签署双边、多边能源电力合作协议、谅解备忘录，将能源电力合作纳入双方产业发展政策重点支持领域，在投资准入、税收、土地等方面给予中拉能源企业更多的支持政策，为中拉能源电力合作创造良好市场环境。

二是深化中拉能源电力合作研究。发挥智库作用，加强中拉双方智库交流与合作，形成联合研究团队，攻关中拉能源电力合作关键问题，研究

中拉能源电力合作规划、拉美地区能源电力发展规划，明确中拉能源合作的目标和思路，挖掘潜在的能源电力合作项目，推动中拉能源电力合作取得实效。

三是推动拉丁美洲区域电网互联。发挥中美洲区域电力联网委员会（EPRSIEPAC）等区域电力联网机构的作用，建立拉美地区电网互联机构，积极推动本地区以及跨地区的电力联网，尽快制定电力联网规划、组织多国协商和专题研讨等，推动相关工程和区域间电力联网建设。

中拉合作前景广阔，希望在中拉智库论坛的推动下，充分发挥中拉智库论坛的平台和引导作用，进一步深化中拉能源电力合作，打造中拉全面合作的新引擎，实现中拉共同繁荣发展！

基于全球价值链视角的中拉新能源产能合作研究

张 宇

引言

世界能源理事会预测，2002—2030年世界一次能源需求将增加约60%。化石燃料将继续在全球能源消费中占据主要地位，在世界一次能源需求中大约占到90%。中国已经成为世界第二大能源消费国和主要的石油进口国。中国的能源消费到2030年将翻一番，占全球能源消费的比例将增加到16%，占世界能源需求增长的21%。相对于庞大的能源需求，中国能源资源短缺问题十分突出，特别是油气资源。根据中国国土资源部公布的数据，2013年中国石油的剩余经济可采储量为25.5亿吨，仅为世界剩余经济可采储量2382亿吨的1%左右。2013年中国石油储采比为11.9，不足世界储采比的1/4。中国天然气的剩余经济可采储量为32721亿立方米，占世界剩余经济可采储量不足2%。中国天然气采储比是27.9，仅为世界天然气储采比的一半。我国当前的能源结构中，化石能源占绝对主导地位，石油的进口依存度2009年来已超过50%。由于环境排放污染少、原材料相对丰富、可再生、能带动农业部门发展等优势和原因，新能源自20世纪80年代以来得到了许多国家政府的重视和支持，并已成为新

---

* 张宇：西南科技大学拉美研究中心副处长。

能源发展的重要方向之一。能源多元化和寻求可再生的清洁能源已成发展趋势。新能源以其可再生、环境友好、产品形式多元而成为各国关注的焦点。中国新能源的发展虽然取得了显著的成绩，但仍然面临着关键技术突破、生产成本降低、市场规模扩大、土地竞争性使用等一系列问题。近年来，我国非常注重与拉美国家在能源、矿产等资源领域内的经济合作。目前，中国已成为巴西、墨西哥、阿根廷、智利和秘鲁等拉美国家的最重要贸易伙伴之一，与拉美16个国家签订了经济技术合作协定或经济合作协定，同11个国家签订了鼓励和相互保护投资协定，同5个国家签订了避免双重征税协议。另外，自20世纪90年代中期中国与巴西建立了战略伙伴关系以来，中国又相继与委内瑞拉建立了"面向未来共同发展的战略伙伴关系"，与墨西哥、阿根廷、秘鲁建立了"战略伙伴关系"，与智利建立了"全面合作伙伴关系"。新能源在拉美主要国家有着一定的技术积累和相对完整的产业链，这为中拉在这一领域扩大合作奠定了坚实的基础。

一、 中国与拉美在全球价值链中的地位比较

全球价值链是指为实现商品或服务价值而连接生产、销售、回收处理等过程的全球性跨企业网络组织，涉及从原料采购和运输、半成品和成品的生产和分销、直至最终消费和回收处理的整个过程。包括所有参与者和生产销售等活动的组织及其价值、利润分配，当前散布于全球的处于价值链上的企业进行着从设计、产品开发、生产制造、营销、交货、消费、售后服务到最后循环利用等各种增值活动。

（一）中国是世界制造大国

近十年来，中国制造业持续快速发展，总体规模大幅提升，综合实力不断增强，不仅对国内经济和社会发展作出了重要贡献，而且成为支撑世界经济的重要力量。2014年，中国工业增加值达到22.8万亿元，占国

内生产总值的比重达到35.85%。2013年，我国制造业产出占世界比重达到20.8%，连续4年保持世界第一大国地位。在500余种主要工业产品中，我国有220多种产量位居世界第一。2014年，我国（不含港澳台）共有100家企业入选"财富世界500强"，比2008年增加65家，其中制造业企业56家，连续2年成为世界500强企业数仅次于美国（130多家）的第二大国。

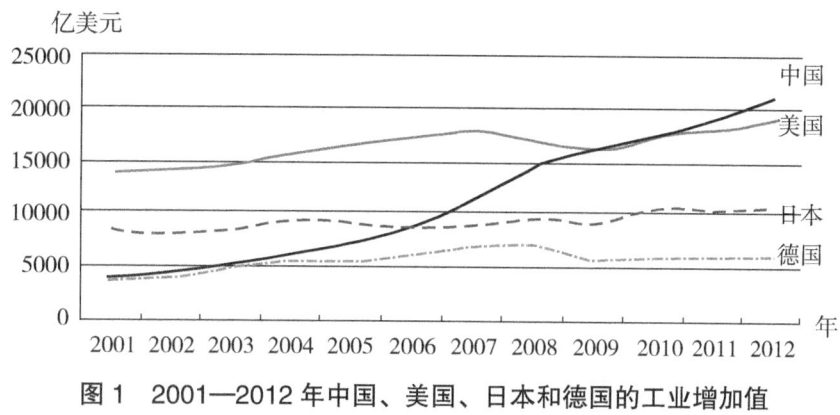

图1　2001—2012年中国、美国、日本和德国的工业增加值

（二）中国在全球价值链中接近世界平均水平

中国和拉美地区贸易往来繁盛，促进了拉美地区商品输出国家的发展。中国是制造业大国，也是重要的商品消费国，中国对商品的需求在此阶段为商品出口国提供了新的外部资金来源。从2001年至2010年，拉美出口到中国的矿物和化石燃料以每年16%的速度增长，同时农产品的年增长率也达到12%。因此，自然资源丰富的拉美国家加快了这些产品的贸易专门化进程。在初级产品领域，2014年该地区所有国家（除墨西哥外）中名列前五的商品出口国至少占出口中国总额的80%。出口占比最大的产品有石油、铁矿石、各种形态的铜、大豆、废金属、鱼粉、木材和糖。

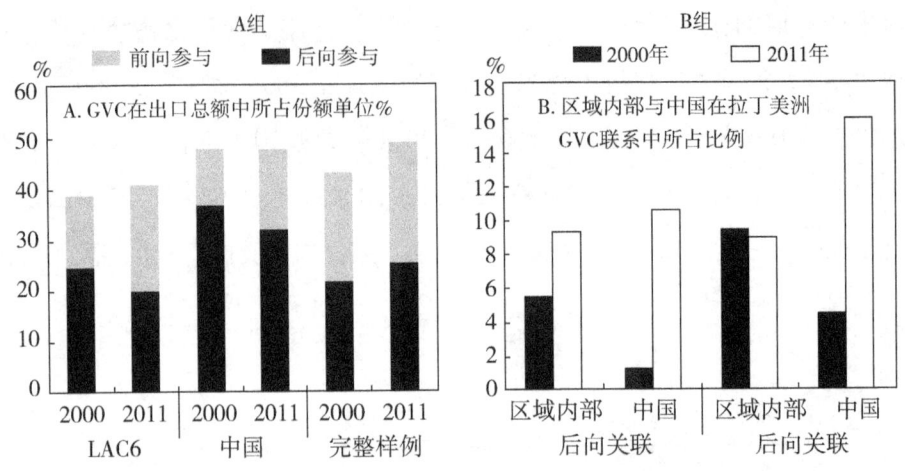

图2 中国与拉美地区的全球价值链指数比较

注释：根据有效数据，"LAC 6"所指为阿根廷、巴西、智利、哥伦比亚、哥斯达黎加和墨西哥等六国。"完整样本"涵盖61个中高收入国家。
来源由DECD/CAF/ECLAC在2015年OECD/WTO（世界贸易组织）TiVA数据（OECD/WTO, 2015）基础上计算得出。
http://dx.doi.org/10.1787/888933291306

尽管这些贸易呈不对称之势，但它们使得中国与拉丁美洲在全球价值链（GVC）中的联系更加紧密。2000—2011年，加入GVC的拉美国家总数略有提高，不过仍然低于全球平均水平，而中国基本处于全球平均水平（见图2.1A组）。同一时期，中国参与拉丁美洲GVC联系的程度明显加深。2000—2011年，该地区的区域内部后向联系所占份额由5%增长到了9%，与此同时，中国的份额由1%飙升到了11%（见图2.1B组）。同期内，中国在该地区前向联系中所占份额由5%增加到16%，从而证实了大幅增长确实存在。换句话说，中国在拉美GVC中所起到的作用比区域内的联系更加重要。这也表明在全球或区域价值链中存在新的领域，可能为该地区的出口多样化提供机遇。拉丁美洲出口到中国的商品和服务与该地区在世界范围内的出口总体同样呈不对称性。2013年，商品占该地区向中国出口总额的73%，相比之下，其全球销售比例仅为41%。低、中、高档技术产品仅占该地区出口中国商品的6%，相比之下，技术类产品占该地区向全球出口商品的 42%。与之相反，2013 年低、中、高档技术产品占拉丁美洲从中国进口商品的 91%，占其全球进口总额的 69%。

鉴于中国在发展制造业领域相对优势方面的卓越表现，出现中拉贸易关系不对称的现象并非意料之外。1990—2008 年，中国在 58 个新型出口行业（4 位数标准国际贸易分类）中占据了相对优势，因此，在最具多元化贸易"篮子"中排名第八，20 年前中国在此项排名中位居第十。[①] 在拉丁美洲，只有哥伦比亚和哥斯达黎加的多元化现象比较显著，其贸易"篮子"分别增加 60 个行业。这种增加让哥伦比亚在该排名中从第 54 位上升到第 45 位，同时让哥斯达黎加从第 57 位上升到第 47 位。区域中的其他国家在出口多样化方面进展甚微，有些国家甚至有明显回落。巴西从第 26 位降至第 35 位，阿根廷从第 34 位降至第 39 位，智利从第 52 位降至第 69 位，委内瑞拉从第 58 位降至第 107 位。

二、中国与拉美在新能源方面的产能和投资比较

全球价值链（GVC）地位指数是根据库普曼（Koopman）等人 2010 年提出的 KPWW 法计算，该指数是用一国某产业中间品（用于其他国家或地区生产和出口最终产品）出口额与本国相同产业的中间品（用于本国生产和出口最终产品）进口额进行比较。GVC 地位指数高是一国处于全球价值链上游的表现结果。如果一国处于 GVC 的上游环节，它会通过向其他国家提供中间品参与 GVC 生产；相反，如果一国处于 GVC 的下游环节，就会使用大量来自别国的中间品来生产最终品。

（一）世界新能源投资概况

世界各国在新能源的投资从 2004 年开始一直到 2010 年基本都是逐

---

① OECD/CAF/ECLAC, 2013.

年攀升，但在 2012 年左右对新能源的投资有所减少。投资减少的部分原因可能是新能源的技术成本大幅减少，资金效率在经历多年技术研发和应用之后获得极大提高。这尤其适用于太阳能光伏，更低的成本和效率改进使得拉丁美洲在可再生能源方面的投资总额下降。2015 年，印度、南非、墨西哥和智利在新能源方面的投资有着显著增长。发展中国家以中国、印度和巴西为首，其总投资额达到 1560 亿美元，与 2014 年相比增加投资 19%，发展中国家在新能源方面的投资历史上第一次超过了发达国家。投资从发达国家转向发展中国家的原因可能是：中国快速转向风能和太阳能、新兴经济能源需求的快速上升、新能源成本下降、发达经济体经济增长放缓和欧洲补贴的削减。

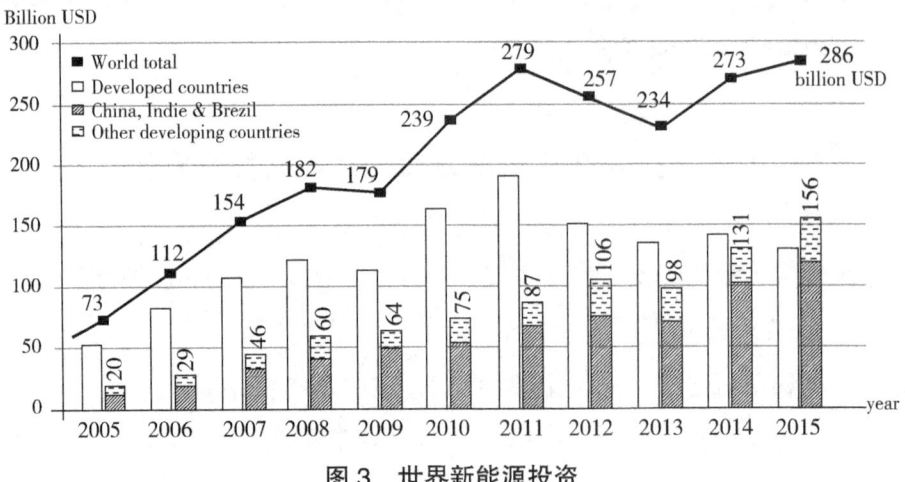

图 3　世界新能源投资

数据来源：《世界新能源发展报告 2016》。

2015 年，与发展中国家相比，发达国家在新能源方面的投资下降 8%，其中最显著的下降是欧盟国家在新能源方面的投资，其下降幅度达到 21%。2015 年，美国在新能源方面的投资主要投向了太阳能，其投资额度增长 11%。从世界范围来看，全球新能源的投资已经越来越多地偏重风能和太阳能。2015 年，太阳能发电能力投资增长 12%，达到 1483 亿美元，风力发电能力投资增长9%，达到1070亿美元。而其他新能源投资同期下降：生物质和废弃物转化为能源下降46%至52亿美元，小规模水电下降26%至35亿美元，地热能下滑25%至18亿美元，生物燃料下降67%至6.69亿美元。

（二）拉美地区在新能源方面的投资

巴西新能源方面的投资在拉丁美洲继续领先，尽管相对于2012年已下降了54%。这使得2013年成为自2005年以来的最弱年份，使它落选前十大投资国家。巴西的投资总额31亿美元，绝大多数（21亿美元）针对风力发电项目，其余大部分针对生物燃料工厂生产能力。在巴西以外，该地区还有60亿美元投资于新能源，主要在智利，2013年上升了72%达到16亿美元，其次是在墨西哥、乌拉圭、哥斯达黎加和秘鲁。

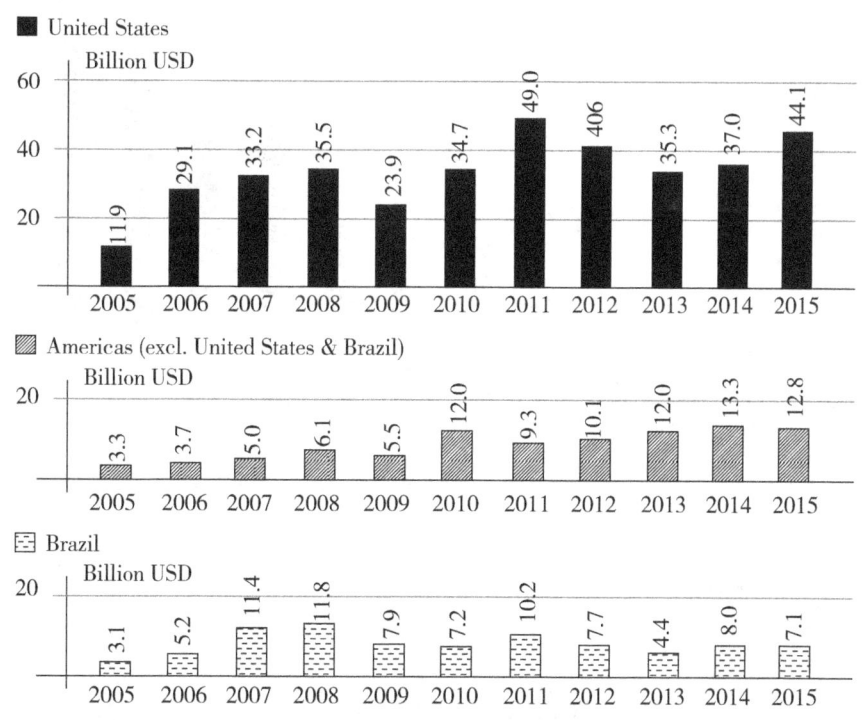

图4　巴西新能源投资国际比较

数据来源：《世界新能源发展报告2016》。

(三)中国在新能源方面的投资

2015年全球可再生能源投资达2860亿美元,创历史新高,中国成为可再生能源超级大国,占到全球可再生能源投资的1/3。中国国家统计局发布的数据显示,截至"十二五"末,中国新能源装机容量达到4.8亿千瓦左右,占全球总量的24%,新增装机占全球增量的42%。中国已成为世界节能和利用新能源第一大国。根据中国可再生能源发展规划,到2030年中国的可再生能源在能源消费中的比重将达到20%。太阳能产业发展提速明显,据国际能源署的数据,中国生产的太阳能电池板占全世界产量的2/3,2015年中国的太阳能发电量增长速度位居世界第一。

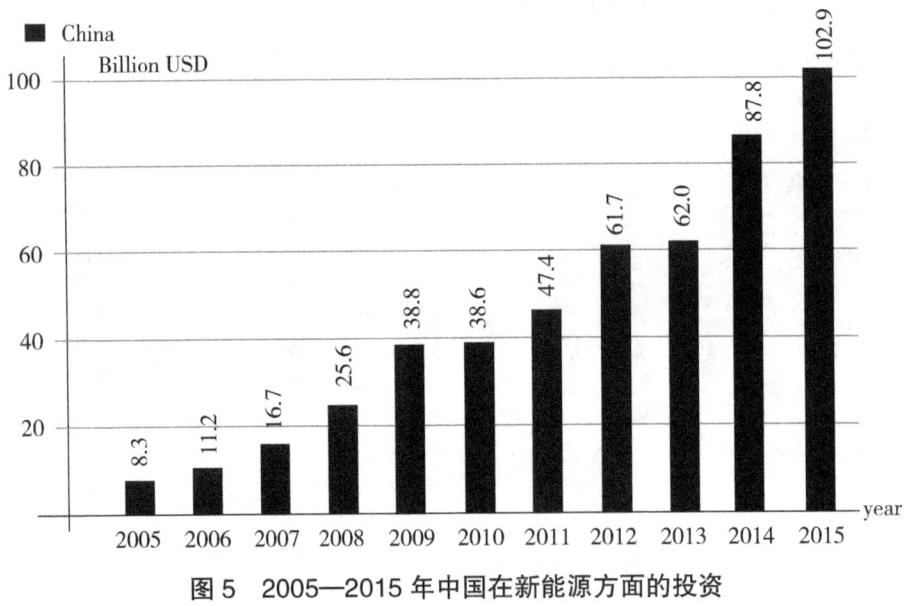

图5 2005—2015年中国在新能源方面的投资

三、中国与拉美在新能源专利比较

(一)拉美国家工程应用科学专利情况

根据世界知识产权组织(WIPO)发布的全球创新指数报告,拉美地区的哥斯达黎加、巴西、墨西哥等国的技术创新排名在世界排名中游,其技术创新效率历年提高,较大地促进了当地社会经济发展。

表1 2003—2011年拉美国家工程应用科学专利申请数量

(单位:件)

国家	2003	2004	2005	2006	2007	2008	2009	2010	2011
阿根廷	4557	4602	5269	5617	5743	5582	4976	4717	4821
巴西	20093	20422	21847	23179	24915	26841	25956	28141	31765
智利	2405	2867	3007	3215	3806	3952	1717	1076	2792
哥伦比亚	1255	1482	1803	2085	2021	1957	1676	1873	1955
墨西哥	12207	13194	14436	15500	16599	16581	14281	14576	14055
拉美及加勒比	47719	49785	55065	59495	62180	64583	57227	58900	64765

数据来源:世界知识产权组织(WIPO)2014年GII报告。

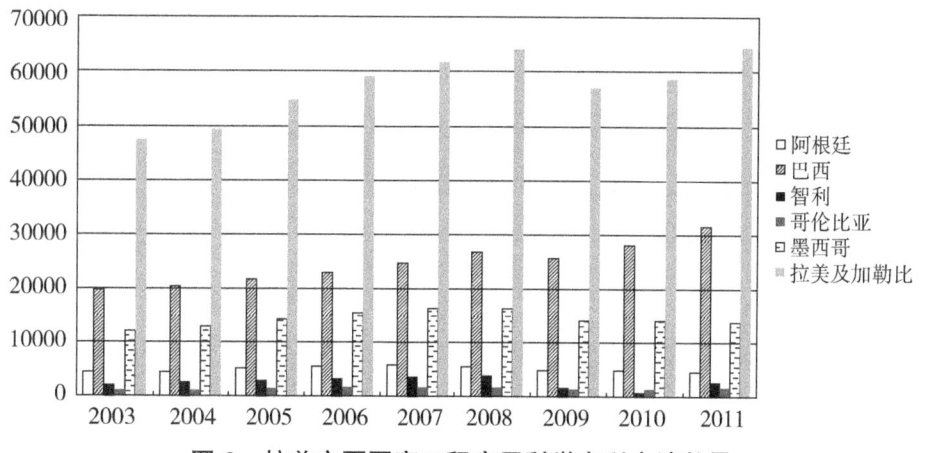

图6 拉美主要国家工程应用科学专利申请数量

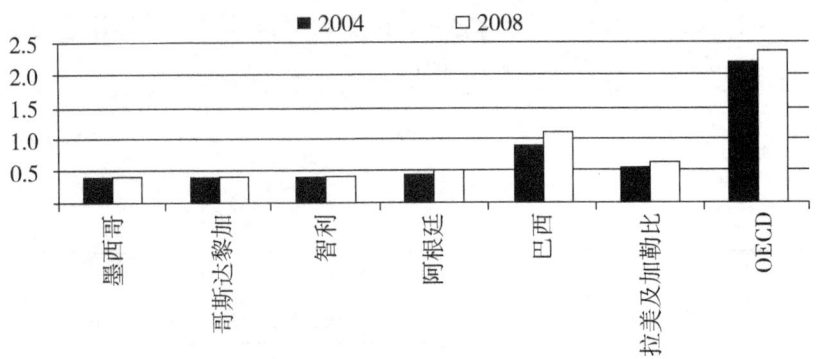

图 7　拉美和加勒比与 OECD 研发费用占 GDP 比例对比

数据来源：世界经合组织（OECD）技术创新分析报告。

（二）中国新能源技术专利申请情况

中国在新能源专利技术方面主要有如下特点：第一，申请总量不多。从全球专利申请比例来看，中国在煤技术、风能技术、碳捕捉与储存技术、智能电网技术、生物能源技术、太阳能技术、先进交通工具技术等领域的专利文献申请量分别为 23%、22%、8%、12%、11%、13% 和 5%，[①] 总体申请量不高。第二，各新能源领域分布不均衡，主要集中于建筑和工业节能技术领域，先进交通工具技术等方面的专利申请量偏少。生物能源技术申请量所占比例仅为 1%，智能电网仅占 3%。第三，专利申请质量不高，发明专利占 55%，各领域处于领先位置的企业申请量均不足百件。第四，申请主体大量来自高等院校及科研机构，企业申请数量少而且分散。

---

① 高永懿、陈可南、盛安平：《全球低碳技术专利发展态势》，《中国知识产权报》，2010 年第 7 期。

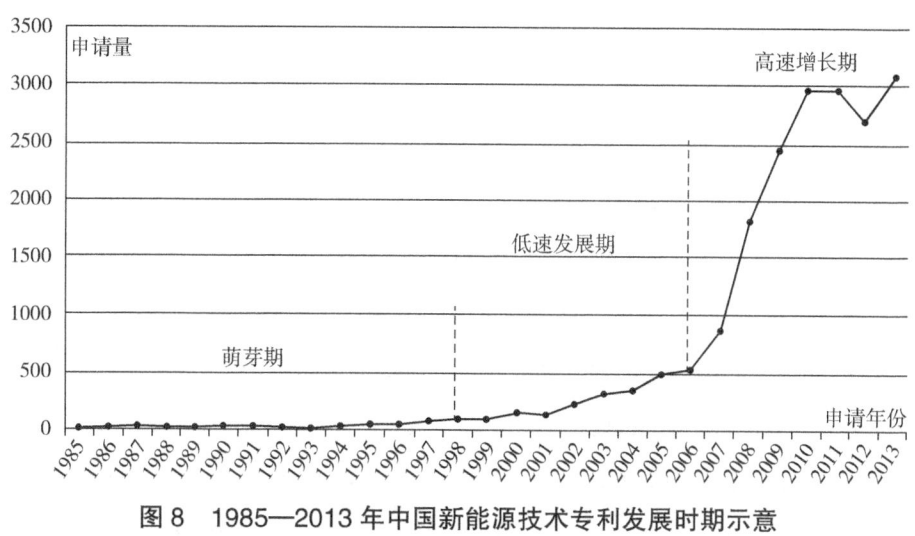

图 8　1985—2013 年中国新能源技术专利发展时期示意

太阳能领域的专利数量遥遥领先，如何便捷地落地使用太阳能应是该技术领域突破的重点，而非只是专利数量的累积。燃料电池、人造废弃物利用能源以及生物燃料领域的专利数量均超过 2000 件。以生物燃料为代表的生物质能产业是近几年各国新能源研发和应用的热点，近四年该领域的专利申请量为 1634 件，占其专利总量的 71.10%。风能在我国能源结构中占有越来越大的比重，风电装机总容量近些年均位居世界第一位，然而与太阳能光伏产业相似，也面临着产能过剩。技术上的落后使得国内企业的同质化项目竞争激烈，造成一些低端产品的过剩。

四、中国新能源产业发展存在的问题

（一）中国能源政策与环境政策脱节

在能源管理上，中国缺少统筹考虑，政出多门，责任部门缺失，这不可避免地对中国能源可持续发展的有效实施增加困难和障碍，导致中国能源战略不够清晰、变动频繁。从"一五"规划到"十二五"规划，能源换外汇、国内外开发并举、由以煤为基础的能源体系向煤油气并重的能源体系转变、节能降耗、发展新能源和清洁能源等战略相继提出,这种变化一方面是因为要适应中国经济形势快速转变,另一方面是因为缺乏明确的长远发展的指导思想,因此,各时期的能源战略仅着眼于平衡当时的能源格局,没有顾及未来。由于国家能源政策的发展滞后,主要是考虑到经济问题,很少考虑能源、环境、经济三者之间的协调关系。这也导致了目前新能源废弃物对环境造成严重污染的一个重要原因。能源结构不合理造成了清洁能源发展缓慢。同时,一些能源政策以及经济和环境政策的不配套、不同步导致了许多问题和矛盾难以解决。现有的能源、经济、环境政策存在脱节现象,能源规划、能源的决策机制和经济改革背后的环境三者之间存在着不协调问题。

(二)新能源市场的产能过剩,市场配套机制缺失

数据显示,2008 年中国光伏电池产量已超过 200 万千瓦,而国内需求只有 40000 千瓦,需求只有产能的 2%,国内市场这种极端的不平衡现象严重制约了中国新能源发展。自 2010 年 10 月以来,中国已超过 300 家光伏企业倒闭歇业,剩下的只有大约 50 家。因为中国的新能源产品消费过分依赖国际市场,由于缺乏一个稳定的国内市场来满足消费者的需求。这主要是由于中国消费者对新能源产品缺乏社会意识,开发利用新能源产业不是一个人的游戏,我们的政府也应该成为一个参与者。在美国,企业和普通公民都被纳入新能源政策的实施范围,从资金、政策、税收、补贴和支持等各方面保证新能源有效实施,同时鼓励他们积极参与到新能源产业中去,鼓励他们积极消费。因此,政府要引导,示范和营造良好的社会环境,才能够实现新能源产业的快速发展。

(三)新能源技术创新不够

新能源电价比传统化石能源的价格高,这主要是由于技术瓶颈。新能源是一个新兴的高科技技术产业,也是多学科的技术密集型产业。目前,中国

的新能源技术整体水平不高，更多的是依赖国外的核心技术，对国外技术依存度高。缺乏核心技术，成为关键核心技术和加工零部件快速发展的巨大阻力，几乎所有的技术都是引进国外的，自主研发的只占一小部分，现有成果的推广效果也一般。以光伏产业为例，光伏产业产能过剩只存在于低端范围内，目前，多晶硅核心技术仍然依靠国外几家大的企业，很多中国制造项目并未掌握关键单晶硅和多晶硅提纯技术，在整个产业链中，国内企业只是赚取了加工费。再如风能领域，中国的风电制造业的大部分依靠进口。海关数据显示，仅2009年上半年，风电设备进口金额接近1亿美元，主要进口的是关键部件。中国企业在新能源领域只是尴尬的"加工者"。

五、中国与拉美在新能源产业合作的可行性

（一）中国与拉美经贸合作势头强劲

中拉经贸连年大幅度增长，2014年中拉贸易额达到2612亿美元，相比2002年猛增了20倍，中国成为拉美地区的第二大贸易伙伴，成为巴西、智利的第一大贸易伙伴。与此同时，中国对拉美的投资也呈现跳跃式发展，成为拉美经济发展的重要"造血"源头。自20世纪80年代以来，中国从拉美的进口一直集中在巴西和阿根廷等大国；1981—1990年，中国从拉美的进口36%来自巴西，22%来自阿根廷，14%来自古巴；1991—2000年，巴西仍占37%，阿根廷占20%，智利则取代了古巴，成为中国在拉美的第三大进口国，占比为15%；2001—2010年，中国从拉美的进口基本维持了前一时期的国别分布。

表2 中国与主要世界主要地区的国际贸易额

(单位：百万美元，%)

	2005年	2006年	2007年	2008年	2009年	增长率
拉美和加勒比（进口）	23250	36396	51060	71045	56449	24.8
亚太（进口）	140443	165971	202705	246407	203998	9.8
美国（进口）	163180	203801	233169	252844	221295	7.9
欧盟（进口）	145613	189978	245563	293360	236442	12.9
其他（进口）	289458	373789	487563	567038	483470	13.7
拉美和加勒比（出口）	26664	34072	51004	71417	64132	24.5
亚太（出口）	259667	309645	365432	414786	375533	9.7
美国（出口）	48741	59314	69548	81586	77755	12.4
欧盟（出口）	73792	90461	110967	132646	127769	14.6
其他（出口）	250898	297789	359164	432129	360367	9.5

数据来源：ECLAC, China and Latin America and the Caribbean Building a strategic economic and trade relationship.2012.

根据表2，中国与拉美地区的国际贸易额比美国和欧盟的交易额还小，但平均年增长率都达到了24%以上。未来，中拉合作的势头将更加强劲。中国已经拉开第二轮全面改革的大幕，经济社会发展将在结构转型和产业升级中实现可持续发展，中国新一轮经济优质高效增长将给世界经济注入新动力，也将给包括拉美国家在内的世界各国带来更多机遇。拉美国家同样处于经济社会发展转型升级的关键时期，中拉经济合作将在通讯、信息、航天、新能源等高科技领域发生交集和融合，新领域的合作将进一步拓展中拉互动的深度和广度。国际社会普遍看好中拉合作的前景。联合国拉美经委会预测，未来5年中拉经贸额将达到4000亿美元。

（二）中国与拉美依据全球价值链地位能够实现能源合作资源互补

拉美地区油气资源比较丰裕，2013年拉美地区的剩余经济可采储量约为510.9亿吨，占世界石油剩余经济可采储量的19.5%；拉美地区的天然气剩余经济可采储量是 76707.8 亿立方米，是中国的天然气剩余经济可采储量 32721 亿立方米的两倍左右。中拉能源合作可以实现资源互补，扩大与拉丁美洲国家的能源合作是一个重要的发展方向。2014 年 7 月国家主席习近平在出席中国—拉美和加勒比国家领导人会晤时倡议共同构建"1＋3＋6"合作新框架，能源资源合作被列为中拉整体合作中六大领域之首。根据 2015 年年初习近平主席在北京举办的中国—拉美及加勒比国家共同体论坛上的宣言，到 2025 年，中国在拉美地区的累计投资预计将达到 2500 亿美元。自 21 世纪初以来，中国扩大了在电信行业的参与程度，对阿根廷、巴西和墨西哥等大型市场的本地供应商进行了网络部署和技术援助，并将业务扩展到玻利维亚、古巴、厄瓜多尔、尼加拉瓜和委内瑞拉等国家。中国积极参与该地区的水电开发项目，其产品遍布阿根廷、巴西、哥斯达黎加和厄瓜多尔等其他国家。此外，中国自身市场产能过剩，因此，中国企业已开始在为该地区提供风力和太阳能发电等绿色技术中发挥主要作用，位于智利的阿塔卡马沙漠的价值 9 亿美元的电厂项目就是一个很好的例子。

六、中国与拉美在新能源产能合作途径

第一，联合开发新能源核心技术，构建新能源核心技术交易平台，提高成果转化率。新能源方面，拉美国家在生物质能源、风能和水电方面具有比较优势，有先进的技术经验和技术储备。就新能源核心技术国际合作联合开发而言，借助中国与拉美双方的资金和科研优势，加强对新能源核心技术中科学基础研究的投入，加大对基础性、前瞻性研究工作的资助力度。优先资助新核心技术的基础性研究，从能量释放的新机理研究出发，如何提高能量转换效率，解决可再生能源核心技术中的科学问题。建立新能源公共数据库，免费检索中国与拉美国家的包括风能、生物能、核能、

煤能、水能等新能源技术专利申请信息，包括摘要、题录等内容，并定期更新，以提供更好的公共服务；建立新能源技术知识产权服务平台，提升新能源技术的知识产权公共服务的质量和效率。服务平台应该就有关新能源技术方面提供专利、商标和著作权等方面的咨询、知识产权海关保护备案、植物新品种保护、新能源技术知识产权侵权判定分析与评估等服务内容，为社会提供高质量服务。

第二，创新商业运行模式。全方位参与新能源产业链建设，建设高水平的中拉新能源经贸合作区，创新运用PPP模式开展基础设施投资和产能合作。中国企业要充分发挥资金、技术优势，积极探索开展"工程承包＋融资""工程承包＋融资＋运营"等方式的合作，有条件的项目更多采用BOT、PPP等方式。借鉴中国国家开发银行在国内设立"城市建设基础设施平台公司"的成功经验，由中资公司以美元和人民币投资、相关国家授权企业以新能源资源和技术入股的形式，把相对高收益的新能源产业开发与低收益的基础设施建设结合起来，解决新能源基础设施项目建设周期长、回报低、融资难的问题，进而促进产能合作。

第三，积极发挥国营和民营中小企业活力，全方位参与拉美国家新能源产业建设，积极实施新能源项目建设和运营一体化。"新能源设施建营一体化"，重点是加大生产性服务的投入，将以工程建设为主体的对外工程承包业务链前伸后延，提升中国企业在国际基础设施产业分工体系中的地位，进而在价值链体系中实现从"汗水建造"向"智慧创造"的转变。以往中国企业参与国际基础设施建设的主要业务是施工总承包或EPC总承包，不仅没有全面满足国际市场的需求，也使自己居于基础设施和产能合作价值链的低端，利润微薄。企业是产能合作的主体。截至2014年年末，中国对外非金融类投资存量为7450.2亿美元，其中，国有企业占53.6%，虽然依然处于主导地位，但同前些年相比持续下降；非国有企业占46.4%，同前些年相比稳步提升，投资主体结构持续优化。因为拉美国家的政治体制、经济文化不同，中国近年来与拉美国家的合作受到拉美地区的广泛关注，中国国营企业在拉美地区的投资引起当地政府的顾虑，因此也应该鼓励中国民营企业广泛参与跨国产能合作。2014年8月，全国工商联发起设立中国民生投资股份有限公司（中民投），由59家民营企业组成，注册资本高达500亿元。中民投的成立为民营资本参与跨国产能合作提供了新的资源、途径和商业模式。目前，中民投已在香港、新加坡、伦敦等地开展业务。

第四，健全中拉新能源产能合作的体制机制和支持服务体系。在新形势下，中国与拉美国家的新能源产能合作需要政府放弃过去的管理体制，深化改革，加强制度创新，尽快把对外投资体制从审批制转变为备案制为主、审批为辅，且落到实处，并在此基础上构建对外投资和国际合作的促进体制。中国政府要主动出面，尽快与有关国家达成投资保护双边和多边协定。推动与有关国家已签署的共同行动计划、自贸协定、重点领域合作谅解备忘录等双边共识的尽快落实。要制定相应的促进与支持政策措施。包括：对公司开展海外投资与合作项目可以给予所得税优惠和关税优惠鼓励；制定相应的金融、保险促进与支持政策措施；制定相应的外贸与外援促进与支持政策措施；积极动员各方力量，搭建以政府为主体的跨国产能合作的情报平台与情报网络体系；研究建立跨国产能合作重大项目库，向相关企业提供境外项目信息。从国际经验来看，会计师事务所、律师事务所、投资银行以及证券公司、征信、评级机构等中介机构在跨国产能合作中起着十分重要的作用。我国要加大支持力度，培育相关中介机构，并推动中资会计师事务所、律师事务所、投资银行以及证券公司、征信、评级机构等中介机构"走出去"，为中国企业"走出去"提供相关服务。

基于拉美能源外交战略实证分析看中拉能源合作

万 瑜

拉美地区能源丰富，是世界重要的能源生产和出口地区之一，已成为世界各大国角逐的舞台，在这一能源市场上的纵横捭阖、激烈竞争无可避免，其中既有冲突又有合作。与之相应的拉美能源外交中也必然交织着经济、政治、军事等多种因素。近年来，拉美国家普遍重视能源外交。比如，在地区内，加强能源合作和一体化，采取一系列能源国有化或市场化的措施；在地区外，拉美石油生产和出口国"领头羊"委内瑞拉和墨西哥以及拉美头号乙醇燃料生产和出口国巴西积极开展能源外交，引起国际社会的广泛关注，以能源以及地缘经济为核心的国家利益成为大国在这一地区外交战略博弈的关键。

随着拉美能源在保障全球能源安全与发展中的地位大幅上升，世界各大国纷纷调整其能源外交战略，纷纷与拉美建立起更高级别的能源外交运行与协调机制，广泛运用国家的政治、经济、军事资源，围绕对这块能源资源产地与运输走廊的争夺及对国际能源市场的影响，展开能源外交博弈。拉美能源外交空前活跃对国际关系和地缘战略产生深远影响。

---

* 万瑜：上海外国语大学墨西哥研究中心主任。

一、拉美能源外交战略实证分析

（一）以拉美能源外交与金砖国家组织为例

从能源消费总量、能源效率、能源结构等方面看，"金砖国家"（BRICS）在世界能源消费中的比例越来越重，能源效率不断提高，能源结构符合本国资源禀赋特征和经济特征，在能源安全领域的合作对世界能源发展与能源格局影响重大。

作为拉美国家里的唯一成员国，巴西的能源外交是非常具代表性的。巴西是拉美第一大经济体，曾长期是石油进口国。近年来采取"两条腿走路"方式发展：一方面，利用其优越条件发展甘蔗乙醇以替代汽油并实现了乙醇规模出口；另一方面，大力开展以深海为主的油气勘探开发。巴西与中国在此领域的经济关系发展迅猛。与中国类似，印度也加强了与巴西的经济合作，这种合作也具有明显的互补性，是双赢互利的。金砖国家在油气上的关系充分反映了谋求互补合作、共同发展的愿望。

（二）以拉美能源外交和地缘战略为例

目前来看，拉丁美洲非常有可能成为美俄"新冷战"的代理战场。俄罗斯如果同盛产石油和天然气的委内瑞拉、玻利维亚和厄瓜多尔等左翼政党执政的拉美国家在能源上合作，采取组建"天然气OPEC"等强力举措，扩大在能源问题上的话语权，无疑将增加同美欧抗衡的筹码。

另外，在能源方面，美国也异常关注中国对拉美国家能源领域的投资。目前，委内瑞拉的石油产能已达极限，如果委内瑞拉不能履行与美国和中国签署的出口合同，政治因素以及委内瑞拉对中国公司以及资本的依赖有可能导致委内瑞拉首先确保向中国出口。在能源领域，中美形成了潜在的竞争关系，但不是威胁。传统观点认为，中国与委内瑞拉的伙伴关系威胁了美国的能源安全。从经济方面来看，委内瑞拉把重油输往中国没有意义。由于中国的石油进口主要来自中东和非洲的轻油，即使中国对重油设施进行大量投资,也不是中国炼油技术发展的重点。从政治方面而言,中国进入拉美异常谨慎。

对拉美新兴大国而言,一方面应尽量避免与其他国家的冲突,保持适当的低调;另一方面在发生意外扰动时,应该立即对其做出合理的解释。开明的能源外交才能为自身的发展带来有利的外部环境和有利的博弈均衡。拉美能源外交策略的变化与发展影响着各国之间的关系与战略选择,与此同时,各国地缘经济战略选择的结果也对拉美能源外交的走向起着关键性的作用,力求能源的可持续发展与地缘战略博弈的共赢是一种全球理念。

二、中拉能源合作相应对策

鉴于拉美特殊的地理位置、特定的政治环境、遥远的运输距离以及一些拉美国家相对发达的替代能源技术,从有利于中国的国家利益、有利于拉美国家的长远整体利益、有利于体现中国国际责任和国际形象的角度出发,拉美和中国都需要着手并在坚持原则的基础上对有关政策进行调整。

首先,必须不断深化合作,巩固和扩大市场。尽管拉美地区存在不稳定因素,但是,一方面,拉美国家急需吸引包括中国在内的外国投资,另一方面,能源合作具有外交性质,中国与一些拉美东道国签署了能源合作协议,即使东道国政府更迭,这些协议依然具有法律约束力。因此,针对一些拉美国家加强对本国能源的控制权的政策意图,中国石油企业应不断深化与拉美国家国有能源企业合作,巩固和扩大市场;同时,加强与拉美国家不同政党和政治力量的沟通,增强其与中国合作的政治意愿。

其次,树立"合作安全"的观念。从能源安全角度来看,尽管能源市场竞争激烈,能源问题本质上是一个全球性问题,因此,中国必须探索地区合作和全球合作的解决方案和思路,为能源市场的平稳发展创造条件。

考虑到美国在拉美的政治影响,中国以多边合作为依托,与美国共同构建稳定的拉美能源供应,对于保障国家能源安全,促进世界能源市场稳定至关重要。中国和美国在拉美有着诸多的共同利益,可以成为双方合作的基础,且拉美地区可以从中获益。在占领市场和获取资源方面,中美两国虽然面临着直接或间接的竞争关系,但不会阻碍两国之间的合作。在拉美能源方面,中美两国可能会面临冲突,为避免误解和实现共同利益,两国可就拉美事务建立稳定的磋商机制。中国企业在拉美国家的油气合作应强调"石油增量共享"策略,突出中国企业在拉美国家进行油气合作的市场行为,缓解其他国家对拉美地区石油出口的疑虑。另外,中国企业在与欧美公司合作的同时,要与之划清界限。一旦与东道国发生合作纠纷,中国企业不仅要据理力争,维护中方合理权益,而且要考虑到双边关系大局,不能一味追随欧美公司处理纠纷的立场和方式。

再次,探索合作新模式,降低合作风险。中国可根据拉美国家的油气市场开放程度以及油气政策调整特点,选择全资、合资、服务合同等多种合作方式。在那些社会安定、无重大政治冲突、法律制度完善的国家,可扩大股权投资规模,而在法制不完备、社会不安定并且有潜在重大政治冲突的国家,可扩大技术服务或工程承包合作。为防范投资风险和增强融资能力,应积极吸纳中方和东道国的金融机构参与,推广银企合作。此外,中国企业在参与拉美国家基础设施建设的合作过程中,可探索诸如"工程换石油"的合作新模式。其次,针对拉美社会风险的复杂性,应创建和加强与当地各层面的紧密联系,吸纳东道国的优秀人才,实施本地化管理,规避社会风险。这不仅有利于消除文化隔膜,而且有助于中国企业融入当地社会。在政府层面上应建立政府间的风险应急机制。拉美社会问题的爆发尤其群体性事件具有突发性、不可预测性,有时难以控制。而通过建立突发性事件应急机制,一旦爆发群体性突发事件,可以借助东道国政府的力量保护我方公司的财产安全以及工作人员的人身安全。在非政府层面上,一方面，需要加强与当地非政府组织的沟通与联系，尤其要处理好与劳工组织的关系，提前化解劳工组织的负面影响，让他们了解、认同、接受、支持我方公司所采取的行动；另一方面，特别需要关注印第安人社区的公益性事业。西方国家的石油公司在拉美的石油投资一直深受印第安人组织的困扰，无法摆脱。我国能源企业进入拉美后，要汲取前车之鉴，不可只追求利润的最大化，还应通过为印第安人社区在医疗、教育以及交通方面提供力所能及的经济援助，改变西方石油公司"他们仅仅为石油而来"的公司形象，建立"双赢模式"，从而为中拉能源可持续发展奠定良好基础。

最后，强调中拉能源合作中的拉美国家与中国的国际责任，强化企业的社会责任意识，将能源合作扩展到石油合作以外的广泛领域。近年来，石化燃料的消耗造成的气候变化已成为国际社会面临的紧迫问题。一些拉美国家（如巴西等国）在替代能源技术方面具有比较大的优势，因此，有必要加大与拉美国家在替代能源方面的合作，这符合中拉双方与世界三方的利益与需求。另外，拉美地区的基础设施较为薄弱，为东道国提供力所能及的援助已成为跨国公司的共识。因此，中国企业在拉美国家进行油气合作时，要注意强化社会责任意识，为当地提供一些援助，或直接出资建造医院、学校、桥梁或公路等。这样做既可以树立良好的公司形象，也能为减缓拉美地区的社会问题和造福当地人民作出更大的贡献。

中拉能源关系的发展是能源市场发展到一定阶段的必然产物。一方面，中国在拉美的能源投资和贸易活动既符合中国的国家利益，也符合拉美国家的经济利益，更重要的是，这些投资和活动有助于增加全球能源供应；另一方面，中国与拉美国家在能源方面的合作也受到拉美国家内部政治发展和地缘经济的影响。从政策层面来看，为了促进中拉能源关系的进一步发展、维护中国的能源安全，中国对有关政策的调整不仅具有必要性，而且具有紧迫性。

能源已成为中国经济增长的生命线。在中国的石油进口中，逾5成产自中东，矿产则来自俄罗斯、中亚等国，供应来源过于单调，因而中国必须未雨绸缪，及早分散风险，增加资源的供应来源。在拓展外交空间之余，中国在拉美也初步建构了能源供应链。拉美对中国有很大的战略利益，不但因为它是美国的"后花园"，更重要的是它拥有丰富的自然资源。无论是阿根廷的矿产、委内瑞拉的石油还是巴西的农产品，不仅出口到美国，到中国的路也会越来越宽。若要清晰研判中国在拉美的能源利益变化，除考虑资源国的政策之外，当前中东和北非的动荡局势及其对原油生产、价格和贸易通道的影响，都凸显了拉美在保障中国原油进口安全中不可替代的战略地位。

中拉油气合作的机遇与挑战

姜学峰

一、中拉油气合作历程及现状

中国与拉美国家的油气合作,始于1993年,始于秘鲁。经过23年的发展,中国以六大国营公司为主,即中国石油、中国石化、中国海洋石油、中国化工集团、中国投资公司、中国国家开发银行等,与拉美国家在油气勘探开发、工程技术服务、管道运输、原油与成品油贸易、金融、环境保护等领域开展了广泛的务实合作,取得了较为丰硕的成果。涉及的国家包括秘鲁、委内瑞拉、厄瓜多尔、巴西、阿根廷、哥伦比亚、特立尼达和多巴哥等7个国家,目前共有28个上游油气合作项目,累计总投资350亿美元。中国政府与拉美国家签订了数额较大的能源贷款,对上述国家的石油与天然气工业、经济发展、就业、环境保护、社区建设作出了积极贡献,为进一步加强和促进与拉美国家的深化合作奠定了坚实的基础。

(一)中国石油(CNPC)在23年的发展中与拉美国家在油气合作领域经历三个阶段

第一阶段:前十年(1993—2002)为初步合作阶段。中国石油利用自身在工程技术、一体化服务以及低成本的优势,重点针对中小型常规油

---

* 姜学峰:中国石油经济技术研究院副院长。

气田老油田提高采收率进行了合作，比如秘鲁的塔拉拉（Tarara）六区、七区，委内瑞拉陆上卡拉高莱斯（Caracoles）、马拉开波湖上的英特干博（Intercampo）等区块，大幅度提高了产量，延长了这些油田的寿命，东道国获得了很好的经济效益。此外，还与委内瑞拉签署了奥林诺科重油带 MPE3 区块的超重油开发项目，进行了厄瓜多尔 11 区的小型风险勘探。

第二阶段：中间五年（2003—2008）是稳固合作阶段。2003 年之后，由于部分拉美国家调整对外能源合作政策并导致一些外国石油公司撤出，中国石油择机并购了一些油气区块资产，积极参股东道国国有石油公司主导的区块勘探、开发项目，积极争当作业者，在项目获取上大中小并举，实施一体化运作。合作对象仍然是在初级阶段取得成功的国家，即秘鲁、委内瑞拉、厄瓜多尔。在秘鲁增加了 1AB 和 8 区；在委内瑞拉建成了 MPE3 项目；在厄瓜多尔收购了加拿大英卡纳（ENCANA）公司退出的 Tarapoa 区、14/15/17 区和 Shiripuno 区块。在西方石油公司在拉美实行收缩的情况下，中国石油企业对这些项目的参与和投资帮助东道国政府维持了油气产量增长、财政收入增长，稳定了油气行业的就业和油区的社区建设。

第三阶段：2009 年以来是扩大合作阶段。金融危机之后，中拉合作进入扩大合作阶段。中国石油企业通过并购、参股以及贷款换石油等方式，并与区外跨国石油公司建立战略联盟，合作地缘进一步扩大到阿根廷、巴西、哥伦比亚、特立尼达和多巴哥等国。合作成果丰硕，将在下面"油气合作现状"中细说。

（二）中拉油气合作现状

截至 2015 年年底，中国公司在拉美地区共有项目 28 个，其中厄瓜多尔 4 个，委内瑞拉 5 个，秘鲁 3 个，哥伦比亚 5 个，特立尼达和多巴哥 3 个，巴西 6 个，阿根廷 2 个。总权益油气储量分别为 5.2 亿吨和 287 亿立方米，总权益油气当量为 1620 万吨，累计总投资 350 亿美元。

（1）中国石油（CNPC）是拉美最大的油气战略合作伙伴，是主力军，为拉美油气工业发展作出了积极贡献。中国公司在拉美地区的合作中，中国石油有9个运行项目（厄瓜多尔2个、委内瑞拉4个、秘鲁2个、巴西1个），还有2个退出项目，即哥伦比亚勘探项目和哥斯达黎加炼厂项目。共拥有权益石油储量3.7亿吨，占中国石油企业在拉美权益总储量的70.8%。

特别值得一提的是，中国石油与巴西国家石油公司等一起进行的海上勘探项目"里贝拉"是目前全球最大的海上项目，2016年新探明了10亿吨级储量的大型深海油田，正在准备开发。

（2）中国已向拉美国家油气领域提供数额不小的有偿贷款，有效缓解了部分国家油气工业发展对资金的迫切需求。

受2008年年底国际金融危机的影响，一些拉美国家的油气项目融资困难，中国对其的融资服务推动了中拉能源合作。

委内瑞拉：中委间贷款包括政府项下贷款的中委基金、中委长期融资和商业贷款，中国向委内瑞拉发放贷款共计约500亿美元，委内瑞拉通过石油贸易来偿还，目前还款已超过一半。

除政府项下的贷款外，中国国家开发银行还向委内瑞拉提供了43.8亿美元的商业贷款，用于PDVSA自营项目的设备采购和中委合资项目发展等。

厄瓜多尔：中国和厄瓜多尔签署30亿美元贷款换石油协议。

巴西：2009年，巴西石油获得中国100亿美元贷款，以原油还贷；2016年2月26日，巴西国家石油公司获得中国国家开发银行的100亿美元贷款，以现金或石油偿还。中国对巴西还有400多亿美元贷款，用于非油气领域合作。

以上仅举了几个例子。除了政府之间的能源贷款安排之外，中国大量的民营企业在拉美国家还有不少的商业贷款。

（3）中国坚定支持拉美国家油气工业与经济社会建设，与东道国实现了互利共赢。

在东道国合作政策出现剧烈变化的情况下，一些西方石油公司退出东道国，中国选择了坚持，克服重重困难，坚定支持拉美东道国石油工业发展。

委内瑞拉：2006—2007年，委内瑞拉推行国有化政策，埃克森美孚、康菲退出委内瑞拉的重油开发项目，雪佛龙、道达尔、BP以及挪威国家石油等多家国际石油公司的参股比例下降。

厄瓜多尔：厄瓜多尔石油工业发展一直都以大量吸收外资为主旋律。2005年以来，受到拉美地区国有化浪潮的冲击，美国西方石油公司、加拿大EnCana等公司退出厄瓜多尔。

西方石油公司即便留在东道国，在当前的低油价下会普遍采取压低产量的方式来控减投资，使东道国的财政状况雪上加霜。而中国石油从油气项目和东道国石油工业长远发展的大局出发，努力通过降本增效等积极措施，不断增加石油产量，为东道国雪中送炭，从而与东道国实现共赢式发展。比如，厄瓜多尔的Tarapoa老油田，中国石油通过增加投资，使该区块日产量增加1万桶；再比如委内瑞拉MPE3项目，目前年产950万吨，中国石油与委内瑞拉密切合作，加大投资力度，未来五年产量将翻番。

此外，中石油在环境保护、社会公益（教育、医疗、交通、农业、抗洪救灾、抗震救灾）及员工本地化等方面做出了很大努力，获得当地赞誉。中国石油是拉美国家油气合作领域值得信赖的伙伴。

二、中拉油气合作中存在的问题

尽管中拉油气合作取得了很大成绩，毋庸讳言，中国石油作为一家国际能源公司，我们深深地感觉到，我们和其他国际公司一样，在合作中也面临诸多问题和挑战，比如东道国政策多变（税收不稳定、股权不稳定、合同模式不稳定），拖欠款项，部分利益集团以环保为借口阻碍油气合作等。如果能够解决这些问题，我们能够合作得更深入、合作得更好。

（1）东道国油气合作政策极其不稳定。

矿区使用费：从合同规定的 16.67% 后来提高到 33.3%。

区块权益：从国际公司 100% 权益降到 40%，或者更低，甚至强行接管。

暴利税：阶梯式暴利税，将暴利税的起征点定在 40 美元/桶的低位；不以利润为税基，而是以规定的油价为基础。在委内瑞拉，当油价超过 70 美元/桶时，企业须将销售收入的 80% 交给政府，当油价超过 90 美元/桶和 100 美元/桶时上交率分别达 90% 和 95%。在厄瓜多尔甚至是 99%。

随意改变合同模式：从产品分成合同强制改为服务合同。

对税务争议的不当处置：以厄瓜多尔对 OCP 管线 2001 年项目贷款的税收争议为例。2013 年厄瓜多尔高等法院裁决厄瓜多尔国家税务局败诉，然而，厄瓜多尔国家税务局长声称，高等法院的宣判使政府受到损失。此后，政府对两名公正判决 OCP 争议的法官处以革职的处罚，并宣布他们将被监禁。厄瓜多尔政府在电视和媒体上宣布："今后任何法官只要做出对国家不利的宣判，将被革职等。"

（2）拖欠款项。

工程技术服务款项、石油项目的应收款项：对地震、钻井、地面工程建设、油田作业服务、材料设备供应商等服务公司款项以及部分油气投资项目应收款项长期拖欠。委内瑞拉拖欠中国石油长城钻探公司 GWDC、东方物探公司 BGP、技术开发公司 CPTDC 等公司超过 5 亿美元；还有部分中国的民营服务企业欠款，给这些企业带来很大伤害。

（3）投资环境受国内政治影响大。

哥斯达黎加莫因（Moin）炼油厂更新与扩建项目因政治换届而夭折。

2007年6月哥斯达黎加与中国正式建立外交关系时，中国承诺协助哥斯达黎加政府更新并扩建莫因（Moin）陈旧的炼油厂。2008年10月，中哥双方协议签署组建合资公司。2009年1月，哥斯达黎加总统和各部部长组成的政府内阁批准了合资建厂的计划。2009年3月，哥斯达黎加总审计署宣布，中石油与Recope组建合资公司共同对莫因（Moin）炼油厂进行升级改造和扩建计划没有通过审计，主要原因是根据哥斯达黎加7356号法律不允许哥斯达黎加国家石油公司给合资公司进口、精炼、销售石油的权利。之后四年间，哥斯达黎加政府敦促中方对Recope提出的大炼油厂计划可行性研究进行修改，但未能达成共识。哥方也同意依照现行两国合作协议规定，中方对所持有股份向第三方进行转移或出售以使该计划不致中断。

2013年6月，中国国家主席习近平访问哥斯达黎加，与钦奇利亚总统签署了炼油厂贷款协议。该计划由中国国家开发银行提供9亿美元贷款，其余6亿美元由两大股东分担。两周之后，哥斯达黎加单方面宣布终止与中国石油合建炼油厂项目。

以上只是例举了几个因素。这些问题严重伤害了国际石油公司和服务公司在东道国投资的积极性。

解决油气投资和服务领域存在的问题，是一个庞大的系统工程。在此我想对国际油气合作主要说四点：

一是东道国要加深双赢认识。国际石油公司不是慈善机构，要能够获得合理收益才会投资，东道国要获得好处才会同意我们投资。双方都有利益诉求，这就注定了国际石油合作必须是双赢、共赢，才能持续发展。

二是要调动投资者的积极性。通过稳定的油气合作政策（包括税收稳定条款、投资保护条款）维护投资者的合法权益，才能使国际投资稳定增长。受惊的鸟，它不会留在原地，会飞走（比如修订中国与厄瓜多尔政府间签于80年代的投资保护协议）。

三是守信。包括按时足额支付应付款项，履行各自责任。

四是加强沟通与协商。今天的会议就是很好的形式,但还不够。会后我们还要把沟通中提出的问题仔细研究、磋商,提出切实的解决办法,落实到行动上。

我相信,随着这些问题的切实解决,中国与拉美国家的合作会发展得更深入、规模更大、效果更好,对拉美国家、对中国都有好处。

Profesor de la Facultad de Ciencias Económicas de la Universidad Nacional Mayor de San Marcos del Perú
Humberto Campodónico Sanchez,

Fomentar la cooperación en capacidad productiva para forjar la versión actualizada de la cooperación pragmática entre China-ALC

El Estado de la cuestión

Asimismo, enfatizó que la gran esperanza internacional es China, ya que mientras el panorama en Estados Unidos es incierto por diversos factores como la falta de empleo industrial remunerado, en Europa, los bancos aún tienen problemas. En los primeros 16 años del nuevo milenio, muchos países de América Latina tuvieron tasas elevadas de crecimiento económico. Muchas veces se atribuyen estas altas tasas de crecimiento a las reformas económicas neoliberales de principios de los años 90, llamadas el Consenso de Washington.

Pero en verdad lo que explica el vigoroso crecimiento de América Latina en los últimos 16 años ha sido el extraordinario crecimiento de la economía china y, en menor medida, de otros países del Sudeste Asiático.

Sin embargo, los resultados de este crecimiento económico no han tenido las mismas causas ni, tampoco, los mismos resultados para lograr el desarrollo

---

* 温贝托·坎波多尼克：秘鲁国立圣马科斯大学经济系教授。

sostenible. Por ello, identificar las razones de estos resultados dispares es un tema clave para lograr la prioridad de conseguir una cooperación integral, sustancial y de beneficio mutuo, tal como se estableció en la Declaración de Beijing de la Primera Reunión Ministerial del Foro CELAC-China en enero del 2015.

En China han habido políticas mixtas orientadas a la exportación, dirigidas al impulso de los sectores productivos (incluido el sector industrial) y políticas activas de innovación tecnológica, entre otras. Puede decirse que este tipo de intervenciones se centra principalmente en la mejora de la calidad de los bienes exportados, es decir, en su contenido tecnológico y su valor agregado doméstico. Así, China es ahora llamada la "fábrica del mundo".

En América Latina muchos de los países siguieron la senda de un crecimiento económico liderado por las exportaciones de productos básicos (minerales, petróleo, productos agroindustriales). En otras palabras, la Región se especializó de acuerdo a sus ventajas comparativas estáticas en sectores que ofrecían menos oportunidades para la diversificación y el mejoramiento de la calidad de los productos exportados. Allí está la diferencia con el crecimiento de China.

Esta estrategia se propuso como alternativa a la "industrialización dirigida por el Estado" de los años 60 y 70 pues, según los analistas del Consenso de Washington, esas políticas impedían la eficiencia estática y el cambio tecnológico y, por tanto, bloqueaban el crecimiento económico.

La consecuencia de esta política llevaron a nuestros países a mayores niveles de dependencia en los precios de las materias primas en el crecimiento del PBI, los ingresos por exportaciones y la recaudación tributaria. Y también nos llevaron a una desindustrialización prematura, pues la participación de las manufacturas en el PBI disminuyó en casi todos los países.

Es por ello que, cuando acabó el superciclo de precios de las materias primas en el 2012-2013, las tasas de crecimiento de la Región disminuyeron abruptamente. Este año 2016 la tasa del PBI de América del Sur será de -2,2%, a diferencia de las tasas de 3.6% de años anteriores.

Hoy nos encontramos en un nuevo momento. En China hay una "nueva normalidad" que, si bien mantiene las metas de crecimiento exportador, ahora prioriza el crecimiento del mercado interno, con tasas de crecimiento de 7% del PBI (debemos de tomar en cuenta que la magnitud del PBI de China es mucho mayor que hace 15 años).

De su lado, en la mayoría de países de América Latina –junto con los organismos multilaterales como el Banco Mundial, el BID, la CAF y la OCDE- se discute ahora políticas que priorizan la inversión en ciencia, tecnología y capital humano (educación, salud), así como en infraestructura, todo ello de la mano con la preservación del medio ambiente y la lucha contra el cambio climático.

Rebalanceo en materia de comercio, inversiones y preservación del medio ambiente

Las relaciones comerciales entre China y América Latina han estado fuertemente desbalanceadas. Según la CEPAL, el 87% de las exportaciones de América Latina hacia China son energía, minería y agricultura, mientras que solo el 55% de las exportaciones de América Latina hacia el resto del mundo están en esos sectores. Lo mismo sucede en el caso del Perú.

En el caso de las importaciones de China de mercancías peruanas, las cantidades son muy pequeñas y se concentran, sobre todo, en el sector de las llamadas exportaciones agrícolas no tradicionales (espárrago, uva, arándano). No sucede lo mismo en el caso de las importaciones de productos chinos para el mercado peruano, sobre todo de textiles, productos de líena blanca, electrodomésticos y otros. En estos casos ha habido múltiples conflictos que, incluso han terminado con sanciones para los productos chinos por el organismo de la libre competencia en el Perú, el Indecopi. Esta zona de conflicto debe ser parte de diálogos especiales entre las partes interesadas.

Las relaciones financieras entre China y América Latina también han crecido fuertemente. Según la base de datos China-América Latina del Diálogo Interamericano, desde el 2002 China ha otorgado préstamos y líneas de crédito por más de US$ 119,000 millones. En el caso peruano, los préstamos han tenido una condición menor. Desde principios del 2014 está presente en el Perú el banco Industrial and Commercial Bank of China (ICBC), el más grande del mundo.

En términos de Inversión Extranjera de la China en América Latina, tenemos que el stock de inversión china, al 2012, alcanzó la cifra de US$ 50,000 millones, sobre todo en minería, petróleo y gas y el sector agrícola. En Perú, la inversión minera china es la más grande inversión extranjera, así como lo es también en el sector petróleo. En el sector de explotación de gas, la inversión china no es la más importante, pero esto podría cambiar en los próximos años debido al descubrimiento de importantes reservas de gas en el Lote 58 (en la zona de Camisea), propiedad de China National Petroleum Corporation.

Uno de los temas de más alta importancia tiene que ver con el impacto ambiental de las inversiones en recursos naturales en América Latina. Según un estudio del Banco Mundial sobre la cambiante riqueza de las naciones, el costo económico de la explotación de recursos naturales en América Latina, entre el 2003 y el 2013, realizada por diversos países y actores empresariales (lo que incluye a EEUU, Canadá, Australia, Reino Unido y también China) llega al 8.6% del PBI, considerado anualmente, lo que es una pérdida considerable, que debe ser revertida.

En los próximos años las relaciones económicas, comerciales y financieras continuarán creciendo en importancia. Si bien el crecimiento del PBI de China ha bajado del 10 al 7% anual, tenemos que el PBI de China es ahora de US$ 10.9 billones, el segundo después de EEUU. Por tanto, un crecimiento de 7% significa un US$ 770,000 millones al año, lo que equivale a 3.5 veces el PBI de Perú de US$ 200,000 millones anuales.

Dicho esto, lo que se necesita es rebalancear las relaciones entre China y América Latina, de tal manera que los beneficios se incrementen para las dos partes. En esta perspectiva va a ser muy importante que se incremente la inversión en capital humano, en infraestructura, en diversificación productiva, la preservación del medio ambiente, la difusión de energías renovables y la lucha contra el cambio climático.

En el campo de las exportaciones de Perú hacia China, en el 2015 éstas fueron de US$ 7,354 millones, de las cuales el 96% correspondieron productos básicos: cobre (60%), harina de pescado (12%) zinc (6%), plomo (5%), hierro (4.5%) y plata (4.8%). Las exportaciones no tradicionales alcanzaron US$ 300 millones en el 2015, un 4% del total. Las principales fueron calamares, uvas, lana de alpaca y algas por US$ 300 millones. Es importante aquí realizar un esfuerzo conjunto para diversificar la oferta exportadora peruana, la que ha tenido avances significativos con, por ejemplo, la exportación de espárragos (2014), palta y cítricos (2015). Se espera que la exportación de arándanos (blueberries) pueda concretarse en los próximos meses.

El campo ambiental es uno de los más importantes, sobretodo en la explotación de minerales, así como de petróleo y gas. En el Perú los conflictos socio-ambientales son numerosos y es importante contar con políticas que permitan su superación. De acuerdo a estudios realizados por la Universidad del Pacífico y la Universidad de Boston, se sabe, de un lado, que los perjuicios ambientales son altos y, de otro, que el comportamiento de las empresas chinas tiene características similares a las de otros países, mostrando estándares cada vez más altos de preservación ambiental.

Los estudios de las universidades arriba mencionadas indican que es posible superar los logros adquiridos. Se sabe que en China, progresivamente desde el 2008, los bancos de desarrollo - como el China Export Import Bank (CHEXIM) y el China Development Bank- tienen requerimientos de Estudios de Impacto Ambiental para las inversiones de empresas chinas en países del extranjero. Asimismo, desde el 2013, el MOFCOM ha emitido guías de protección ambiental para la cooperación e inversión extranjera. A esto se añade que existen nuevos fondos de GIZ (Alemania) y DFID (Reino Unido) para proyectos de inversión "piloto" que tengan estándares verdes, los mismos que podrían ser usados para cubrir parte de los costos que exige el cumplimiento de estos estándares.

Toda la literatura existente hace énfasis en la importancia de la infraestructura para lograr el crecimiento sostenible, lo que se basa en las experiencias de los países industrializados. En los países de América Latina -si bien ha habido avances- es grande el déficit de carreteras, energía, ferrocarriles, telecomunicaciones, aeropuertos, puertos e irrigaciones, entre otros. Es por eso muy importante que en su visita a China el Presidente Pedro Pablo Kuczynski haya anunciado que el Perú solicitará su ingreso al Banco Asiático de Inversión en Infraestructura, entidad que cuenta con fondos importantes para ese tipo de proyectos.

En el campo de las energías renovables, creemos que es muy importante el ejemplo de comercio y cooperación entre China y Chile con los paneles solares. Se sabe que la participación de las importaciones de paneles solares desde China ha pasado del 18 al 58% del total del 2008 al 2013. En el Perú es clave el desarrollo de las energías renovables, como lo establece el Plan Referencial del Ministerio de Energía y Minas.

El tema central de la cooperación entre China y el Perú en los próximos años debiera ser, desde nuestro punto de vista, las iniciativas para la diversificación productiva. El Perú ya cuenta con un Plan Nacional de Diversificación Productiva (PNDP), aprobado en el 2014, pero que ha encontrado muchas dificultades para su implementación y puesta en marcha. China puede ser el socio para la palanca que conduzca a nuestra industrialización.

Cabe destacar que el Presidente del Perú, Pedro Pablo Kuczynski, en su último viaje a China, ha remarcado la posibilidad de construir refinerías de cobre para que Perú pueda generar mayor valor agregado y dejar de exportar concentrados de cobre.

Además, existen iniciativas del gobierno peruano para impulsar una serie de "clusters", lo que está detallado en el PNDP, así como en diferentes documentos del Consejo Nacional de Competitividad del Ministerio de Economía y Finanzas. En este campo, la cooperación peruano-china para impulsar un cluster minero obtiene gran relevancia, sobre todo si tomamos en cuenta la formidable importancia de las inversiones mineras de China en el Perú, que se proyectan en US$ 18,000 millones en los próximos años (si todas entran en operación), siendo las más importantes Galeno, Río Blanco, Ampliación de Toromocho y Shougang, Pampa del Pongo).

La diversificación productiva en el Perú puede lograr un gran impulso con la puesta en marcha de un gran complejo petroquímico en el sur del Perú, con la construcción del Gasoducto Sur Peruano, que ya está en marcha. Para ello es importante, por el lado de la oferta, el aprovechamiento de las reservas de gas natural del Lote 58 de Camisea, de China National Petroleum Corporation (CNPC). Por el lado de la demanda, es importante el impulso a un complejo petroquímico del metano y del etano en las regiones de Arequipa y Moquegua en el sur del país. Empresas petroquímicas chinas podrían participar en este importante proyecto que puede transformar el sur del Perú.

En la producción de fertilizantes fosfatados también hay un campo importante para la diversificación productiva. En el Perú existen importantes reservas de fosfatos en Bayóvar (Región Piura), que actualmente se exportan como roca fosfórica. Estos fosfatos sirven para la producción de Fosfato Diamónico (DAP) y también (en menor medida), de Fosfato Monoamónico (DAP). El PNDP dice que "Bayóvar puede convertirse en un "cluster" en base a la extracción de fosfatos, a partir de los cuales pueden impulsarse las industrias de productos químico-farmacéuticos, fertilizantes, explosivos, entre otros insumos para la industriaLa producción nacional de fertilizantes fosfatados tendría incidencia directa en la reducción de los precios, mejorando la productividad y competitividad de la agricultura, tanto tradicional como no tradicional.

La importancia del Foro CELAC-China

En el marco de la I Conferencia Ministerial China en Beijing, China, en enero del 2015, se aprobó el Plan de Cooperación CELAC-China, el cual contiene 13 áreas temáticas de trabajo, ocho de las cuales se concentran en ámbitos económicos. El Plan también tiene metas de expansión del comercio y la inversión extranjera directa (IED) entre ambas partes durante la próxima década. Así, tenemos que China prometió llevar el comercio en US$ 500,000 millones e invertir también US$ 500,000 millones en la próxima década. Para demostrarlo, China puso un fondo de US$ 35,000 millones para la infraestructura. Esta es una muestra del son muestras del carácter estratégico que China asigna a sus relaciones con América Latina.

Para lograrlo, se requiere difundir el contenido del plan entre los actores económicos de la región, lo que nos dice que CELA, como dice CEPAL, enfrenta un gran desafío de coordinación, tanto técnico como político. Para abordarlo, debiera buscar el apoyo de las entidades regionales vinculadas al desarrollo económico, así como de las universidades y centros académicos de la Región. Todas estas instituciones pueden ayudar a elaborar un diagnóstico actualizado de las principales carencias regionales, así como de la viabilidad y rentabilidad social de las diversas iniciativas que puedan gestarse en el marco del Plan de Cooperación".

Es en el marco de este Plan de Cooperación que deben desarrollarse las iniciativas comunes, pues define el marco institucional y orientaciones generales. Ahora es necesario dotar a dicho Plan de contenidos concretos, lo que a su vez exige definir una agenda regional concertada de prioridades, privilegiando las iniciativas plurinacionales. Ese es un reto de esta conferencia.

助力中国企业"走出去" 全面推动中拉投资合作

吴启金

中国和拉美虽然相距遥远,但广阔的太平洋挡不住双方合作的脚步。近年来,中拉关系快速发展,全面合作伙伴关系日益紧密,2015年中拉论坛部长级会议的召开,更将中拉整体合作推向了机制化的新阶段。在以中拉论坛部长级会议为代表的一系列合作机制推动下,双方政治互信更加巩固,对话交流更加顺畅,人文往来更加密切,经济合作更加深入。面对全球经济低迷、大宗商品价格下跌、拉美主要国家货币贬值等不利因素,2015年中拉双边贸易额虽然出现了10.28%的下降,但却呈现贸易和投资结构进一步优化、合作领域更加多元的显著特征,同时在投资、金融、产能、基础设施建设等新领域的合作加快推进。2015年,中国对拉美非金融类直接投资流量达到214.6亿美元,同比增长了67%,占同期中国对外直接投资总流量的14.7%;中国对拉美的对外工程承包新增合同额同比增长10.3%,占同期中国对外工程承包新增合同总额的11.8%。2016年1—9月,中国对拉美的投资业务谈判增长明显加快,拉美已成为中国企业海外投资的重要目的地,越来越多的中国企业对拉美国家更加关注。中拉经贸关系正朝着互利共赢的方向不断前进。

当前,全球经济进入中低速增长的深度调整期,发展中国家发展面临

---

* 吴启金:中拉合作基金首席执行官。

的困难和挑战增大。拉美经济增长复杂性、不确定性增加，一些国家面临大宗商品价格波动、贸易受挫、政局不稳等冲击；中国经济也进入新常态，经济增速换挡、结构调整阵痛、动能转换困难相互交织，经济下行压力增大。在这样的背景下，同为发展中国家并拥有相似发展任务的中拉各国进一步拓展合作空间、深化全面合作伙伴关系，既是双方顺应新时代的现实需要和共同愿望，更是双方谋求新发展的最优选择。

首先，中拉经济互补优势明显。拉美地大物博、物产丰富，中国人口众多、市场广阔，双方在资源、产业、技术、资金、市场等方面互有优势，为中拉投融资合作提供了原生动力。如在产业结构上，拉美许多国家主要处于全球产业链上游，部分国家旅游等服务业较发达，中国主要处于全球产业链偏中下游位置，制造业相对发达，两国产业结构具有高度互补性。同时，中拉在投融资上的互补优势也愈加凸显。中国已成为全球第二大对外投资国，越来越有能力和意愿为拉美国家结构调整、产业升级和质量提高提供资金支持，成为拉美国家的重要融资渠道。

其次，双方发展战略高度契合。基础设施建设、产业升级已成为当前各国拉动经济社会发展、应对经济下行压力的重要抓手。拉美国家亦是如此。拉美国家提出了旨在加快区域一体化的南美洲基础设施一体化倡议等战略，巴西、智利等国家也提出了各自的基础设施建设计划，并将推动产业多元化、产业链升级作为发力重点。而中国基于自身高性价比的装备制造能力、建设能力和集成技术优势，提出了"一带一路"建设、国际产能与装备制造合作，恰好可以实现双方战略对接，推动共同繁荣。

第三，多双边合作机制逐渐完善。近年来，中国和拉美高层往来密切，达成了一系列丰硕成果，奠定了中拉多双边关系持续向好发展的基调。多边层面上，中国与拉美的区域组织建立了不同形式的合作和对话机制、功能齐全的投资合作平台。在双边层面上，多个拉美国家与中国建立了战略伙伴关系，政府间双边合作机制不断完善，中国—智利自贸区升级、中国—哥伦比亚自贸区可行性也正在研究推进。

这些有利因素为太平洋两岸的中拉投资合作奠定了坚实基础。但不可否认，中拉投资合作在深度和广度上还有待提升，还存在国别分布不够平衡、市场覆盖率相对较低、行业布局不够合理等问题。综合来看，主要有以下原因：

一是经济发展不景气。拉美地区均为发展中国家，出口贸易以矿石、石油、农副产品等低附加值产品为主，受全球经济复苏缓慢、大宗商品价格持续低迷、世界金融市场动荡、部分拉美国家政局混乱等多重因素影响，拉美地区自身发展遇到较大困难，社会需求不足，进出口贸易和对外合作受到抑制。国际货币基金组织（IMF）预测2016年拉美地区经济将下降0.5%。

二是市场风险难消除。政局不稳，政府诚信度低，汇率不稳，通货膨胀压力大，税法、劳工法和其他法律繁杂，部分国家社会治安存在问题，工会组织力量过强等，使中国企业在开拓拉美市场时面临着重重风险，落地生根难度大。

三是贸易保护渐抬头。在中国对拉美的出口中，91%为各类技术制成品，远高于全球69%的可比份额，产品结构过于集中极易造成市场饱和，加大了拉美对华实施贸易保护主义的风险，是中拉贸易摩擦的主要诱因之一，限制了中拉合作的增长空间。2014年，巴西以证书未确认为由限制中国水产品进口。2015年9月，墨西哥接连对中国盘条、热轧钢板、瓶型液压千斤顶三种产品发起反倾销调查。2014年以来，拉美国家对中国提出实施动植物卫生检疫（SPS）协议14条，占世界各国对中国提出SPS的40%；2014年以来，巴西、阿根廷、墨西哥和厄瓜多尔共提出贸易技术壁垒协议（TPT）1052条，数量剧增彰显了拉美国家利用世界贸易组织规则设置技术壁垒的强烈意愿。

四是文化交流不深入。中国与拉美不仅远隔重洋，相距万里，而且在政治制度、文化传统、思维方式和语言等方面存在着巨大的差异，双方相互了解不深不透，"中国威胁论"以及恐惧中国的心态在拉美尚有"市场"，甚至在不断蔓延。例如，一些拉美的媒体经常将中国视为发达国家，并称昨天的美国与拉美的关系就是明天的中国与拉美的关系，"新殖民主义"等污蔑性词汇经常出现在拉美某些媒体关于中国的报道中，这在客观上影响了中拉合作的正常发展。

未来，我们要进一步利用中拉经济的互补优势，借助已有的多双边合作机制，抓住双方战略合作契机，为中拉深化互利合作创造条件。只要各方共同努力，中拉合作必将大有可为。在此，我就深化中拉投资合作提几点建议：

一是进一步优化投资合作模式。要增强投资合作灵活性，拓展合作广度、深度。在巩固传统贸易产品合作优势的基础上，要推动双方在基础设施、能源资源、信息技术、现代农业、科技创新、制造业产能转移等方面的合作，要加深服务贸易、电子商务等新领域合作，推动拉美国家发展高端制造业和服务业，扩大高附加值商品和服务出口，实现贸易多元化，使双方贸易结构更趋均衡、合理。

二是进一步延伸产业合作链条。以基础设施合作为依托，充分发挥政府、行业协会、金融机构作用，统筹双方产业规划，协调产业发展政策，大力推动国际产能合作，加快开展多种形式的产业链上下游一体化合作，建立能够发挥比较优势的产业园区，提升产业集聚能力，促进拉美国家提升经济发展的技术含量、竞争力和可持续性，从而提升双方在全球价值链中的地位和现状。具体领域上，应以能源资源、基础设施建设、农业、制造业、科技创新、信息技术等领域合作为重点，加大力度推动中拉产业的对接和融合。

三是进一步扩大双方金融合作。金融合作是贸易投资合作的重要助推器，也是中方倡导的"1＋3＋6"合作新框架和"3×3"模式的重要引擎。

要实现中拉贸易达到5000亿美元，投资存量达到2500亿美元的目标，金融应当提供更加有力的支撑。目前，中国政策性金融机构、商业融资机构均在开拓拉美市场，中拉投资合作也实现了质的飞跃，中拉合作基金、中拉产能基金均已开始运营。人民币的国际化在拉美也迈出坚定的步伐。未来，双方应循序渐进地扩大相互金融市场开放，推动金融机构在产品服务、人员交流、信息共享等方面的创新合作，从而为中拉投资合作转型升级注入更大活力。

中拉合作基金是由中国进出口银行主导设立的致力于推动中拉投资合作和助力中国企业"走出去"的基金。在长期开展外向型业务的实践中，我们积累了丰富经验和风控手段。我们拥有一支高素质专业人才队伍，能够为企业提供专业化投融资解决方案，帮助企业对接市场、控制风险、提高项目成功率；我们与国内外政府部门建立了长期、密切和全面的合作关系，培育了一批优质合作客户，树立了良好的品牌形象。基金的设立和运营为中拉合作开辟了新渠道。

面向未来，我们将充分发挥自身优势，在做大做强传统优势业务的同时，加强投资产品和服务创新，尽己所能为中拉经贸和产能合作提供更针对适用、更全面多样的金融支持。

一是积极落实好国家战略，在基础设施、能源资源、现代农业、信息技术、科技创新和促进制造业领域加强合作，主动对接东道国急需的关键性项目，推动项目早日落地、见到实效，为促进拉美发展中国家加快基础设施建设、发展现代农业、服务业和先进制造业，推动拉美地区一体化奠定基础。

二是以差异化投融资解决方案为手段，促进中拉资金、技术、人才和项目对接。我们将立足拉美不同国家的现实国情，根据不同行业、不同项目特点，灵活搭配不同性质的金融产品，探索各种不同的合作模式，因地制宜为东道国、企业和项目量身定做适宜的投融资解决方案。同时，综合利用我们的产品、人才和经验等方面的独特优势，在市场机会发掘、项目前期调研、信息咨询、风险控制等方面，为中拉双方企业提供融资融智服务，提高合作质量和效率，促进双方战略深入对接、发展深度融合。

三是以多双边合作为纽带，继续强化与区内外同业机构合作。目前，我们已与泛美开发银行、安第斯开发银行、桑坦德银行、智利银行、古巴国民银行等金融机构建立了紧密合作关系。今后，我们将继续深化与拉美同业的合作，充分发挥双方的互补优势，通过人员培训、业务交流、转贷款、银团贷款、联合融资、贸易融资等多种方式，整合金融资源和力量，既帮助中国企业走进拉美，同时也为拉美企业到中国投资兴业提供更多优质服务。

携手共赢　助力中拉产能合作迈上新台阶

辛晓岱

一、利用优势互补，多层次多渠道拓宽产能合作领域

当前，正值中拉关系处于新的历史时期。中拉携手推进全面合作伙伴关系为双方在经贸和投资领域合作开辟了广阔的空间，同时也为中拉产能合作提供了难得的机遇。正如大家所知，中拉双方的经济结构和发展诉求具有多重互补性，合作潜力巨大。

首先，拉美地区自然禀赋优越，而中国则市场规模庞大。2016年前三季度，消费对中国经济增长的贡献率同比上升13.3%—71%，表明随着中国经济结构调整转型，消费将成为未来拉动经济的重要驱动因素。

其次，从可持续发展角度，拉美国家亟待通过生产性投资提升工业竞争力，调整经济结构，摆脱单一的资源依赖；而中国经历了改革开放30多年的积累，在技术和相关产业具有一定优势，可为拉美国家的工业化进程提供有力的支撑。

另外，随着拉美相关国家政局逐渐企稳，经济逐渐步入正轨，相对滞后的基础设施对经济发展的制约作用逐渐显现。这些项目一般要求资金规模较大，且期限较长，而拉美国家自身的储蓄率又相对较低，迫切需要引

---

* 辛晓岱：中拉产能合作投资基金副总经理。

入外商直接投资（FDI）来弥补资金缺口。而中国在基础设施领域则拥有比较成熟的技术设备、丰富的国际承包工程经验和充裕的优质产能。同时，中国的银行和投资基金等对拉美市场也有极大的兴趣，愿意增加在拉美地区的资产配置。中拉在这一领域的合作，既契合共同需要，又实现优势互补，具有广阔空间，将成为未来产能合作的一个重要关切点。

二、积极开拓进取，抓住中拉产能合作的有利时机

目前，中国经济发展进入新常态，国民经济平稳健康发展。2015年国内生产总值增长6.9%。最新公布的数据表明，2016年前三季度中国经济增长为6.7%，在全球主要经济体中仍位居前列。中国经济将保持长期向好的基本态势，同时，对外开放水平不断提升，这将为拉美国家带来更多发展机遇。

与此同时，拉美地区经济自今年以来已开始出现企稳和改善迹象。多个机构预测，阿根廷和巴西等拉美主要大国2017年国内生产总值（GDP）增速很可能会由负转正。10月20日巴西央行四年来首次降息，表明了其新政府在有效控制通胀、提振经济和重塑市场信心方面的决心。俗话说，有危就有机。在经济相对疲弱时期，拉美国家可能会有更多的项目合作诉求，我们需要在形势研判和风险控制的基础上灵活把握时机，善于抓住机遇，积极进取，尽早促成一批有效益的产能合作项目落地。

三、加强务实合作，坚持按市场化原则推进产能合作项目

2015年5月，李克强总理在访问拉美时强调要重点以国际产能合作为突破口，推动中拉经贸转型，打造中拉合作升级版，同时宣布中方将设立总额为300亿美元的中拉产能合作专项基金，以支持中拉产能合作项目。

同年 6 月 16 日，在中国人民银行、中国国家外汇管理局和国家开发银行的共同支持下，中拉产能合作投资基金有限责任公司在北京正式注册成立。基金的首期规模为 100 亿美元。

中拉基金定位为国家面向拉美地区的中长期开发投资基金，通过以股权投资为主、债权和基金等多种市场化投资方式，支持中国优势产业与拉美国家需求相契合，推进中拉产能和装备制造合作。基金投资业务重点围绕物流、电力、信息三大通道建设。行业上重点支持清洁能源、资源开发、基础设施、高端制造业、高新技术、农业和金融合作等领域。对其他行业也没有特定限制。

中拉基金主要以财务投资人的角色参与投资，不谋求控股；我们按照国际惯例运行，坚持市场化运作和风险控制原则，并追求合理的投资回报，最终实现中长期财务可持续。2015 年，我公司已成功支持三峡集团以 138 亿雷亚尔获得巴西伊利亚和朱比亚两座水电站的特许经营权，为巴西电力产业发展和清洁能源建设作出积极贡献。该项目 2016 年年初还获得金砖国家第四届金融论坛颁发的"最佳海外投资"奖。

下一步，中拉基金愿加强与有意在拉美拓展市场的中国企业的合作，加强与拉美地区有关国际机构、政府部门和企业的合作，共同寻找好的投资机会。目前，中拉基金已与美洲开发银行、拉美开发银行（CAF）和巴西政府相关部门等国际开发机构和政府机构签署了长期合作框架协议，多渠道扩展项目来源。在能源和基础设施等领域已开发储备了一批项目。未来，我们将进一步积极推进中拉双方产能合作项目有效对接，为中拉产能合作朝着更高水平发展注入新的助力。

拉美新形势下中国承包商的机遇与挑战

蔺东飞

在国家"走出去"战略指导下,我国企业大力发展对外承包工程业务,不仅实现了市场规模的快速扩张,同时在市场结构、产业结构、业务结构上也不断优化。近年来,伴随中国与拉美国家经贸合作不断深化,以及中国企业国际化水平不断提升,各大企业积极开拓拉美市场,拉美已经成长为我国第三大承包工程市场。近期,拉美国家政治经济形势发生了深刻的变化,这些变化对中国承包商而言既是挑战也是机遇。

说到挑战,我们以玻利维亚与委内瑞拉两个传统EPC市场为例。自金融危机以来全球经济增速放缓,在这样的背景下2015年玻利维亚实现了4.85%的经济增长率,位列拉丁美洲和加勒比地区第一名,各大国际评级机构也纷纷上调玻利维亚国别风险指数,看好玻利维亚未来几年的经济发展。玻利维亚以其稳定的政治局势和较高的经济发展速度,成为南美区域近几年为数不多的基建体量大、以传统承包模式为主的市场,对中国企业可以说是机遇与挑战共存、利益与风险共担。一方面,玻利维亚作为一个新兴的建筑工程市场,有广阔的发展前景和项目机遇。另一方面,激烈的价格竞争、严苛的合同条件、较高的国有化程度使得不少承包商都在这个市场付出过高额的学费。

---

* 蔺东飞:中国葛洲坝集团国际工程有限公司国际一部总经理。

委内瑞拉是世界上原油储量最多的国家之一，也是这一轮油价暴跌中受影响最严重的国家，近两年委内瑞拉工程承包市场不断萎缩。作为在委内瑞拉进行工程承包的企业，我们应该抱着对业主负责的态度，在风险可控的前提下认真履行合同，共同维护中国企业的国际形象。

另外，本区域的一些新变化和变化趋势也值得我们重点关注。前期中资企业以传统"EPC＋F"模式成功运作了如基塞项目、贝铁项目这样的大型基础设施项目。阿根廷新政府自2015年12月执政以来，通过市场化改革为经济松绑，对原有制度进行了大刀阔斧的改革，诸如取消外汇管制、放松进口管制等，从此前的双边信贷融资转向多边机构融资，从举债融资变为吸引投资。新政府通过一系列的新政使得阿根廷重返国际投资市场，作为企业我们应当关注新政府在扶持领域和项目开发模式上的新举措。

厄瓜多尔是本区域另一个受油价下跌影响较大的国家，从2009年至2012年中资公司在厄瓜多尔的表现可谓本区域的典范。据我国驻厄瓜多尔经商处2014年统计，中国企业承揽了厄瓜多尔11座在建水电站中的7座。但是，由于国家财政收入的持续减少，加之本身的经济规模较小，传统的"EPC＋F"总承包的模式注定难以为继。同时，经济形势的变化也促使厄瓜多尔承包市场由传统型市场向更高端、更开放的市场化方向发展。厄瓜多尔在今后的一段时间势必会减少以融资借债方式进行新的基础设施建设，以传统方式获取项目的机会将大大减少。

我们知道，厄瓜多尔已经在2016年年初通过了"公私合营"（PPP）法案，阿根廷的PPP立法正在筹备当中。智利、哥伦比亚、秘鲁、墨西哥、巴西等国更是成熟的投资型国别。由此看来，拉美传统EPC模式已接近尾声，PPP模式将是未来发展大趋势。

根据我国商务部统计数据，我国对外承包工程业务超过80%的签约额和营业额集中在亚洲与非洲两大市场。从市场份额来看，我国企业在拉丁美洲市场份额远低于西班牙、巴西、美国等国际大型承包商的市场占有率。从业务领域来看，我们在拉丁美洲的主要业务仍集中在电力工程、交通运输和房屋建筑这三大传统领域。希望能借助中拉智库论坛的平台众智众谋，为"走出去"企业在金融创新、标准对接、国际业务人才培养等方面提供支持；也希望通过中国—拉共体论坛部长级会议以及中国—拉美企业家高峰会、中国—拉美企业家理事会等不同层级的交流平台群策群力，推动双边不断扩大合作范围、创新合作模式，以便更好地发挥中国承包企业在专业技术、金融支持、项目实施经验等方面的优势，扩大双边产能合作成果，实现中国与拉丁美洲的共同发展与互利共赢。

Economist, Getulio Vargas Foundation of Brazil
Lia Valls Perira

Expanding cooperation on production capacity to achieve an upgraded China-LAC pragmatic cooperation

Brief description of FGV

• Fundação Getulio Vargas (FGV) is a Brazilian think tank and higher education institution founded in 1944, dedicated to promoting Brazil's economic and social development.

• In 2015, FGV was considered one of the top 15 think tanks in the world and top think tank in Latin America for the 7th consecutive year, according to the 2015 Global Go To Think Tanks Index produced the Think Tanks and Civil Societies Program of the University of Pennsylvania.

• Economics, Business, Social Science, Law.

FGV/IBRE - Applied Economics- cooperation

• The countries are very different but it is possible to identify common problems.

• This does not mean equal solutions, but we can learn with the past experience and the proposals think tanks in each country are developing.

• Joint projects can help to increase the productivity capacity.

Middle income trap

• Partnership ILAS/CASS and FGV/IBRE.

• In May 2013 a book "Surmounting the middle income trap: the main issues for Brazil" in Chinese was launched during a seminar in Beijing.

• In November 2013 a seminar was held in Rio de Janeiro and a Portuguese version with two volumes was launched. One was about the Brazilian "middle income trap" and the second volume is related to China Middle income trap. In this last case there was the contribution of academics of other institutions in China.

Infrastructure: Brazil and China perspectives

• FGV/IBRE and the BRICS Studies Center of Fudan University.

• Two seminars have been held. One is Shangai (2015) and other in Rio de Janeiro (2015). The book was published in Chinese, Portuguese and English.

• The theme of the project was: infrastructure.

• Brazil: the focus was infrastructure and competitiveness. China: urban infrastructure.

Positive points and suggestions

• Rich experience. The seminars have succeeded in an exchange of ideas.

A Chinese researcher form CASS and other from Fudan University went to FGV to do research.

• We feel that it will be important that a future project is developed jointly by the Think Tankers. Written and elaborated together. The facilities of video conferences and other forms of communication can help to surmount the distance problem.

• We have to learn to work together. This will help the political and economic agenda of Latin America countries and China.

Final remarks

• The world economy is experiencing a period of great uncertainty: the sluggish recovery; protectionism demands; the impact of the 4th Revolution: the issue of sustainable development; the increase of income inequality. The need to transform the multilateral institutions.

• Latin America Think Tankers have to strengthen their relations amongst them and the perspectives of the increase of China investment in the region must stimulate more research that can transform these investments in benefits for all.

第二部分
深化人文交流，
构建中拉互学互鉴新伙伴

对深化中拉人文交流的若干思考

袁东振

一、当前中拉人文交流的特点

概括地说，随着中拉友好务实合作水平的不断提升，人文交流与合作已成为中拉整体合作的重要组成部分。

（一）人文交流合作成为近年中拉合作的亮点

由于中拉都从战略高度看待双边关系，包括人文领域在内的多领域合作水平不断提升，人文交流与合作范围不断扩大，交流层次不断提升，交流的效果日渐明显。人文交流、文明互鉴已成为中拉领导人互访日程中的重要关键词，双边各层次、各种形式的文化交流活动日益增多，智库之间、高校之间、学者之间的交流和互动活动明显增多。

（二）人文交流进一步夯实中拉合作的基础

人文交流不是孤立的，而是与政治、经贸交流紧密关联。中拉人文合作水平的提升，使中拉经贸、政治领域的合作有了更加坚实的基础。

（三）中拉人文交流促进和增强了中拉合作的全面性

人文交流和经贸交流可以相互补充，而且日益相互融合，人文交流合作成为中拉合作的有机组成部分，而且是越来越重要的一部分。中拉双方

---

* 袁东振：中国社会科学院拉丁美洲研究所所长助理。

对对方精神产品和文化产品的需求不断增加，中拉合作更具有全面性。

（四）中拉人文交流取得了显著的成效

据《人民日报》报道，除了在墨西哥设立了中国文化中心外，在拉美地区还开设了39家孔子学院和18个孔子课堂，21个国家成为中国公民出国旅游的目的地。

二、对进一步促进中拉人文交流的若干思考与建议

为了进一步开展中拉人文交流与合作，需要进一步深化对中拉人文合作意义的认识，提高人文交流的效率，以有利于促进中拉合作的全面性、可持续性。其中以下方面的工作应该是当务之急：

（一）应进一步认识人文交流的重要意义

尽管中拉人文交流近期取得重要突破，但仍有人对中拉人文交流与合作的重要意义认识不足，仍然有重经贸合作、轻人文合作的思维惯性，认为经贸合作可以带来利益、人文交流只会增加成本。应该说，这是一种十分肤浅和短视的观点。因此，仍有必要重申中拉人文交流与合作的重大意义。

（二）下大力气推动经贸合作与人文交流的良性互动

经贸合作与人文交流合作是互相促进的关系。经贸合作水平高，经贸合作规模大，经贸合作领域合作顺畅，人文领域的交流也会更密切，对人文领域合作的需求也就更大，人文交流的规模和层次也就越高。而人文领域交流增加，可以促进不同文明之间的相互了解，双方之间许多立场的差异、观点的不同、思维习惯的误解、工作方式的矛盾就会自动化解，将会大大节约经贸合作的成本，提高经贸合作的效率。

（三）充分估计人文交流的长期性和特殊性

与经贸领域的合作相比，人文交流具有特殊性，是一个投入大、产出

慢的领域,是一个经济效益不显著的领域。因此,双方的人文交流与文明互鉴必然是一个长期的过程,需要耐心地培育。2016年中拉文化交流年有效地推动了双方的了解,推动了双方的合作,但要深化人文交流,不能只靠双方政府主导的"交流年"形式,而应该努力推动中拉文化交流向非官方化、大众化、平民化方向发展,少一些精英色彩,少一些官方色彩。

(四)不断提高中拉人文交流的内涵

人文交流不只是办展览、文艺演出、团组互访、智库论坛,而应有更深刻的内涵,需要对对方文化传统、历史文化、民族特性、民情民俗的深入研究,真正认识、了解、包容不同的文明和文化,克服双方交流的文化障碍,实现不同文明之间的相互交流、相互学习、相互借鉴、相互补充。要做到包容,就应从了解和认识对方开始,不能以自己固有的思维习惯、工作方式和态度去衡量和要求对方。从长远看,为了不断提高中拉人文交流的内涵,应加大双方教育领域合作力度,扩大合作的规模,提高合作的层次,为中拉人文交流与合作储备高层次、高素质人才。

(五)持续提高中拉人文交流与合作的质量和效果

当前中拉之间人文交流项目很多,有效地促进了双方的相互了解,对中拉合作的长远发展产生了积极促进作用。但是,也应看到,有些交流项目并未收到预期的目的。无论是中国还是拉美国家,都还缺乏既懂得对方语言又了解对方文化和历史传统的人才,许多拉美的所谓汉学家不懂汉语,许多中国的拉美研究者不懂得西班牙语,有些孔子学院的老师甚至不精通当地语言、也不熟悉当地文化,在传播中拉文化、促进文明互鉴的工作中存在许多障碍,影响了交流的实际效果。

(六)中拉智库应对中拉文化交流的成效、缺陷和不足适时地作出评估,提出好的建议。

Director Corporativo de Asuntos Estratégicos
CAF banco de desarrollo de América Latina
Germán Ríos

La colaboración académica y cultural entre China y América Latina: una relación ganar-ganar

Es evidente que estamos ante un cambio en el ciclo económico en América Latina. Las condiciones favorables externas que permitieron un importante crecimiento económico durante la primera parte del siglo XXI han desaparecido. Los dos factores principales que impulsaron a la región y permitieron una reducción impresionante de la pobreza y la creación de una nueva clase media fueron el crecimiento acelerado de China y el acceso a financiamiento externo abundante y relativamente barato.

Por una parte, en la actual coyuntura internacional, China ha reducido su crecimiento debido al agotamiento de su modelo de desarrollo, lo que ha disminuido su tasa de crecimiento promedio anual de alrededor de 10% a 7%. Esto ha impactado negativamente la demanda de materias primas y reducido sus precios, lo que ha afectado desfavorablemente a Latinoamérica, especialmente a América del Sur. Por otra parte, el cambio de la política monetaria norteamericana ha implicado un incremento en las tasas de interés, lo que ha encarecido el crédito y reducido la disponibilidad de recursos de financiamiento para la región. Estos factores explican gran parte de la desaceleración del

---

* 赫尔曼·里奥斯：拉美开发银行战略事务局局长。

crecimiento de América Latina que se ha producido en los últimos años

En este contexto, es importante explorar la relación de América Latina con China, como ha evolucionado recientemente y como podría desarrollarse en los próximos años. Para caracterizar esta relación es importante explorar las dimensiones comercial, de inversiones, de financiamiento, y diplomática y política.

El vinculo más fuerte que se ha desarrollado entre China y Latinoamérica en los últimos años es el comercial. A comienzos del siglo XXI el comercio bilateral era prácticamente inexistente, pero se multiplicó por 18 en el período 2001-2014, pasando de 14.840 millones de dólares a 261.222 millones de dólares. Para países como Brasil, Chile, Perú y Venezuela, China se ha convertido en su primer o segundo socio comercial. Es importante destacar que la composición de este comercio es desbalanceada, mientras China exporta a la región manufacturas, América Latina vende a China materias primas.

Sin embargo, las inversiones de China hacia América Latina no han tenido el mismo dinamismo que el comercio. Según datos de la Comisión Económica para América Latina de las Naciones Unidas (CEPAL), desde 2010 China ha invertido un promedio anual de 10.000 millones de dólares en la región, cifra muy inferior a los montos que invierten Estados Unidos y Europa en Latinoamérica. No obstante, en los últimos años se han anunciado importantes proyectos de inversión por parte de China en la región, pero los mismos no se han materializado por diversas razones que se discutirán posteriormente.

Otra dimensión importante de la relación América Latina-China es la financiera. Entre 2005 y 2014 los bancos chinos han prestado a la región cerca de 118.000 millones de dólares, lo que supera al financiamiento individual otorgado por el Banco Inter-Americano de Desarrollo (BID), el Banco Mundial y la CAF durante el mismo período. Sin embargo, es importante destacar que dicho financiamiento ha estado destinado a pocos países de la región, concentrándose más del 80% en Venezuela, Brasil, Argentina y Ecuador.

A nivel diplomático y político la relación China- América Latina se ha incrementado considerablemente desde comienzos del presente siglo. Por ejemplo, entre 2001 y 2015 se han producido 31 visitas del Presidente o del Primer Ministro chino, y China se ha convertido en observador permanente de la Organización de Estados Americanos (OEA), miembro del BID y se ha creado el Foro China-CELAC, entre otras iniciativas de cooperación. Esto ha llevado a diversos anuncios de programas bilaterales de cooperación entre China y Latinoamérica entre los que destacan el Fondo Sino-Latinoamericano por 5.000 millones de dólares para inversiones en energía, agricultura, manufactura, y educación, entre otros sectores, y el Fondo Especial para la Cooperación en Materia de Capacidad Productiva por 30.000 millones de dólares.

No obstante, muchas de estas iniciativas no se han materializado por diversas razones, entre las cuales podemos mencionar la condicionalidad de algunos de los mecanismos de inversión y financiamiento, y la falta de información y comunicación entre China y América Latina que dificultan la implementación de los programas que se ha anunciado a la fecha.

Ahora bien ¿Cómo puede evolucionar esta relación hacia el futuro? En primer lugar, en el corto plazo la principal relación entre China y América Latina continuará siendo comercial. En esta área será fundamental el cambio de modelo económico en China y sus implicaciones para la demanda de materias primas. En este sentido, se espera un ajuste gradual, lo que implicará que la demanda y los precios de las materias primas continúen en niveles inferiores a los alcanzados durante la primera parte del siglo XXI. El cambio de modelo chino también representa nuevas oportunidades para América Latina, como por ejemplo participar en cadenas de producción con China, o satisfacer las demandas de consumo creciente de esté país.

En segundo lugar, la inversión china en América Latina puede convertirse en un motor importante de cooperación si logran superarse varios de los obstáculos que han impedido un mayor desarrollo en está área. En este contexto, es fundamental que ambas partes se conozcan mejor, especialmente en los ámbitos institucional y operativo. Los bancos de desarrollo multilaterales como la CAF y el BID, pueden jugar un papel importante por su conocimiento de la región y por sus crecientes relaciones con China. En tercer lugar, en la actual coyuntura, la dimensión financiera puede ser importante en la medida en que se incrementan las dificultades de Latinoamérica para obtener financiamiento internacional, y aprovechando el hecho de los grandes excedentes de capital con los que cuenta China. En este aspecto será importante trabajar en el diseño de productos financieros que sean atractivos para ambas partes.

Si se logra una estrecha colaboración entre China y América Latina, nuestra región tendrá mayores posibilidades de alcanzar un desarrollo económico sostenible y de largo plazo, a través de una inserción más profunda de nuestros países en las cadenas globales de valor, contribuyendo a diversificar nuestras economías. En materia de transformación productiva podemos aprender mucho de China, y este país puede convertirse en un socio clave de largo plazo.

La relación entre China y América Latina podría dar un salto de calidad. América Latina debe implementar importantes reformas estructurales para promover la diversificación de su matriz productiva, y China debe avanzar paso a paso en su proceso de transición. Con un entorno internacional menos favorable, caracterizado por alta volatilidad e inestabilidad, la necesidad de hacer frente a estos desafíos y promover esta relación se vuelven necesaria.

Las instituciones multilaterales y los grupos de reflexión o Think-Tanks tienen un importante papel que desempeñar, no sólo como instrumentos para fomentar la colaboración y atraer inversiones, sino también como promotores del intercambio de conocimientos y experiencias que podrían ser útiles para las autoridades públicas e instituciones del sector privado.

CAF – banco de desarrollo de América Latina- mantiene una estrecha y activa relación con China y sirve de puente con Latinoamérica. Tenemos una relación de trabajo fluida con el Instituto de Estudios de América Latina de la Academia de Ciencias Sociales Chinas, donde llevamos a cabo conferencias y compartimos investigaciones. También tenemos una cercana relación de trabajo con el Instituto de Mercados Emergentes de la Universidad Normal de Beijing. Por otra parte, colaboramos con el Banco de Desarrollo Chino, el Banco de Comercio Exterior Chino, y diversos organismos de la administración pública china. Estas relaciones nos han permitido el intercambio de ideas y buenas prácticas entre China y América Latina.

Finalmente, el potencial de crecimiento de la región debido a su dotación de recursos naturales, una clase media creciente, y las empresas Multilatinas son factores muy atractivos para invertir y comerciar con Latinoamérica y donde pueden obtenerse sinergias trabajando de manera conjunta. En la actual coyuntura global, tanto China como América Latina se encuentran inmersas en procesos de transición complejo. Es necesario profundizar la relación con el fin de fomentar una asociación sostenible, basada no sólo en el comercio y en la inversión, sino también en la cooperación intelectual, el intercambio cultural y las políticas de desarrollo.

高校拉丁美洲研究中心与拉丁美洲研究人才培养

刘 建

进入 21 世纪以来，中国与拉丁美洲国家关系全面提升。双方在政治、经济和人文等领域交流在质和量两方面都迅速提高。在这一背景下，国内拉丁美洲研究空前繁荣。其主要特点是：

首先，研究机构大幅度增加。据不完全统计，目前中国高校的拉丁美洲研究中心已经超过 10 所。所属院校既有国内知名综合性大学和专业外语类院校，也有设立西班牙语专业不久的高校，充分显示出国内高等院校对拉丁美洲研究的浓厚兴趣。

其次，研究领域多元化。高校拉丁美洲研究中心的研究领域包含拉丁美洲政治、经济、社会、历史、文化、国际关系以及中拉关系等诸多方面。其中，拉丁美洲经济与中拉关系是多个研究中心的重点，同时，一些研究中心又关注社会、环境、妇女等问题，力求突出重点，发挥自己的特长与优势，形成自己的研究特色。

最后，注重合作，取长补短。多所高校的拉丁美洲研究中心与国外高校合作开展研究，组织学术活动。一些研究中心还聘请了国外学者担任研究员或学术带头人，力求与国际拉丁美洲研究接轨，及时了解国际上研究动态。

高校的拉丁美洲研究中心虽然在建制上与所属院校的西班牙语系存在

---

* 刘建：北京外国语大学西班牙语葡萄牙语系主任。

密切的关系，有一些甚至是西班牙语系的组成部分，但是，研究骨干多来自国际政治、经济、历史等专业。于是，在高校拉丁美洲研究与西班牙语专业人才培养之间出现了彼此脱节的现象。一方面，拉丁美洲研究中心的研究人员多依靠英语或汉语进行研究。另一方面，西班牙语院系的工作重点集中在语言教学层面，培养的学生在毕业后很难立即从事西班牙语国家社会文化研究。因此，如何将语言学习与社会文化研究能力有机结合成为提升西班牙语专业人才培养质量所面临的重要课题。

要解决这一问题，院系与研究中心应当发挥各自的优势，针对目前人才培养中的问题，一方面强化培养学生的语言综合运用能力，一方面根据社会需求和学生的兴趣，为学生提供不同专业方向的研究型课程，教授研究方法，为培养语言能力扎实、思辨能力突出的研究型人才创造条件。

首先，必须突出西班牙语在拉丁美洲研究人才培养中的基础性地位。语言是文化的最重要组成部分，也是一个民族、一个国家文化的最主要表现方法和途径。研究拉丁美洲国家的政治、经济、社会、文化、历史及现状必须熟练掌握西班牙语。只有具备了良好的语言水平，才能够正确解读和分析各个西班牙语国家丰富的专业文献资料，准确了解和认识拉丁美洲国家人文社会特征。

半个多世纪以来，国内的西班牙语教学规模和质量稳步提高。在相当长的一段时间里，高校拉丁美洲国家研究的重点是拉美文学并取得了突出的成绩。拉美国家现当代文学的大部分有代表性作家的作品被译为汉语，对中国当代文学的发展起到了重要作用。没有熟练掌握西班牙语并对拉丁美洲文化有深入了解的译者，取得这一成果是不可能的。文学研究如此，其他人文社会科学领域的研究也大致如此。

进入21世纪以来，中国的西班牙语教育与西班牙语国家研究经历了近半个世纪以来最迅猛的发展。教学和研究单位的数量达到了历史最高水平，从2000年的10余所发展到目前的70多所。然而，在数量扩张的同时，培养单位和用人单位对人才培养质量感到担忧。以全国西班牙语本科四年级学生测试为例。2016年，平均成绩为46.5，最高成绩为89分，合格率降低至19%，为历史最低水平。换句话说，在全国2000多名考生中，只有400名学生基本具备了使用西班牙语工作的能力，其中水平达到优良的学生屈指可数，具备研究能力和愿意从事研究工作的人更是少数。因此，在国内介绍、研究拉丁美洲政治、社会、文化的文章中，不时可以看到因为作者语言功底欠缺而出现的偏差、误读，甚至错误。同样因为语言的原因，国内的拉丁美洲研究成果并不被国外学者了解。因此，要发展和提高高校的拉丁美洲研究，当务之急是提高西班牙语的教学质量，下大力气培养语言综合运用能力突出、能够通过文献资料正确解读拉丁美洲国家人文社会文化特征的人才。没有这样的人才，拉丁美洲研究的质量将无从谈起。

其次，培养学生认识并掌握社会科学的研究方法是培养拉丁美洲研究人才的重要条件。从事拉美研究仅有扎实的语言基础是远远不够的，必须培养学生掌握政治、经济、社会、文化等专业的研究方法，使他们具备从事拉美研究的基本功。社会科学不同专业的研究方法既有共性，也有差异性。应当发挥高校拉丁美洲研究中心不同专业学者的作用，为本科和研究生开设不同专业研究方向的课程，为他们在具备扎实西班牙语语言应用能力的基础上，掌握政治、外交、经贸、新闻、法律等专业知识以及各专业的基础研究方法创造条件。

要实现上述目标，各高校要根据自己的研究专长调整培养方案，为学生提供符合个性发展兴趣的课程，实现分类培养、分层卓越。

目前，国内各大学的西班牙语培养方案根据学生零起点的特点，立足于培养学生扎实的语言基本功和语言应用能力，设计了大量语言应用型的课程。这种设计对于在短时间里集中训练学生的语言技能是必需的。事实上，中国西班牙语专业学生的语言基本功扎实，学习的效率与效果得到了广泛认可。然而，这种培养方案的短板也很明显。主要体现在以下方面：

在课程结构上，纯语言专业类课程偏多，语言、文学、政治、文化、经济等专业类课程少；在知识内容上，语言知识与其他学科知识的跨界结合较弱，没有通过非语言学科知识的学习带动语言能力培养；在综合能力上，重复、复制能力强，思辨、生成能力弱。许多学生毕业后希望从事跨学科学习或研究，但是由于缺乏基础研究方法的训练和专业基础课程学习而在专业选择上遇到不少困难。

新型培养方案的设计思路是：在一、二年级设置语言基础课，培养学生掌握听、说、读、写的基本技能。在三、四年级，除少量语言类课程外，设置不同专业模块，如语言、文学、翻译、西班牙语国家社会与文化、西班牙语国家政治经济等，将语言学习、能力培养和专业知识学习有机结合。学生根据个人的兴趣和特长，选择相应专业方向的课程。

毫无疑问，实现培养模式转变的最大挑战是师资队伍建设。高校的拉丁美洲研究中心和西班牙语系可以相互合作，确定所在学校的研究专长，制定相应的培养方案，配备各个专业的教师，为培养青年一代拉丁美洲研究学者做出切实可行的努力，探索符合21世纪复合型人才培养的新模式。

深化中拉文化交流：构建合作与共同发展的桥梁

左晓园

两年前，习近平主席出访拉美四国时赠送给阿根廷和巴西领导人的礼物包括一套中国当代影视剧光碟。与传统上认为最能代表中国文化的礼物——瓷器、丝绸、茶叶相比，习主席的礼物传递了新信息。中国领导人希望当代文化作品能够使拉美人民了解当代中国文化，推动中国文化和拉美文化互学互鉴。在习近平访问巴西时提出的构建"五位一体"的中拉关系新格局中，"人文上互学互鉴"处于重要的位置。

一、中拉文化交流显示了双方政治、经济和社会的变迁

中国与拉美都拥有悠久的历史和璀璨的文化。间隔着浩瀚的太平洋，双方的最初接触可以追溯到16世纪，马尼拉大帆船往返于菲律宾与墨西哥和秘鲁之间，从亚洲运送丝绸、陶器、瓷器、火药及其他商品到美洲，带着金银、玉米和烟草返回。19世纪初，大批中国契约劳工进入古巴和秘鲁。此后，中国移民的足迹逐渐遍及拉美大陆，成为拉美多种族多元文化的一部分。

中国与拉美的文化交流显示出和双方的政治、经济、社会变迁明显的

---

* 左晓园：外交学院拉美研究中心主任。

同构关系。新中国成立后的 20 多年是中国在拉美的探索期。当时，除古巴在 1960 年革命胜利后和中国建立了外交关系，中国与其他拉美国家都没有外交关系。在冷战高潮期，建立正式外交关系的可能性很小。当时的中国仍然是欠发达的农业国，和拉美几乎没有贸易往来。文化外交成了新中国接触拉美的主要手段。在中国人眼里，拉美是亚非拉革命的一部分，通过邀请一些拉美左翼知识分子、政治家、记者访华，派文艺团体到拉美演出，中国尝试着向拉美社会展示自己。从 20 世纪 50 年代起，一些拉美著名作家和诗人的作品被翻译成中文出版，包括智利诗人聂鲁达、巴西作家若热·亚马多（Jorge Amardo）、古巴诗人何塞·马蒂的作品等。1959 年，中国新闻社在古巴设立办公室，成为当时中国在拉美的非正式代表。这些文化活动克服了之前由于地理、历史距离以及美国影响造成的联系缺位。为了解决与拉美人民交往时的沟通障碍，1960 年，中国成立中拉友好协会，开始在北京大学开设西班牙语专业，第二年在北京外国语大学设立葡萄牙语专业。1961 年，中国哲学社会科学院成立拉丁美洲研究所。"文化大革命"期间，双方交往几乎停滞。

20 世纪 70 年代，随着中美关系的缓和以及中国恢复联合国合法席位，一些拉美国家陆续与中国建交。从 1978 年起，中国开始改革开放。与中国建交的拉美国家开始逐渐与中国签订文化交流协定，各种文化展览、文艺演出团体互访明显增加。译成汉语出版的拉美文学作品影响了一代中国作家。独具风情的拉美影视作品也受到了中国民众的广泛欢迎。

二、深化中拉文化交流是推动中拉关系向纵深发展必经之路

21 世纪以来，随着经济累积发展，中国已经成长为一个举足轻重的新兴经济体，成为拉美主要的贸易伙伴、重要的外资来源国和经济增长的助推器。原本相隔万里、彼此尚且有些陌生的两种文化接触面迅速扩大，

在突然碰撞的过程中，不可避免地会出现一些误解，在某种程度上会阻碍双方关系的深入。文化交流是搭建人民之间相互理解、相互尊重的桥梁；文化合作可以通过孕育对话和开放的思维消除偏见；文化间的对话有助于减少冲突，促进和解；文化交流催生新的思维模式和行为模式，也可以成为经济和社会发展的引擎。因此，在中拉关系新格局中，"人文上互学互鉴"既是中拉关系的一个组成部分，也是确保双方关系向纵深发展的重要保障。

中拉政治、经济关系的日益紧密对双方文化交流也提出了新的要求。中国已同拉美地区21个建交国中的19个签有文化协定，在此框架内与11个国家签署了年度文化交流执行计划。在文化艺术、广播影视、文物保护、新闻出版、体育和旅游等领域开展了广泛深入的交流。目前，中国与委内瑞拉、墨西哥、巴西、阿根廷、智利建立了政府间常设委员会机制。在此框架下，文化部定期与上述国家对口部门举办工作会议，有力提升了双方在文化领域的务实合作。除了驻外使领馆等相关机构开展的常规文化交流活动外，每逢重要外事活动或中国与拉美国家建交纪念日、中国节日、拉美国家节日等重要节点，中国文化部都会与拉美国家联合举办系列文化项目，包括演出、展览、电影欣赏、讲座等多种形式。目前仍在如火如荼进行中的"2016中拉文化交流年"，涉及30个拉美国家，数千名艺术家参加，是中拉之间最大规模的年度文化盛事，为中拉人民奉上了一场又一场听觉和视觉盛宴。

中国文化部等对外交流部门还推出了多种文化交流项目。已经有不少拉美青年汉学家受邀参加了"青年汉学家研修计划"。这项计划旨在鼓励和支持海外青年汉学家、中国学研究人员和智库学者加强对中国国情的认识和了解，搭建支持海外青年汉学家研究中国问题的平台，推动各国学术机构与相应的中国机构建立长期稳定的联系。

"中国图书对外推广计划"通过资助翻译费等方式，鼓励各国出版机构翻译出版中国图书。五洲传播出版社与孔子学院拉美中心合作,已经连续四年组织"中国作家拉美行"活动,邀请中国当代知名作家与拉美读者、作家、文学评论家和研究者进行深入交流。

每年春节期间举办的"欢乐春节"活动也是中拉文化交流一大亮点,文化部每年组派优秀艺术团组赴拉美多国巡演,并与当地社团举办大规模的新春庙会,使更多的拉美民众有机会与中国文化近距离接触。

由文化部组织的"华艺新颜"大型文化活动通过与主流文化艺术机构合作,演出范围已涉及拉美和加勒比地区所有已建交国家,演出超过百场,为增进拉美民众了解中国艺术发挥了积极作用。

2016年由中国文化部、国家新闻出版广电总局联合举办的"中外影视译制合作高级研修班",吸引了来自巴西、墨西哥、哥伦比亚和秘鲁等国从事影视制作、翻译、传播、研究工作的专业人士参加,拓宽了中拉影视译制合作的通道,中拉人民今后将有更多的机会欣赏到对方高质量的译制影视剧,多了便捷了解对方文化的窗口。

此外,"未来之桥"中拉青年领导人千人培训计划、拉美青年干部研修班项目、拉美国家新闻记者研修班等人文交流项目,通过邀请拉美精英到中国实地参观、访问、研讨,直观地了解中国国情,为中拉未来合作的顺利开展打下基础。

中拉在教育领域的交流也不断扩大。中国向30个拉美国家提供了政府奖学金名额,和不少拉美国家有奖学金互换项目,双方留学生人数不断增长。中国大陆已有60多所大学设置西班牙语专业、20多所大学设立葡萄牙语专业。从2006年起至2015年年底,拉美已建成39所孔子学院、18座孔子课堂,注册学员数超过3.7万。孔子学院成为拉美民众特别是青年了解中国的重要窗口。在未来的中拉交往中,克服语言障碍已经可以期待。

三、中拉文化交流的未来

中拉文化交流将促进双方相互了解，增进互信，减少因文化差异在不断扩大的贸易和投资活动中造成的误解和冲突。

中拉文化交流将推动两国文化产业、旅游业的发展，完善贸易结构，促进经济共同发展。

目前，中拉文化交流以官方渠道为主导，虽然民间参与度不断增加，但还很不够。中拉文化交流应该实现多元力量推动的新局面，逐步实现多渠道化。

文化交流是一项需要长期浸润的工作，相知与相亲无法一蹴而就。尽管中拉人员往来日益增多，客观上产生了感知、体验彼此文化的效果，但深入的了解和理解需要一个长期的过程，需要信心和耐心。

中拉高等教育双边交流之现实与展望

姜 曙

一、高等教育国际交流的意义

（一）高等教育国际交流与合作是社会发展的需要

大学职能的拓展与社会文化变迁分不开，是社会进步对大学的期望。

（二）高等教育的国际交流与合作是高校发展的急切要求

国际交流与合作是教育国际化的合作平台，它要求各高校重视引进国外一流师资、理论、优秀教材、资源、教学设备、先进教育理念等，同时也要输出本国的优秀学员出国深造，从而强化我们自身能力，提升中国教育的国际地位、影响力和竞争力，培养大批具有国际视野、通晓国际规则、能够参与国际事务和国际竞争的国际化人才，从而使自己跻身世界一流大学行列。

（三）高等教育的国际交流与合作可以实现中国从教育大国到教育强国的转变

要想在世界教育领域占有一席之地，必须创建世界一流大学和高水平大学。

（四）中国大学现状

当今中国有着世界上最大规模的教育体系，中国教育总体发展水平目

---

* 姜曙：外交学院西班牙语教研室主任。

前进入世界中上行列。据统计，2015 年全国各类高等教育在学总规模达到 3647 万人，高等教育毛入学率达到 40.0%。全国共有普通高等学校和成人高等学校 2852 所。普通本科高校 5 年累计输送近 2000 万名专业人才，为高科技产业和战略性新兴产业发展注入新的动力；教育国际影响力稳步增强，2015 年度中国出国留学人员总数为 52.37 万人，同时来自 202 个国家和地区的 39.76 万名各类外国留学人员赴华留学。

中国进入 2016 年 QS 世界大学排名评级前 100 名的大学有 4 所，进入评级前 700 名的大学有 32 所。

表 1　中国进入 2016 年 QS 世界大学排名评级前 100 名的 4 所大学

排　名	大学名称
24	清华大学（Universidad de Tsinghua）
39	北京大学（Universidad de Beijing）
43	复旦大学（Universidad de Fudan）
61	上海交通大学（Shanghai University of Communications）

表 2　中国进入 2016 年 QS 世界大学排名评级前 700 名的 32 所大学

世界排名	大学名称
24	清华大学
39	北京大学
43	复旦大学
61	上海交通大学
104	中国科技大学
110	浙江大学
115	南京大学
257	北京师范大学
275	武汉大学
278	哈尔滨工业大学
297	中山大学

续表

世界排名	大学名称
315	南开大学
315	同济大学
318	西安交通大学
389	北京理工大学
421–430	中国人民大学
431–440	北京航空航天大学
441–450	华中科技大学
451–460	上海大学
461–470	厦门大学
471–480	华东理工大学
481–490	大连理工大学
481–490	天津大学
491–500	吉林大学
501–550	山东大学
501–550	东南大学
551–600	华东师范大学
551–600	兰州大学
551–600	四川大学
551–600	华南理工大学
551–600	北京科技大学
651–700	北京工业大学

二、中拉教育交流的意义

（一）中拉双边友好外交关系发展的需要

与中国建立外交关系的拉美国家有 21 个。与中国尚未建立外交关系的拉美国家尚有 12 个。

结论： 双方正式和民间外交关系开展、巩固和发展，需要通晓对方历史与现状、国情、政情（政党）和民情，同时外语过硬的人才。

（二）中拉经贸关系迅猛稳步发展的需要

1. 过去的成绩显著。

2002—2013年是拉美经济快速发展的十年，也是中国与拉美开展经贸合作取得丰硕成果的十年。随着双方贸易规模的不断拓展，贸易结构不断优化，投资规模和合作领域也在不断扩大，双边经贸合作正由过去的贸易主导开始向贸易、投资和金融齐头并进的局面演进。

2. 中拉双边贸易关系稳步快速发展。

基于天然的经济互补性与平等互利的合作原则，2002—2013年中拉贸易取得跨越式发展，年均增幅都保持在30%以上（2009年例外），2000—2015年15年间，中拉双边贸易额增长22倍，达3000亿美元。[①] 同时，受中国经济强势推动，2002—2013年11年间拉美地区对华出口增长了近25倍，成为全球对华出口增速最快的地区。目前，中国不仅是巴西、智利、乌拉圭第一大贸易伙伴，而且是墨西哥、阿根廷、委内瑞拉、秘鲁、哥伦比亚、哥斯达黎加等国第二大贸易伙伴，已成美国之后的拉美第二大贸易伙伴。2015年年初，在中国—拉美共同体论坛首届部长级会议开幕式上，中国国家主席习近平期待未来10年中拉双边贸易额提升到5000亿美元规模。

3. 中国在拉美的投资。

近年来，中国成为拉美主要投资国。据国际货币基金组织统计，截至2014年年底，中国对拉美投资额达1020亿美元。在2015年年初中国—拉共体论坛首届部长级会议开幕式上，中国国家主席习近平宣布中国在未来10年将在拉美地区投资2500亿美元。

目前中国在拉美主要投资项目有：（1）连接加勒比海和太平洋地区

---

① 根据中国贸易促进会资料。

的尼加拉瓜运河。该运河造价5000亿美元，预计2019年竣工。此外，还有2个港口、1个机场、1个自贸区、1个金融中心及1个住宅和度假村。（2）拟/可投资项目有连接南美南北的泛美公路或铁路。具体如秘鲁和巴西、太平洋和大西洋之间5000公里的两洋铁路，已开始可行性报告研究，海港、铁路翻新和内河航道开始挖掘与修建。（3）从委内瑞拉经哥伦比亚至太平洋地区的天然气输气管道项目。

4. 中国投资拉美的障碍与困难。

目前，中国投资在南美遇到了巨大挑战，如投资的安全性、环保等引发的法律问题等。

5. 拉美在华投资。

目前，在华直接投资的拉美企业近100家，大部分为巴西企业，主要领域有食品、饮料和矿业。中美洲国家近10几年来试图将其咖啡打入中国市场。墨西哥则寻求该国龙舌兰酒在中国市场也能取得像宾堡（BIMBO）面包一样的销售业绩。但上述投资成功的案例都需要超强的耐心，这涉及对中国市场和消费习惯的了解、对相关法律的了解。

结论：中拉经贸关系的快速发展需要双方培养对对方国情、民情、市场、消费习惯、法律等有相当了解且懂语言的人才。

（三）中拉文化交流的需要

2014年7月17日习近平主席访问拉美期间在中拉领导人会晤时提出，努力构建中拉关系"五位一体"新格局，人文交流是其中重要的一极。习主席还宣布，未来5年内中方将向拉美和加勒比国家提供6000个政府奖学金名额、6000个赴华培训名额以及400个在职硕士名额，邀请1000名拉美和加勒比国家政党领导人赴华访问交流，并于2015年启动"未来之桥"中拉青年领导人千人培训计划。中方还倡议2016年举行"中拉文化交流年"。

结论：为加深中拉国家人民政党间的了解和友谊，促进各种交流（文化、旅游、医疗等），迫切需要语言强的知中知拉人才。

（四）双方教育的互补性

拉美有好大学。中国师生到南美除了学习语言，还可以学习其他学科。对拉丁文化感兴趣的可到拉美学习探戈舞、萨尔萨舞、奇恰舞等。

在中国，2亿大学毕业生中有半数攻读的是科技专业，而拉美该比例仅为20%。拉美学生可借助中国政府奖学金到中国学习理工科专业。

三、中国开设西班牙语专业的大学

据2016年10月不完全统计，中国开设西班牙语专业的大学共计74所，本科学生约14131人，教师583人，大专学生约5000人，即中国全境西班牙语学生约20000人。此数据不含各种语言学校和培训班学生和教员。

表3 中国开设西班牙语专业并有资格参加西语专业四级考试的大学及学院名单及学生人数（2016年10月不完全统计）

编号	院校	本科人数				研究生数		生源比例	
		2016年	2015年	2014年	2013年	硕士	博士	全国	本省市
1	北京外国语大学	52	77	47	43	34	1	92.3%	7.7%
2	对外经济贸易大学	22	22	23	22	12	0	80.0%	20.0%
3	上海外国语大学	47	52	52	51	31	5	55.0%	45.0%
4	解放军外国语学院	-	-	-	-	-	-	-	-
5	首都师范大学	22	22	20	20	7	0	40.0%	60.0%
6	北京大学	25	20	19	20	7	0	88.0%	12.0%
7	北京语言大学	47	42	37	34	9	0	70.0%	30.0%
8	南京大学	22	24	18	21	2	0	75.0%	25.0%
9	北京第二外国语学院	46	45	48	47	11	0	50.0%	50.0%
10	西安外国语大学	62	61	66	64	25	0	60.0%	40.0%
11	广东外语外贸大学	51	52	55	53	14	0	25.0%	75.0%
12	天津外国语大学	44	40	67	67	31	0	50.0%	50.0%

续表1

编号	院校	本科人数				研究生数		生源比例	
		2016年	2015年	2014年	2013年	硕士	博士	全国	本省市
13	北京城市学院	70	93	54	64	0	0	40.0%	60.0%
14	吉林大学	44	43	45	45	4	0	50.0%	50.0%
15	中国传媒大学	15	11	12	16	0	0	90.0%	10.0%
16	大连外国语大学	112	139	119	121	22	0	80.0%	20.0%
17	四川外国语大学	100	85	86	78	7	0	36.0%	64.0%
18	四川外国语大学重庆南方翻译学院	185	243	138	171	0	0	39.4%	60.6%
19	黑龙江大学	30	40	40	40	8	0	50.0%	50.0%
20	中国传媒大学南广学院	40	67	74	57	0	0	80.0%	20.0%
21	四川外国语大学成都学院	约116（补录不全）	148	132	103	0	0	40.3%	59.7%
22	吉林华桥外国语学院	90	89	60	60	0	0	95.0%	5.0%
23	浙江越秀外国语学院	120	127	137	135	0	0	40.0%	60.0%
24	青岛大学	110	117	92	19	0	0	10.0%	90.0%
25	南京大学金陵学院	106	110	105	110	0	0	10.0%	90.0%
26	山东师范大学	30	30	29	30	0	0	1.0%	99.0%
27	山东大学	31	37	35	33	2	0	50.0%	50.0%
28	上海外国语大学贤达学院	103	74	112	113	0	0	79.6%	20.4%
29	天津外国语大学滨海外事学院	88	81	81	88	0	0	70.0%	30.0%
30	西南科技大学	106	104	103	108	0	0	37.0%	63.0%
31	南京师范大学	-	26	26	29	0	0	20.0%	80.0%
32	哈尔滨师范大学	35	25	59	65	0	0	10.0%	90.0%
33	安徽大学	25	27	26	25	0	0	35.0%	65.0%
34	苏州大学	25	25	25	25	0	0	20.0%	80.0%
35	兰州交通大学	34	25	30	31	0	0	57.0%	43.0%
36	河北师范大学	29	31	31	31	0	0	0.0%	100.0%

续表 2

编号	院校	本科人数				研究生数		生源比例	
		2016年	2015年	2014年	2013年	硕士	博士	全国	本省市
37	广东外语外贸大学南国商学院	95	101	71	72	0	0	5.0%	95.0%
38	中山大学翻译学院	33	34	30	29	0	0	40.0%	60.0%
39	南昌大学	23	21	20	21	0	0	50.0%	50.0%
40	四川大学	23	22	20	23	0	0	50.0%	50.0%
41	北京交通大学	27	51	57	28	0	0	88.0%	12.0%
42	上海杉达学院	60	43	54	67	0	0	40.0%	60.0%
43	临沂大学	45	68	53	66	0	0	70.0%	30.0%
44	中南大学	25	28	30	29	0	0	96.0%	4.0%
45	常州大学	53	52	50	25	0	0	6.7%	93.3%
46	长春师范大学	40	49	31	32	0	0	60.0%	40.0%
47	湘潭大学	29	31	27	34	0	0	70.0%	30.0%
48	湖南涉外经济学院	124	123	102	60	0	0	20.0%	80.0%
49	北京理工大学	20	21	24	17	0	0	96.0%	4.0%
50	河北传媒学院	40	49	11	13	0	0	10.0%	90.0%
51	合肥师范学院	80	77	31	59	0	0	0.0%	100.0%
52	黑龙江外国语学院	86	100	236	192	0	0	67.5%	32.5%
53	江苏师范大学	29	0	18	19	0	0	5.0%	95.0%
54	云南师范大学	28	28	38	34	0	0	20.6%	79.4%
55	山东青年政治学院	80	73	41	53	0	0	12.5%	87.5%
56	西安翻译学院	83	108	89	133	0	0	29.4%	70.6%
57	河北外国语学院	82	115	136	60	0	0	50.0%	50.0%
58	浙江外国语学院	49	71	49	47	0	0	55.0%	45.0%
59	华东师范大学	17	17	14	11	0	0	60-70%	30%-40%
60	南开大学	20	20	21	0	0	0	82.0%	18.0%
61	北华大学外语学院	60	30	0	0	0	0	40.0%	60.0%
62	外交学院	20	20	19	0	0	0	90.0%	10.0%
63	贵州财经大学	27	28	0	0	0	0	7.0%	93.0%

续表 3

编号	院 校	本科人数				研究生数		生源比例	
		2016年	2015年	2014年	2013年	硕士	博士	全国	本省市
64	山东大学（威海）翻译学院	30	30	28	27	0	0	69.0%	31.0%
65	复旦大学	0	0	0	0	0	0	0.0%	0.0%
66	安徽外国语学院	75	70	65	0	0	0	28.0%	72.0%
67	浙江大学	20	0	0	0	0	0	100.0%	0.0%
	小计	3507	3734	3468	3190	226	6	47.4%	51.0%
	合计	14131							

资料来源：教育部高校外语教学指导委员会西班牙语分会。

注：此统计尚不包含无资格参加专业四级考试的一些三本学校。仅以山东省为例，尚有山东女子大学西语专业、山东外事翻译职业学院等未计入内。

表4 中国开设西班牙语专业并有资格参加西语专业四级考试的大学师资（2016年10月不完全统计）

编号	院 校	教师总数（男＋女）
1	北京外国语大学	21（6＋15）
2	对外经济贸易大学	7（1＋6）
3	上海外国语大学	18（5＋13）
4	解放军外国语学院	—
5	首都师范大学	13（2＋11）
6	北京大学	10（2＋8）
7	北京语言大学	8（3＋5）
8	南京大学	8（2＋6）
9	北京第二外国语学院	14（3＋11）
10	西安外国语大学	10（1＋9）
11	广东外语外贸大学	8（1＋7）
12	天津外国语大学	10（5＋5）
13	北京城市学院	8（0＋8）
14	吉林大学	10（3＋7）
15	中国传媒大学	3（0＋3）
16	大连外国语大学	17（6＋11）

续表1

编号	院　校	教师总数（男＋女）
17	四川外国语大学	13（2＋11）
18	四川外国语大学重庆南方翻译学院	29（3＋26）
19	黑龙江大学	8（3＋5）
20	中国传媒大学南广学院	6（0＋6）
21	四川外国语大学成都学院	30（4＋26）
22	吉林华桥外国语学院	8（2＋6）
23	浙江越秀外国语学院	21（2＋19）
24	青岛大学	11（1＋10）
25	南京大学金陵学院	8（1＋7）
26	山东师范大学	5（0＋5）
27	山东大学	6（2＋4）
28	上海外国语大学贤达学院	10（2＋8）
29	天津外国语大学滨海外事学院	8（3＋5）
30	西南科技大学	8（1＋7）
31	南京师范大学	4（1＋3）
32	哈尔滨师范大学	5（0＋5）
33	安徽大学	6（1＋5）
34	苏州大学	8（3＋5）
35	兰州交通大学	9（1＋8）
36	河北师范大学	3（1＋2）
37	广东外语外贸大学南国商学院	11（5＋6）
38	中山大学翻译学院	7（2＋5）
39	南昌大学	6（0＋6）
40	四川大学	7（4＋3）
41	北京交通大学	10（1＋9）
42	上海杉达学院	8（2＋6）
43	临沂大学	8（1＋7）
44	中南大学	7（0＋7）
45	常州大学	10（2＋8）
46	长春师范大学	4（0＋4）

续表2

编号	院校	教师总数（男+女）
47	湘潭大学	6（1+5）
48	湖南涉外经济学院	9（2+7）
49	北京理工大学	3（0+3）
50	河北传媒学院	6（1+5）
51	合肥师范学院	6（0+6）
52	黑龙江外国语学院	13（4+9）
53	江苏师范大学	4（2+2）
54	云南师范大学	4（0+4）
55	山东青年政治学院	6（1+5）
56	西安翻译学院	11（3+8）
57	河北外国语学院	12（2+10）
58	浙江外国语学院	8（0+8）
59	华东师范大学	4（0+4）
60	南开大学	4（0+4）
61	北华大学外语学院	4（0+4）
62	外交学院	6（1+5）
63	贵州财经大学	4（2+2）
64	山东大学（威海）翻译学院	5（2+3）
65	复旦大学	4（2+2）
66	安徽外国语学院	10（2+8）
67	浙江大学	5（2+3）
	总计	583

资料来源：教育部高校外语教学指导委员会西班牙语分会。

四、中国与西语国家国际教育交流现状

（一）中国与西班牙教育交流

西班牙大学中，有50所公立大学、32年私立学校。

表5 2016年QS世界排名前五的西班牙大学

序号	大学名称
1	巴塞罗那大学（Universitat de Barcelona）
2	巴塞罗那自治大学（Universidad Autónoma de Barcelona）
3	马德里自治大学（Universidad Autónoma de Madrid）
4	马德里康普斯顿大学（Universidad Complutense de Madrid）
5	纳瓦拉大学（Universidad de Navarra）

在西班牙中国留学生逾7000人。

（二）中国与拉丁美洲教育交流

拉丁美洲有相当多具备实力和专业优势的大学。

表6 2016年QS世界排名拉美前十名大学

序号	大学名称	国家
1	圣保罗大学（Universidade de São Paulo, USP）	Brasil
2	智利天主大学（Pontificia Universidad Católica de Chile）	Chile
3	墨西哥国立自治大学（Universidad Nacional Autónoma de México, UNAM）	México
4	布宜诺斯艾利斯大学（Universidad de Buenos Aires）	Argentina
5	坎皮纳斯州立大学（Universidade Estadual de Campinas）	Brasil
6	特雷科技大学（Tecnológico de Monterrey, ITESM）	México
7	哥伦比亚安第斯大学（Universidad de Los Andes Colombia）	Colombia
8	里约热内卢联邦大学（Universidade Federal do Rio de Janeiro）	Brasil
9	阿根廷南方大学（Universidad Austral-Argentina）	Argentina
10	哥伦比亚国立大学（Universidad Nacional de Colombia）	Colombia

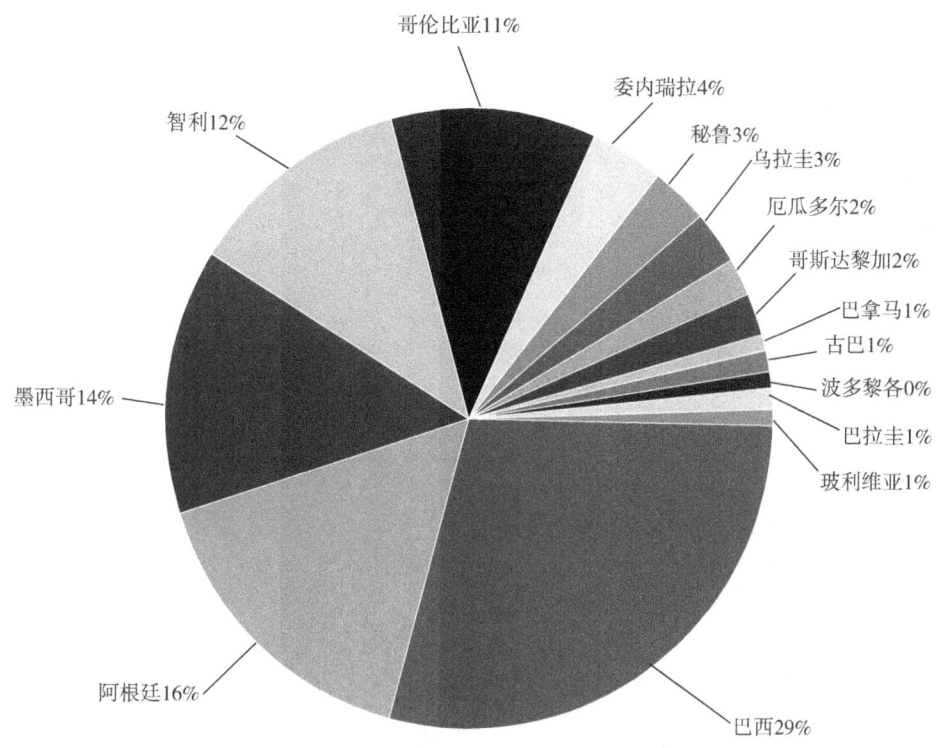

图 1　拉丁美洲大学排名各国上榜数量

表 7　拉美各国人均国内生产总值

（美元）

国　家	人均国内生产总值
波多黎各	29236
巴哈马	23903
特立尼达和多巴哥	18036
圣基茨和尼维斯	16011
巴巴多斯	15774
乌拉圭	15748
安提瓜和巴布达	14414
阿根廷	13589
智利	13341

续表

国　　家	人均国内生产总值
巴拿马	13013
哥斯达黎加	10936
墨西哥	9009
巴西	8670
格林那达	8937
圣卢西亚	8192
委内瑞拉	7745

注：世界平均人均国内生产总值为10136美元，中国人均国内生产总值为7990美元。

（三）中拉教育交流现况

据西班牙使馆教育处资料，中国目前在拉美留学生总数为1200人，在墨西哥仅近百人。

拉美留学生来华情况尚无准确数据。仅墨西哥在华学生有2000名。

目前，巴西、阿根廷、古巴等14个拉美国家设立了39所孔子学院、11个针对中小学教育的孔子课堂。2016年5月，孔子学院拉丁美洲中心在智利成立。2015年，中国和墨西哥互设文化中心。习近平主席访问拉美期间宣布，将在巴西增设多所孔子学院。中国和阿根廷还将互设文化中心。"汉语桥""文化中国、四海同春""欢乐中国"等文化品牌在拉美渐入人心。

（四）中拉教育交流存在的问题

中拉教育交流严重不对称和不成比例。中拉教育交流与中西教育交流严重不对称和不成比例。中国接收拉美学生与拉美接收中国学生严重不对称和不成比例。这种不对称和不成比例妨碍了双方的深入了解和友好，妨碍了建立和巩固可靠的兄弟般友谊和长久可信赖的合作关系，妨碍了双方经贸关系的深入而全方位的发展，妨碍了双方的民间交流、教育文化科技交流，妨碍了双方从这种交流中获益而共同进步，妨碍了共创双赢局面。

五、我们可以做什么

（一）中国政府

大幅增加提供给前往拉美交流留学中国师生的奖学金及各种方便（如机票折扣等）。

加大宣传推介力度。

为建立拉美国家联合图书馆（中心）提供土地和手续上的方便。

（二）拉美各国政府

加大宣传推介力度。

建立拉美国家联合图书馆。

统一拉美西班牙语水平考试（如 SIELE）。

为中国赴拉美师生提供各种形式奖励（奖学金、免学费等）。

提供各种便利，如签证（含去往第三国签证）、机票优惠。

安排专职教师或顾问关心、负责中国学生学习和生活。

*Co-Director, the Confucius Institute at University of
the West Indies, Cave Hill Campus in Barbados*
Francois Ayodele Jackman

People Thinking and Doing: A Pragmatic Perspective On Latin America and China-LAC Relations

Permit me to begin by expressing my appreciation to the organisers of this forum for their invitation and for the excellent arrangements they have put in place for us.

I wish to leave you with two main ideas concerning people-to-people exchanges and cooperation amongst think tanks in China and the CELAC region.

The first comes from my perspective as a fairly long-standing Caribbean diplomat, who had the good fortune to spend several years posted in Beijing working on and thinking about relations between the Caribbean and China.

This first point then has to do with the architecture of relations between Latin America and the Caribbean on the one hand and China on the other. Being from the Caribbean, I hope you will not mind if I speak a little about the "C" in the "LAC".

Seen from the outside, there is a perfectly reasonable tendency to see the geographic proximity of the Caribbean to Latin America as translating into a cultural, political and economic proximity. In fact, while the Caribbean and

---

* 弗朗索瓦·杰克曼：巴巴多斯西印度大学孔子学院巴方院长。

Latin America have close, multi-form relations, they remain quite different in terms of their culture and languages, their geography and size and their economies.

The Commonwealth Caribbean from which I come, is English-speaking. The countries of this region share a strong common history and culture constructed upon a shared experience of British imperialism and colonialism and the struggle of peoples of African descent and others for liberation from that oppression. From a geographic perspective, most Commonwealth Caribbean countries are small island developing states. The largest one in terms of population is Jamaica with a population of just under 3 million persons.

By contrast, Latin America is, as its name indicates, either Spanish-speaking or Portuguese-speaking. Its colonial and imperial connection is more with Spain and Portugal. And in terms of size, Latin America is on an entirely different level from the Caribbean. The smallest Latin American countries have a population of approximately 4 million. The largest Latin American countries have a population in excess of 100 million (Mexico) and 200 million (Brazil).

So you can immediately see that while the Caribbean and Latin America are geographically proximate and have excellent multi-dimensional relations, we have two quite separate identities born from radically different histories and geographies.

This is an important distinction with significant analytical and practical consequences.

From an analytical perspective, it becomes critical in mapping and planning the relationship between China and Latin America and the Caribbean, to develop Caribbean-specific analytical tools.

From the perspective of people-to-people relations, Caribbean-specific programmes and activities are essential. These should be in addition to those in which the Caribbean participates as part of Latin America and the Caribbean.

Identifying the correct unit of cooperation as it were is therefore critical to the success of the relationship, whether it is at the analytical, state-to-state or people-to-people level. In this regard, there are some useful lessons to be learnt from the European Union. As some of you may know, relations between the Caribbean and Europe go back to the 15th century at the beginning of the colonial era. In their most recent cooperation arrangements, the Caribbean and the European Union have implemented a trade and development arrangement called the Economic Partnership Agreement (EPA).

Thisis a deeply flawed agreement from many perspectives but it is constructed with an explicitly regional objective:

In article 4 of the EPA it is stated that:

1. The Parties recognise that regional integration is an integral element of their partnership and a powerful instrument to achieve the objectives of this Agreement.

2. The Parties recognise and reaffirm the importance of regional integration among the CARIFORUM States as a mechanism for enabling these States to achieve greater economic opportunities, and enhanced political stability and to foster their effective integration into the world economy.

This focus on the regional and sub-regional dimension of cooperation could, I think, further enhance the relationship between the Caribbean and China.

My second main point today comes from my time as co-director of the Confucius Institute at the University of the West Indies in Barbados, a post I presently occupy, on leave from the Barbados Foreign Service.

As part of its global ambition of "enhancing China's soft power" 1 China has created a most remarkable network of more than 500 Confucius Institutes in more than 140 countries. These institutes are mostly based in universities, working hand-in-hand with them in developing teaching and learning opportunities for Chinese language and culture and acting as a bridge in the area of people-to-people, academic and cultural cooperation.[①]

This network of Institutes is a ready-made network of think tanks.

They have the personnel and the tools to act as think-tanks; they have the necessary connections to the region's institutions of higher learning. Together with regional universities the network of Confucius Institutes in the LAC region can facilitate the development of policy and practice aimed at enhancing the relationship between Latin America and the Caribbean and China.

Focussing again with your permission on the Caribbean aspect of the matter, I think it is safe to say that the pace of cooperation – the commerce, the visits, the scholarships, the very real and genuine generosity of China towards the Caribbean – has been remarkable over the last two decades. In this regard, the pace of the activity has far outstripped the pace of reflection. The essential analytical frameworks which are required to ensure that the relationship is balanced, harmonious and mutually-beneficial have not, by and large, yet been created in the Caribbean.

That is, in my view, the most important task for Caribbean think tanks in their relationship with China.

The topics we are discussing over these two days are many-faceted and time does not permit me to cover all the ground that I would wish. However, the two points I have attempted to make are, I think, among the most critical for the

---

① http://www.fmprc.gov.cn/mfa_eng/wjdt_665385/zyjh_665391/t1109943.shtml.

Caribbean as it develops its relationship with China. First, to develop, within the context of the Latin America and Caribbean-China relationship a sub-regional model for the Caribbean. Second, within the Caribbean, using the resources of the region's universities and with the help of the Confucius Institutes, to develop the proper analytical framework within which this relationship can thrive.

中拉文化产业合作与中国在拉美的国家形象塑造

贺双荣

目前,中国在拉美的国家形象与中拉经贸关系的发展水平还不相适应。基于文化产品在塑造和传播国家形象中的重要作用,中拉都将文化产业发展及产业合作置于战略高度。中国和拉美国家都有璀璨的文化和丰富的产业文化资源,发展文化产业合作空间巨大,但也面临不少挑战。

一、中国在拉美的国家形象

最早提出软实力概念的美国学者约瑟夫·奈 2012 年曾撰文指出,"过去十多年,中国经济和军事实力取得了令人难忘的增长,但中国存在软实力赤字。"[①] 其实,中国在拉美同样存在软实力赤字。

进入 21 世纪后,中国与拉美国家的关系特别是经贸关系取得了跨越式的发展。中国成为拉美国家重要的贸易伙伴。2000 年,中国分别占拉美国家出口和进口总额的第 16 位和第 9 位,到 2008 年中国成为拉美出

---

* 贺双荣:中国社会科学院拉丁美洲研究所研究员。

① Joseph Nye, "China's soft power deficit", *The Wall Street Journal* (Hong Kong), 10 May 2012.

口和进口总额的第 2 位。① 中国还成为仅次于美国对拉美投资最多的国家。2015 年中国对拉美非金融类直接投资流量达 214.6 亿美元，比上年增长 67%。截至 2015 年年底，中国在拉美直接投资存量上升到 1263 亿美元，占对外直接投资存量的 11.5%。2008 年以后，中国对拉美贷款快速增加，贷款额超过世界银行和美洲开发银行对拉美地区贷款的总和。其中，中国国家开发银行至今已累计放贷 1000 多亿美元，支持了拉美 200 多个项目，涉及拉美 18 个国家和地区。

虽然中国与拉美的关系取得了巨大的发展，但中国在拉美的软实力和国家形象仍待提升。根据美国皮尤调查中心（PEW）的数据，中国经济的成功以及中拉经贸关系的发展在一定程度上增加了拉美人对中国的好感。从中国受益较多的拉美国家对中国有好感的比率，相比其他地区（除非洲外）要高。但从下表的时间跨度看，经贸关系对中国在拉美形象的促进作用并不十分明显。根据美国皮尤调查中心 2015 年的调查，拉美人对美国的好感率远超过中国，分别为 65% 和 49%，且对中国在政治自由等问题上的看法也没有大的改变。

拉美人对中国有好感的比率

(%)

年份	2007	2008	2009	2010	2011	2012	2013	2014	2015
阿根廷	32	34	42	45	–	–	54	40	53
巴西				52	49	50	65	44	55
智利	62						62	60	66
墨西哥	43	38	39	39	39	40	45	43	47

---

① Osvaldo Rosales, "El dinamismo de China y Asia emergente: oportunidades y desafíos para América Latina y el Caribe", in José Antonio Alonso and Alicia Bárcena (eds.), *Retos y oportunidades ante la crisis*, Madrid: Agencia Española de Cooperación Internacional para el Desarrollo – Fundación Carolina, 2010), p. 109.

续表

年份	2007	2008	2009	2010	2011	2012	2013	2014	2015
秘鲁	56							56	60
委内瑞拉							71	67	58

资料来源：PEW, "China Image—Latin America: Percent responding Favorable, all years measured", http://www.pewglobal.org/database/indicator/24/group/2, 2016 年 12 月 10 日下载。

政治及文化的差异影响拉美人对中国的认知及国家形象。正如美国学者埃利斯所说："与美国文化的全球影响相比，中国文化毋庸置疑是中国软实力在拉美影响力最弱的……虽然一些中国文化已传播到拉美主流社会，但在拉丁美洲的认知通常是有限的、肤浅的，有时是基于媒体的报道或生活在这些国家的华人的经验。这些认知往往混乱。"[①] 因此，在拉美许多国家，既有"中国机遇论"，同时也有"中国威胁论"，对中国政治的偏见仍很普遍。

二、文化产业与国家形象的塑造和传播

国家形象，即公众对一国政治、经济、社会、文化与地理等客观存在的主观认知与评价。[②] 良好的国家形象反映了一个国家的综合体实力，同时代表着一个国家软实力的水平。如汉斯·摩根索所指出的："别人对我们的看法同我们的实际情形一样重要。正是我们在他人'心境'中的形象、而不是我们本来的样子，决定了我们社会中的身份和地位。"[③]

---

① Ellis, R. Evan, "Chinese Soft Power in Latin America A Case Study", *Joint Force Quarterly*, 2011, Issue 60, p.89.
② 国家形象与国际形象的概念基本内涵相同，特指外国公众对一个国家客观存在的主观认知和评价。为了便于论述，本文将使用"国家形象"一词。
③ Hans J. Morgenthau, *Politic among Nations: the Struggle for Power and Peace*, The McGraw-Hill Companies Inc., 1985, pp.86-97.

（一）文化产业合作是提升国家软实力的重要手段

文化作为软权力的核心要素对国家形象的塑造和传播起着重要的作用。人们对一个国家客观存在的主观认知和评价通常受到认知者的价值观、利益关系、看问题的视角及其所处国际环境等因素的影响。其中，文化是最重要的影响因素，因为文化所特有的辐射力和渗透力足以影响和改变人们的观念和价值取向，从而获取对方对自己的理解和认同。联邦德国总统特奥多尔·豪伊斯（1949—1959）曾经说过："政治无法造就文化，而文化或可成就政治。"[①] 中国前新闻出版署副署长石峰认为："国家形象塑造本身也是一种以文化为内容的信息传播。"[②] 约瑟夫·奈指出："一个国家文化的全球普及性和它为主宰国际行为规范而建立有利于自己的准则与制度的能力，都是它重要的力量来源。"[③] 所以，文化作为软实力的核心要素，在塑造和传播国家形象中能够发挥出比经济或军事手段更加显著的效果，是大国崛起的精神支撑。

根据联合国教科文组织的定义，文化产业指按照工业标准生产、再生产、储存以及分配文化产品和服务的一系列活动。与政府以非商业的、以交流为目的的文化外交不同，文化产业是企业以赢利为目的、以市场方式推动、以文化产品贸易及投资为主的商业行为。作为文化产业发展重要载体的文化产品，既有文化属性，也有经济属性。通过文化产品的贸易交易和投资，使文化得到广泛的传播。因此，文化产业合作在塑造和传播国家形象中发挥着重要的补充及不可替代的作用。

不仅如此，在某些情况下，文化产业合作比政府主导的文化外交在塑造和提升国家形象方面可发挥更大的作用。原因有几点：第一，文化产品

---

① 鲍超佚：《德国的对外文化政策》，《德国研究》，1998年第4期，第35页。
② 乔虹：《国家形象：一个和平崛起大国的新课题》，《中国妇女报》，2008年3月15日。
③ [美]约瑟夫·奈：《美国定能领导世界吗》，何小东、盖玉云译，军事译文出版社，1992年。

有更多样化的表现形式。"文化软权力的力量来自于其扩散性和渗透力，只有当一种文化广泛传播并对他国政府或国民产生影响且乐于效仿时，才会产生软权力。"① 在这方面，文化产品以其产品的多样化表现形式更易于让公众接受其产品中蕴含的国家形象。以影视作品为例。"电影的表意符号具有一种相对简易的世界通用性，因而人们往往通过一个国家的电影来客观地了解和认识这一国家、民族或者文化的历史和现实。"② 在这方面最成功的例子是美国。"美国通过好莱坞电影的输出，不仅给美国带来了滚滚财源，也全方位地提升了美国在全球的竞争优势。"③ 2014年7月，习近平主席访问阿根廷时，向阿根廷赠送的国礼中包括《北京青年》、《老有所依》、《失恋33天》等反映当代中国现实的影视剧，这一举动有重要的政治象征意义，希望这些具有时代感的国礼成为外国友人了解中国的一个窗口。第二，文化产品的传播方式更易于被公众接受。公众可能会质疑政府通过文化外交手段传播国家形象的公正性和客观性。相比较而言，优秀的文化产品通过潜移默化的方式所赋予的国家形象更易被公众接受。第三，文化产业合作可以避免政府主导的文化外交、教育交流及公共外交等活动带来的问题。政府主导的各种文化教育交流活动带有强烈的官方色彩，其动机易受到质疑和误解，常常被看作一国对另一国的文化渗透。美国几所大学相继关闭孔子学院即是一个例证。阿根廷有学者也对中国在当地设立孔子学院对当地汉语教师的冲击以及孔子学院与当地大学合作办学的合法性等问题提出了质疑。第四，文化产业特有的活力及影响力。国家形象塑造及软实力的提升不是一蹴而就的事，是一个潜移默化、需要长期累积的过程。政府主导的文化外交及教育交流活动，因受资金、规模等限

---

① 谢雪屏：《论文化软权力与中国国家形象的塑造》，《山西师大学报（社会科学版）》，2009年第5期，第42页。
② 尹鸿：《国家化语境中的当前中国电影》，《电视艺术研究》，1996年第6期，第28页。
③ 饶曙光：《国家形象与电影的文化自觉》，《当代电影》，2009年第2期，第12页。

制,受众面狭窄,影响传播效果。而市场主导的文化产业合作,面向大众,形式灵活多样,可以避免这些问题。

(二)中拉文化产业合作现状

目前,中国对拉美的国家形象推广活动主要由政府主导。到2013年5月,"中国已同拉美地区21个建交国中的19个国家签有文化交流与合作协定,在此框架内与11个国家签有年度文化交流执行计划。"① 中国政府在拉美国家推动的文化及教育活动主要有以下几个方面:一是在拉美设立孔子学院和海外中国文化中心,加强汉语教学,扩大中国文化的传播。到2015年年末,中国在20个拉美国家开设了39家孔子学院和18家孔子课堂。二是开展丰富多彩和形式多样的文化交流活动,如演出、展览、共同开展文化节、文化周、文化季、文化年等。其中,由中国国家主席习近平在2014年7月出席中国—拉美和加勒比国家领导人会晤时倡议举行的2016年"中拉文化交流年",是新中国成立以来中拉开展的规模最大的一次文化交流活动。从2016年3月18日在中国开幕至11月21日在秘鲁闭幕,共在中国及拉美30多个国家举行了数百场文化活动,有数千名艺术家参与,活动涵盖艺术、文学、电影、图书、旅游等多个领域。三是开展"中拉文化思想经典互译工程"(China-LAC Cultural Classics Translation Program)。中国文化部为落实李克强总理指示、服务中拉文化合作大局,于2016年启动了"中拉文化思想经典互译工程"。由中拉专家共同精选50部左右代表中国和拉美地区文学、出版、影视、学术、艺术一流水平,有助于增进中拉人民相互理解和友谊,具有较强社会影响力的经典作品,组织高水平译者和文化机构进行译介,实现相关作品在双方地区的广泛传播。四是加大中拉教育交流及人员培训。

---

① 蔡武:《文化交流为中国和拉美关系奏响和谐乐章——在中国社会科学论坛上的演讲》,2013年5月7日,http://ilas.cass.cn/cn/xwzx/content.asp?infoid=20742。

政府主导的文化外交和以市场为导向的文化产业合作都是促进国际文化交流的重要手段。但从目前中拉文化交流来看，中拉文化产业合作水平很低，还处于起步阶段。以版权为例，虽然中国有西班牙语文学作品被翻译成中文，但中拉在版权合作方面的水平还不高。根据官方统计数字，2012 年全国引进出版物版权 17193 种，输出出版物版权 7831 种。而西语图书引进数量仅为 1389 种，输出数量为 2173 种。所占比重很少。[①] 根据 2015 年《中国统计年鉴》，2014 年中国分别引进和输出版权 16695 种和 10293 种，由于从拉美国家引进的版权量少，拉美国家不在统计之内。

三、中拉文化产业的合作可能性

中国和拉美国家加强文化产业间的合作，不仅有必要性，而且有现实可能性。因为中国和拉美双方都有璀璨的文化及其丰富的文化产业资源，双方都有发展文化产业合作的战略需要、巨大的市场潜力及平等的合作基础。

（一）中拉都有璀璨的文化，丰富的文化产业资源

中国是世界文明古国，中华文明博大精深、源远流长。"五千年的文化传统为对外文化交流提供了取之不尽、用之不竭的资源。"[②] 拉美文化是本土印第安文化、欧洲基督教文化、黑人文化等的混合体。由于民族混合成分的不同，各国历史演变不同，许多拉美国家的文化又呈现不同的地域和国别特点。拉美文化以其多元多彩的"地方性和民族性在世界文化发展

[①] 魏红：《向西语国家讲述中国故事——促进中国与西语地区图书版贸方法初探》，http://www.chinaxwcb.com/2013-09/26/content_277766.htm.

[②] 胡雁：《构建新世纪中国对外文化战略》，《中国特色社会主义研究》，2013 年第 6 期，第 73 页。

史上占有重要地位"。①拉美文学、音乐、舞蹈等具有世界性影响。拉美的影视艺术在世界上占有一席之地。拉美电视剧已超越美国肥皂剧成为全球最爱。"拉美电视剧在中东、东欧、非洲和美国西班牙裔家庭的电视频道中占主导地位。"②近年,拉美电影也在世界上异军突起,在世界各大电影节频频获奖。丰富的文化产业资源为中拉文化产业之间加强合作奠定了基础。

(二)中拉加强文化产业合作有战略上的需要

对中国来说,发展文化产业及其对外合作具有政治意义,主要目的是提升国家形象。由于与西方国家在文化、政治制度及意识形态上存在差异,中国在崛起的过程中面临如何维护和塑造国家形象这一个紧迫和棘手的战略问题。2007年10月,胡锦涛总书记在党的十七大报告中明确提出,提高国家文化软实力是未来中国国家建设的重要战略举措。2010年8月6日,中国开拍的国家形象宣传片通过英国广播公司(BBC)等全球媒体播出。2011年1月胡锦涛主席访美期间,中国国家形象片亮相美国纽约时报广场。2012年十八大以来,以习近平总书记为核心的新一届领导集体上任后,大力推动中国与拉美国家的文化交流及文明对话。习近平主席在访问拉美时多次指出,"人之相知,贵在知心","以心相交,方能成其久远"。2015年5月李克强总理访问哥伦比亚和秘鲁时,推动与两国开展文明对话。这些事例表明,中国把以国家形象建设为核心的文化交流活动摆到了重要的战略地位。

随着中拉关系的发展,"拉美和世界其他地区一样,对中国的观察在加深,在提高,开始从历史文化的视角观察中国已经和正在发生的变化,特别是从历史文化的视角观察中国未来的走向以及同世界各国的关

---

① 程洪:《试论中国与拉丁美洲的文化贸易》,《拉丁美洲研究》,2007年第4期,第17页。
② 吴万伟:《拉美电视剧超越美国肥皂剧,成为全球最爱》,http://www.yaleglobalfd.fudan.edu.cn/print/6133, 2010年6月。

系。"①2013年3月到任的巴西驻华大使瓦尔德马尔·卡尔内鲁·莱昂说："文化交流活动是社会与社会、民众与民众的接触，其中'人'是最重要的因素。"文化推广活动向人们提供了通过艺术来了解另一个国家的机会，既可以打造良好的国家形象，也可以让人与人之间产生更多关联，产生互相了解、互相邀请、互相接近的兴趣，而这种兴趣也会渗透到政治、经贸方面。②

（三）中拉文化产业合作是双方经济及中拉经贸合作转型升级的需要

对于中国和拉美国家来说，发展文化产业及其对外合作具有经济上的战略意义。随着全球化及知识经济的发展，文化产业成为全球经济增长最快的部门。据联合国贸发会（UNCTAD）统计，尽管2008年发生了金融危机，全球娱乐产品和服务的出口仍实现历史性增长，2008年到达5920亿美元，是2002年2670亿美元的两倍多，年均增长率达14.2%。另据美洲开发银行预测，文化产业未来10年的预期增长率为8%—10%。③ 所以，中国和拉美都开始重视和推动文化产业的发展。近年，联合国教科文组织（UNESCO）、美洲开发银行（IDB）、美洲国家组织（OAS）、拉美一体化体系（SELA）和巴西伊塔乌文化基金会（Itaú Cultural Foundation）等机构相继出台几个报告，提出拉美国家应把文化产业作为未来拉美经济增长的新引擎。④ 在美洲开发银行于2010年9月28日召开的拉美国家文化部

---

① 李北海：《关于加强中拉历史文化交流的几点想法》，《拉丁美洲研究》，2008年第1期，第11页。
② 《专访巴西驻华大使：文化交流在于"人"》，http://news.xinhuanet.com/world/2013-09/03/c_117214764.htm.
③ "Ministers call for more financial and institutional support for culture industries in Latin America and the Caribbean", http://www.iadb.org/en/news/webstories/2010-10-19/idb-ministers-of-culture-from-latin-america-and-the-caribbean,8259.html, Oct. 19, 2010.
④ SELA, "Promotion of cultural and creative industries in Latin America and the Caribbean", 9 to 21 October 2011, 1SP/CL/XXXVI.O/Di № 9-11.

长会议上，拉美国家达成共识，文化是投资、而不是支出。①

进入新世纪后，中国对文化产业的认识和重视不断加深。2002年党的十六大报告指出，"发展文化产业是市场经济条件下繁荣社会主义文化、满足人民群众精神文化需求的重要途径。"2009年9月26日中国发布了建国60年来第一部文化产业专项规划——《文化产业振兴规划》，并将文化产业提升到国家战略性产业的高度。2010年2月初，胡锦涛总书记在一次讲话中把加快发展文化产业作为加快经济发展方式转变的八项重点工作之一。2011年10月18日党的十七届六中全会通过了《中共中央关于深化文化体制改革推动社会主义文化大发展大繁荣若干重大问题的决定》，从全局和战略高度明确提出建设社会主义文化强国，并将"推动文化产业成为国民经济支柱性产业"作为我国文化体制改革的主要目标。2016年11月4日，以习近平总书记为首的"中央全面深化改革领导小组"审议通过了《关于进一步加强和改进中华文化走出去工作的指导意见》。

与此同时，中国从对外文化交流及对外产业合作的角度，在2002年7月全国文化厅局长座谈会上第一次明确提出了文化"走出去"的战略。时任文化部部长助理丁伟认为，从体制改革和机制创新的高度大力发展对外文化贸易，已成为我国发展文化事业、增强文化实力、提高国际竞争力的一个新的战略突破口和历史性机遇。②2011年，中共十七届六中全会通过了《中共中央关于深化文化体制改革推动社会主义文化大发展大繁荣若干重大问题的决定》，明确提出"文化走出去"工程："加强海外中国文化中心和孔子学院建设，鼓励代表国家水平的各类学术团体、艺术机构在相应国际组织中发挥建设性作用，组织对外翻译优秀学术成果和文化精

---

① "Ministers call for more financial and institutional support for culture industries in Latin America and the Caribbean", http://www.iadb.org/en/news/webstories/2010-10-19/idb-ministers-of-culture-from-latin-america-and-the-caribbean8259.html.
② 丁伟：《发展中国对外文化贸易的历史机遇》，《光明日报》，2004年9月22日。

品。"2014年3月，国务院印发了《关于加快发展对外文化贸易的意见》，支持鼓励发展文化贸易。

（四）中拉文化产业市场潜力巨大，将为中拉文化产业合作提供机遇

中国和拉美都有巨大的文化市场潜力。中国本土有13亿人口，海外有7000多万华人。拉美地区有5亿多人口。此外，中国和拉美作为全球经济增长最快的新兴市场，经济高速发展，人们生活水平不断提高，这将扩大人们对于文化产品的需求，从而促进各自文化产业的发展。"根据发达国家的经验，当人均GDP达到3000美元的时候，人们的消费结构开始出现明显变化，精神文化需求越来越迫切、文化消费支付能力越来越强劲。"[1]以中国为例。中国加入世界贸易组织之初，有关部门测算，中国文化市场的潜在消费能力为3000亿元，而在实际生活中文化产品的消费支出只有800多亿元。如果中国按照当时经济的发展水平和文化产品的消费水平继续发展，那么到2005年，中国文化产品的潜在消费能力将达到6000亿元。[2]但经过多年的发展，中国文化市场的规模早已超过这个规模。2009年，中国文化产业的市场规模为8400亿元，2012年达到1.6万亿元，复合增长率达到了23.96%。[3]2013年中国文化产业增加值达到2.1万亿元，约占国内生产总值的3.77%。中国的文化产业进入稳定的、高速的发展时期。以电影市场为例。中国电影的市场票房近年呈快速增长，从2002年的9.2亿元增加到2015年的440亿元，2016年有望超过500亿元。中国已成为全球第二大电影市场。拉美国家认为，中国推动文化产业的发展，

---

[1] 孙俊新：《各国文化产业对外开放政策比较及启示》，《人民论坛》，2013年总第416期，第253页。
[2] 朱祺：《"入世"后我国文化产业面临的挑战及对策》，《池州师专学报》，2007年第2期，第72页。
[3] 《2014年中国文化产业市场分析》，http://www.51report.com/free/3045410.html，2014年7月16日。

对拉美国家来说也是一个巨大的机会,"拉美应该利用这个机会与中国对话"。①

拉美文化产业的发展也将为中国文化产品及服务走入拉美提供机会。2009年,拉美文化产业(不包括文化旅游部门)约占国内生产总值的4%,高于欧洲和美国的比重,②墨西哥、阿根廷、巴西、哥伦比亚和多米尼加共和国为首的拉美国家出口7.5亿美元的文化产品。③

(五)中拉文化产业合作有平等合作的基础

从地缘文化、产业发展水平等方面看,中国与拉美在发展产业合作方面有平等合作的基础。虽然文化产业化成为各国经济发展的支柱产业,但在全球化时代,随着各国文化的对外开放,文化产业的竞争日趋激烈,需要保护本国的文化主权。因此,防止强势文化特别是美国霸权文化的侵蚀成为许多发展中国家面临的问题。虽然中国和拉美都是文化资源大国,但都不是文化产业发展的强国,双方发展水平相当,这使双方的产业合作可以建立在平等基础之上。而且,面对美国的文化霸权,中国和拉美应加强文化产业合作,共同捍卫世界文化的多元性。此外,"中国坚持用多元共存与竞争的文化价值观看待拉美国家的不同文化和不同社会制度,学习吸收其一切文明成果,同时着力对外传播中国的优秀文化。"④2004年11月12日,胡锦涛主席在巴西国会发表讲话,表示中拉要在"文化上密切交流,成为不同文明积极对话的典范"。2013年6月5日习近平主席在墨西哥参

---

① 麦高:《中国和拉美之间仍有很多旧框框》,http://www.chinatoday.com.cn/ctchinese/chinaworld/article/2013-01/17/content_512961.htm.
② Odeen Ishmael, "Cultural industries growing in significance in Latin America and the Caribbean", *Guyana Journal*, December 2009.
③ "Ministers call for more financial and institutional support for culture industries in Latin America and the Caribbean", http://www.iadb.org/en/news/webstories/2010-10-19/idb-ministers-of-culture-from-latin-america-and-the-caribbean,8259.html, Oct 19, 2010.
④ 倪建平:《国家形象与中国同拉美的经济合作:文化传播的视角》,2010年第3期,第5页。

议院演讲时指出，"中拉要加强文明对话和文化交流，不仅'各美其美'，而且'美人之美，美美与共'，成为不同文明和谐共处、相互促进的典范。"① 因此，对中国来说，"从地缘角度看，非洲地区、拉丁美洲地区、欧洲独联体地区，虽然有各自独特的文化，但相对不强，在西方文化的扩张下而呈现一定的边缘性，大有与其他文化交流和互动的诉求，而中国文化的包容性和相对可接受性为中国文化在这些地区拓展潜在空间提供了重要的基础和保障。"②

四、中拉文化产业合作任重道远

虽然中国和拉美存在文化产业合作的可能性，但就像把凝聚在天上的云彩变成地下的雨，大力促成中拉文化产业间的合作并非易事。以电影为例。2012年，中国电影年产量700多部，但全年销往海外的影片共计75部，销往80个国家（地区），海外票房及销售总收入只有10.63亿元，不到国内票房的10%。2012年，中国电影的票房收入达170.73亿元，其中外国影片占据国内市场票房收入的一半以上，达88亿元，③但少有拉美的影片被引入进来。

（一）中拉文化企业的竞争力不足影响双方的产业合作

虽然中拉文化产业有平等合作的基础，互补性强，但由于中拉双方在世界文化产业中的竞争力都不强。其中一个最重要的原因是中国和拉美都缺少实力强大、拥有跨国文化经营经验的企业。据2013年年底德国罗兰贝格战略咨询公司（Roland Berger）发布的《全球文化产业50大企业排名》，

---

① 《习近平在墨西哥参议院的演讲》，新华网，2013年6月6日。
② 潘忠岐，黄仁伟：《中国的地缘文化战略》，《现代国际关系》，2008年第1期。
③ 《2013年全国广播影视经济指标》，http://gdtj.chinasarft.gov.cn/showtiaomu.aspx?id=ebc0b364-6324-464d-880d-7524b0f2a08b，2014年10月21日下载。

中国只有万达和腾讯两家企业榜上有名，拉美只有墨西哥电视集团上榜。[①]

（二）文化差异

中国与拉美属不同的文化体系，由于语言及文化差异大，文化产品的认同度不高。"以电视剧为例，2012年中国电视节目版权输出主要集中在讲华语的国家和地区，或者有大量华人居住的国家和地区；以出版为例，图书'走出去'，特别是海外版权贸易和实物出口碰到的难题，集中反映出国际传播方面找市场难，花钱搞市场更难。"[②]

（三）文化产业的发展与保护问题

文化产业与其他产业不同，有其特殊性。很多国家担心"进口文化产品可能导致来源国的社会、政治和文化等在进口国国内扩散，不仅威胁该国的文化认同，更有可能造成文化同质化"。[③] 因此，为保持文化的纯洁性，很多国家主张文化贸易的"例外性"，对文化贸易和产业合作设置壁垒，如规定进口电影的数量以及实施进口审查制度。中国与拉美都不属于强势文化，双方都面临文化保护及文化安全问题。对中国和拉美来说，文化安全不仅涉及商业利益，还与政治、国家主权以及保持文化的多元化等问题相关。因此，如何处理文化保护与文化产业合作之间的平衡也是需要探讨和解决的问题。

虽然中拉有发展文化产业合作的愿望及可能性，但困难和障碍很多，未来中拉文化产业合作任重道远。

---

① 《从全球文化产业50大企业排名看新闻出版与广电合并未来》，http://www.cnci.gov.cn/content/2013325/news_78247_p2.shtml.
② 《上海市有关部门深入调研文化企业出口情况》，2013年8月20日，http://www.sh-services.gov.cn/news_detail.asp?ArticleID=12259.
③ 吴建军、郭新茹：《国际文化贸易制度环境研究：宏观政策与微观态度》，《文化产业研究》，2016年第1期，第164页。

第三部分
建设中拉论坛，
推动中拉整体合作新进展

Ex Ministro de Relaciones Ecuador
Investigador Asociado FLACSO Ecuador
Francisco Carrión Mena

Perspectivas de las relaciones entre CELAC y China

1. Contexto regional y antecedentes de la CELAC

1.1 El sistema interamericano atraviesa por un visible debilitamiento como consecuencia de varias causas:

La Carta de Bogotá de 1948 que creó la Organización de Estados Americanos (OEA), se encuentra desactualizaday en algunos ámbitos no se cumple. Han pasado casi 70 años de su suscripción y el mundo y la región han cambiado radicalmente sin que la Carta haya sido renovada.

América Latina y el Caribe constituyen un grupo de países más maduro, autónomo y en búsqueda de una integración consolidada dada sus afinidades e intereses comunes. Ha crecido económicamente, ha fortalecido sus instituciones y su democracia y tiene menor dependencia de los Estados Unidos.

Nadie duda de que atravesamos por una grave crisis del multilateralismo global, esto es la Organización de Naciones Unidas (ONU) y su sistema que se encuentran desactualizados y sin suficiente capacidad política de acción. No hay duda que ha tenido algunos éxitos como la descolonización, la cooperación para el desarrollo, pero todos son de su primera época y ahora se ve desbordada por una realidad que la supera.

Han aparecido nuevos mecanismos (potencias o bloques) que hacen las veces de organismos representativos de la comunidad internacional para resolver problemas o tomar decisiones por todos de manera ilegítima. El G-5 el G-8, el G-20. En ellos no están presentes todos los países del mundo y son solamente los más poderosos los que toman resoluciones que afectan al mundo en su conjunto.

Hay nuevos actores internacionales con poder de influencia en la toma de decisiones de política exterior. Transnacionales y foros privados, ONGs, think tanks, etc. Esta aparición hace replantearse muchas de las doctrinas y tesis de las relaciones internacionales.

1.2   En este contexto se ha producido en las últimas décadas el surgimiento de regionalismos alternativos y procesos de integración en América Latina.

En 2008 se creó la UNASUR como proyecto regional de los países sudamericanos bajo el liderazgo de Brasil a fin de constituirse en un bloque con identidad histórica y geográfica.

Sus principales fortalezas son su condición geográfica como bloque, su integración por solo 12 países, sus riquezas naturales, su amplio mercado y el desarrollo de proyectos de infraestructura física. Otra de sus fortalezas es el respeto al pluralismo ideológico de sus miembros y a su libredeterminación.

Sus debilidades son la inexistencia de políticas comerciales y de integración económica, su fragilidad institucional, la dispersión temática y la aparente falta de voluntad política de sus miembros.

2. La Comunidad de Estados Latinoamericanos y el Caribe (CELAC)

2.1 La CELAC nace en febrero de 2010 en Playa del Carmen, México, de una coyuntura política regional particular en la que surge el liderazgo brasileño en América del Sur y México y el Caribe quedan relegados de una propuesta regional que se propone representar a América Latina.

2.2 Con la CELAC prima la geopolítica y no la voluntad de integración comercial y económica. Los países de la región toman conciencia de la necesidad de tener un solo foro de debate entre afines sobre los temas que preocupan a América Latina y el Caribe en el contexto global.

2.3 De ahí, bajo el liderazgo de Brasil y México, los países de América Latina y el Caribe resuelven constituir una sola organización entre el llamado Grupo de Rio y las Cumbres de América Latina y el Caribe. A esta propuesta se unen todos los países de la región incluyendo los caribeños.

La CELAC cuenta con 33 miembros, de los cuales corresponden doce a SurAmérica, catorce al Caribe y sietea Centro América. Cuenta con varias culturas, idiomas, religiones y sistemas políticos.

2.4 Dada su reciente creación, a pesar de que ya se han realizado cinco cumbres presidenciales en las cuales se han adoptado múltiples resoluciones, la CELAC es un proceso en construcción y en búsqueda de su identidad, la cual no estáaunclaramente definida.

2.5 En la actualidad, la organización tiene trascendencia en tanto foro de diálogo político y de concertación. Se han creado varios Consejos para tratar una diversidad de temas que van desde la seguridad hasta la salud pasando por temas sociales. No obstante, hay que reconocer que el rol cumplido hasta ahora por tales consejos no ha tenido relevancia.

2.6　Estas reflexiones llevan a ciertas interrogantes sobre sus fortalezas y debilidades.

Es fuerte en la medida en que agrupa a 33 países como bloque que podría hacer influir en negociaciones internacionales en temas especialmente de carácter político donde puede haber mayor afinidad.

En su conjunto tiene inmensos recursos naturales y un amplio mercado y avanza en el desarrollo tecnológico, particularmente Brasil.

Se enriquece por la diversidad de culturas, etnias y tradiciones.

Es débil en tanto parecería no haber encontrado aún su verdadera identidad. Tiene estados miembros de muy diversas características, dimensiones y peso específico. Por ejemplo, difícil es aproximar intereses entre Brasil y San Vicente y las Granadinas o entre Argentina y Belice, aunque les une su condición de países en desarrollo.

Debe haber voluntad política de sus miembros de actuar en bloque paraque sea efectiva. Los temas que aborda lo exigen, caso contrario no tendría mayor efectividad.

Característica regional y de la CELAC que también le debilita, es la retórica intrascendente. Por ejemplo, la Declaración de la Cumbre de Costa Rica en 2015 tuvo 94 puntos resolutorios, lo cual resulta prácticamente imposible darles seguimiento.En la última reunión de Quito no hubo Declaración formal, lo que hubo es un conjunto de resoluciones sobre una amplia diversidad de temas. El seguimiento de lo resuelto no conozco si la nueva Presidencia Pro Tempore lo estará haciendo.

Es un grupo altamente heterogéneo de Estados en si consideramos los temas económicos, demográficos, institucionales, democráticos y culturales, lo cual hace difícil llegar a consensos.

2.7 Por estas razones, caben ciertas preguntas: ¿Se debe considerar a la CELAC como un verdadero proyecto de regionalización? ¿Se trata de crear una organización similar a la OEA, pero sin Estados Unidos y Canadá? No debe ser así, la CELAC debe tener otra connotación, debe ser un foro de países afines y con problemas similares.

2.8 En definitiva la CELAC debe limitarse a ser un foro de diálogo y concertación política que actúe como bloque sobre temas puntuales respecto de los cuales haya consenso regional. Por ejemplo, apoyar a Cuba en la normalización de sus relaciones con Estados Unidos y en la devolución de Guantánamo; respaldar a Argentina en su reivindicación de soberanía sobre las islas Malvinas en su controversia con el Reino Unido; contribuir a la solución de controversias pendientes en la región como el caso de la mediterraneidad de Bolivia, las diferencias territoriales entre Guatemala y Belice, entre otras.

3. La República Popular China

3.1 China ha tenido en los últimos veinte años un espectacular crecimiento económico y con él un posicionamiento clave geoestratégico y político en el mundo.

3.2 A partir de 1979, ese crecimiento en algunos años superó fácilmente el 10% del PIB acompañado de un significativo incremento del desarrollo tecnológico.

3.3 La fortaleza de la economía china llevó a superar largamente a sus socios regionales y a competir con Europa y particularmente con los Estados Unidos con el cual, según el FMI, China podría haberle superado en términos de paridad de poder adquisitivo.

3.4 Mi país, Ecuador, tomó la decisión de reconocer a la República Popular China en 1980. Pero fue solo a partir de 2000, después de que la relación se había limitado por la distancia y por desinterés chino y la incapacidad productiva del Ecuador, que la vinculación se intensificó de manera notable.

3.5 Precisamente a partir de2000, en que se cumplieron veinte años del establecimiento de relaciones diplomáticas entre Ecuador y China,se hizo evidente un mayor interés por aproximarse al Ecuador. Esto no solamente porque había mantenido su tradicional posición de "la existencia de una sola China", descartando así la posibilidad de un reconocimiento a Taiwan, sino porque ya advertía la potencial importación del Ecuador de un recurso indispensable para mantener su crecimiento: el petróleo.

3.6 China requiere para tan relevante desarrollo y crecimiento no solamente el amplio mercado que le ofrece la CELAC y otras regiones del mundo sino materias primas para transformarlas y ampliar su proceso de industrialización. El principal producto de interés ha sido el petróleo, aunque también ha priorizado otras commodities como el cobre, el estaño y el carbón.

3.7 La intensidad de las relaciones de los países de la CELAC, individualmente considerados, con China se ha hecho más cierta a partir del año 2000 que coincide con el despegue de la economía de ese país.

3.8 China, por lo demás, ha hecho en los últimos años importantes inversiones en América Latina y el Caribe en infraestructura física. Hidroeléctricas, minería, puentes y carreteras, junto con la perforación y explotación petrolera, hansido los sectores prioritarios para sus inversiones.

3.9 Según cálculos aproximados, pues no se disponen de datos oficiales actualizados, la inversión china en mi país se aproximaría a los $8.000

millones, lo cual coloca a Ecuador entre los principales países-sino el principal-destinatario de la inversión china en América Latina.

3.10 China ha tenido, por lo demás, el acierto de aproximarse a otros países y bloques para fomentar sus relaciones. África, Asia y, por supuesto, América Latina han sido contactadas para ampliar su vinculación en diversos ámbitos pero sobre todo en el comercial y el de las inversiones, y, de paso, en el geopolítico.

4. Perspectivas de la relación entre la CELAC y China.

4.1 En consideración a que la CELAC es un proceso en construcción y cuya fortaleza está en el ámbito de la concertación política y China es una de las potencias mundiales, las relaciones deberían concretarse por ahora en ese ámbito. Caso contrario difícilmente se podrán profundizar las relaciones comerciales, de inversión, económicas, de cooperación con la región en general por la diversidad de modelos imperantes entre los estados miembros de la CELAC.

4.2 Esta limitación no impide, sin embargo, que China siga estando presente en términos bilaterales con los países de la CELAC, como de hecho así viene sucediendo, pero con un espíritu de región.

4.3 Es con esa China pujante, necesitada de recursos naturales, petróleo, materias primas, con un enorme mercado, que América Latina y el Caribe deben relacionarse para buscar la complementación de sus economías aunque tan dispares, recíprocamente necesitadas y complementarias.

4.4 El respaldo que China como súper potencia puede ofrecer a la solución de los contenciosos existentes en el contexto de la CELAC puede ser de enorme importancia política. Del mismo modo, la CELAC como bloque puede hacerlo con China y sus controversias.

4.5 Hay aún algunos países latinoamericanos y del Caribe que mantienen relaciones diplomáticas con Taiwan, lo cual no es consecuente con la vinculación de la República Popular de China con la CELAC. Este es un asunto delicado pero que debe ser abordado para fortalecer la relación con el bloque.

4.6 Con el transcurso del tiempo, con una CELAC consolidada, China podrá ampliar su vinculación a otros campos para beneficio de las dos partes.

Former Minister of Foreign Affairs
and Senator of Grenada
Peter David

New Time for China-LAC Cooperation

Whenever I am asked to offer musings on the China-LAC partnership, I am often challenged in deciding whether I should prioritize the pragmatism of describingwhat is over the idealism of what should be. Ladies and gentlemen, today I resolve this conflict in favor of the latter.

Before proceeding, however, it would be irresponsible of me not to clarify that I speak as a Grenadian patriot. While my views for the most part should reflect the developmental experience of my Latin American and Caribbean sisters and brothers – I am certain, however, that I am capturing the sentiments of most Grenadians.

That caveat aside, I often marvel at the rich history of the Chinese nation and its many cultural achievements. I am often reminded that the mandarin character for China translates as 'middle country'. As part of that conceptualization of this marvelous country, Imperial China maintained a tributary system that shaped China's Foreign Policy for over 2000 years. What astonishes me however – and please understand my perspective as a former subject of European powers – is the way the Chinese tributary system is depicted in the history books as one of mutual respect.

Move forward to today. If we allow ourselves to be informed by history and the ethos of the Chinese nation, is it reasonable to maintain skepticism over China's motives. China has surpassed the U.S. as Africa's largest trading partner and World Bank collaborators attest that "The rise of Chinese private investment [in sub-Saharan Africa], particularly in the manufacturing sector, could have a transformative impact on growth and development." Yet, we hear accusations of exploitative practices in some western media. If we are reasonable, however, we will accept that China, a giant on its own development path asserts its greatness in a respectful manner and has partnered with developing countries sans historical moral obligation to do so.

I move away from these philosophical reflections to the practical aspects of the China-LAC relationship. As Eduardo Galeano wrote in "The Open Veins of Latin America", much of our natural resource wealth was extracted by our colonizers. We were left behind on the development curve without the resources to catch up. Access to development resources have been tied to conditions so onerous that we are doomed to fail and find ourselves arbitrarily categorized in manners that raise the cost of capital. The irony is that the capital we are trying to access is built on the efforts of slaves and the mines of Mexico, Peru, Bolivia to name a few.

China has masterfully transcended historical setbacks, imperial impositions and interference, to adapt a development model that is uniquely Chinese. I am often left amused by Western economists' attempts to explain what is happening in China. The fact that we simply do not have the intellectual tools with which to analyze China's rapid growth speaks to Chinese ingenuity. That ingenuity and self-assured pursuit of an improved quality of life is the first thing I'd like to see shared with our region. I see great potential for academic and research partnerships and exchanges. There are few China specialists in CARICOM Member States and I'd venture to guess that Chinese research on our politically nuanced region happens largely from afar.

China already generously offers thousands of scholarships and other exchange opportunities to share its experience with our region's youth. Grenadians also travel to China visa free. The Great Wall of China is an attraction not a barrier to engagement.

China has made welcomed efforts to share its culture and language with our people. The investment in our students, many of whom eventually travel and spend extended periods in China, suggests that our relationship will grow in an organic fashion. Chinese tourists and investors are welcomed to our shores – and you might be surprised to see Chinese nationals speaking in heavy Grenadian accents. I would love to see more Chinese nationals in our region – in addition to promoting mutual understanding, I believe there is tremendous economic benefit to this.

Many of our countries struggle to provide healthcare to our nationals. The fiscal burden of caring for our citizens is exacerbated by a model of care delivery that commercializes procedures and prescriptions at the expense of outcomes. I believe the time has come to rid ourselves of this Sisyphean undertaking. We should all start looking at Chinese medicine as an alternative approach where possible.

Why is LAC important to China? The civilized international system under which we find ourselves places great importance in mutual respect between sovereign nations. We often see the system manipulated in favor of a few. That manipulation is an externality that we are willing to accept to avoid the scourge of war and anarchy. Strategic international partnerships guarantee China that the international system will not be manipulated to the detriment of the Chinese people. As the song goes "That's what friends are for". It should not be lost on us that China benefits from a strong LAC region.

LAC also represents a sizeable market for goods and services at various points of the value chain. Our governments should look for opportunities to plan strategically to ensure that our trade needs are identified and met in the most efficient manners. There are areas that may not make sense to collaborate, but we cannot allow opportunities to improve our citizens' lives to go a begging.

To conclude, we need not be skeptical of China. Calls to do so are motivated by desperate attempts to maintain hegemony. LAC has no hegemonic pretensions and China's reascension is not viewed with jealousy in our circles. Furthermore, China's willingness to listen to our concerns and extend a hand of friendship suggest that we should all celebrate being able to call China a friend.

携手推进中拉整体合作　助力全面合作伙伴关系

殷恒民

尊敬的厄瓜多尔前外长卡里翁阁下，

尊敬的格林纳达前外长戴维阁下，

尊敬的埃斯特雷利亚斯副院长，

各位专家学者，

女士们，先生们，朋友们：

大家好！很高兴应邀参加第三届中拉智库论坛，同各位专家学者就"建设中拉论坛、推动中拉整体合作新进展"进行交流。借此机会，我愿向大家简要介绍以中拉论坛为平台的中拉整体合作取得的进展和中方下阶段有关工作设想。

近年来，随着中拉关系全面快速发展，开展整体合作成为中拉双方的共同期盼。2011年12月，覆盖拉美和加勒比33个国家的拉共体正式成立，为中拉建立相关机制提供了良好条件。2014年1月，拉共体第二届峰会通过了《关于支持建立中国—拉共体论坛的特别声明》，决定正式建立中拉论坛。2015年1月，中拉论坛首届部长级会议在北京成功举行，标志着论坛由构想成为现实，中拉关系进入整体合作与双边关系并行互促的新阶段。

一年多来，在中拉双方的精心培育下，中拉论坛的嫩苗茁壮成长，展

---

* 殷恒民：中国政府拉美事务特别代表。

现出蓬勃生机。中拉论坛各领域合作稳步推进，实现良好开局。

一是双方积极保持政治对话与协调。中拉领导人多次就加强中拉论坛建设交换意见，引领中拉整体合作发展。双方外交部积极发挥牵头作用，2015年9月举行中国—拉共体"四驾马车"外长对话。中方设立中国政府拉美事务特别代表以加强对拉沟通，中方工作组还多次同拉共体国家协调员会晤。南美国家联盟、太平洋联盟、南方共同市场、美洲开发银行、拉美开发银行、加勒比开发银行等拉美重要地区组织和多边金融机构也积极参与中拉整体合作。

二是各领域分论坛活动有声有色。2015年，我们陆续举办了基础设施、科技创新、政党、青年政治家、民间友好、企业家等六个分论坛。2016年以来，双方已成功举办第二届中拉基础设施合作论坛、第三届中拉青年政治家论坛和第十届中拉企业家高峰会，推动双方有关部门、机构和企业建立直接交流，促成了不少合作成果。今天，我们在这里举办第三届中拉智库论坛，为中拉深化合作集思广益。明天首届中拉地方政府合作论坛将在重庆举行，为双方地方政府分享发展管理经验搭建重要平台。

三是中方对拉"一揽子"融资安排稳步落实。中拉双方均高度重视有关举措落实工作，中方及时公布了详尽的实施方案，明确了有关资金申请和使用原则，拉方积极提出项目申请，南美国家联盟也重点推介了数个地区互联互通项目。目前，中方已累计批贷数十个项目、储备项目逾百个，覆盖拉美和加勒比地区20多个国家，涉及基础设施、能源资源、信息技术、产能合作、农业等广泛领域。

四是人文交流活动丰富多彩。2015年，中方邀请拉方250余位政党领导人访华，通过奖学金资助拉方1776名学生来华深造，拉方2000多名官员和技术人员及100名在职硕士来华培训，有关倡议落实进度超过原计划。"未来之桥"中拉青年领导人培训交流营、"中拉科技伙伴计划"和"中拉青年科学家交流计划"已顺利启动并正按计划落实。2016年人文交流"重头戏"——"2016中拉文化交流年"已于3月底隆重开幕,各项文艺活动正如火如荼地展开。

女士们、先生们、朋友们,

下阶段,中方将继续坚持平等相待的合作原则、互利共赢的合作目标、灵活务实的合作方式和开放包容的合作精神,同拉方一道再接再厉,推动中拉建设和中拉整体合作实现更大发展。

首先,充分利用中拉领导人互访和多边场合会晤等方式保持沟通,从顶层引领中拉整体合作发展。通过中国—拉共体"四驾马车"外长对话和论坛国家协调员会议等机制以及双方使领馆等渠道,双多边并举,及时沟通协调,保持相向而行。中方将全力支持智利筹备好将于2018年年初举行的中拉论坛第二届部长级会议。其次,紧跟中拉关系发展形势,找准双方利益契合点和合作切入点,加强分论坛主题设计和前期沟通筹备,为双方深化各领域交流合作构筑更多有效平台,争取促成更多具体成果。再次,中方将在对拉"一揽子"融资安排项下加快落实已批贷项目,充实项目储备,适当照顾中小国家和加勒比岛国的特殊需求,欢迎美洲开发银行、拉丁美洲开发银行、加勒比开发银行等地区多边金融机构参与合作。积极考虑举办融资安排专题培训班,全面深入地介绍中方资金申请办法,以便拉方提出更多备选项目。最后,中方将继续有序推进青年、科技、政党交流、政府奖学金、人员培训等对拉合作计划,持续增进彼此了解,推动中国"拉美热"和拉美"中国热"蔚然成风。

女士们、先生们、朋友们,

中拉论坛合作是南南合作的重要组成部分,秉持平等互利、开放包容的理念,不针对也不排斥第三方,有利于实现合作共赢、共同发展。中方愿与拉方携手前行,持续完善中拉论坛建设,推动整体合作稳步健康发展,为中拉平等互利、合作共赢的全面合作伙伴关系实现更大发展注入强劲动力。

Especialista de Asuntos de Asia - Pacífico de Colombia
Fernando Barbosa

COOPERACION ARMONIOSA

El miércoles 28 de noviembre de 1520, Magallanes abrió una puerta a lo desconocido. Ese día, según su bitácora, dejó el estrecho al sur del continente americano, para penetrar en el océano Pacífico. Navegando hacia el occidente la expedición llegó a Asia. Podríamos decir que aquella fue la culminación del sueño de Colón quien había intuido que viajando desde Europa en ese sentido, se llegaría al Lejano Oriente.

Muerto Magallanes en Filipinas, Elcano continuó la travesía y regresó finalmente a Europa. Pero las rutas tienen que funcionar en ambos sentidos. Se necesitaron 45 años – casi medio siglo – para encontrar la ruta del tornaviaje entre Filipinas y México. Dentro de cuatro años se cumplirán 500 años de esta aventura y nos encontramos frente a una realidad paradojal: reconocemos bien qué hay en las riveras tanto en el lado asiático como en el americano. Pero en el medio sigue presente un gran desconocido que no sabemos si nos une o nos separa: el Océano Pacífico.

Cuando pienso en esta indefinición me pregunto si aquello de la comunidad del Pacífico es solo una ficción. Y en esta perspectiva, quisiera sugerir un mayor debate intelectual alrededor del tema que podría llevarnos a un replanteamiento

---

* 费尔南多·巴尔沃萨：哥伦比亚亚太问题专家。

de las relaciones entre China y América Latina y el Caribe.

La visita más fructífera que he hecho a China fue en 1985 cuando vine como miembro de la delegación que acompañó al Canciller de mi país. El Primer Ministro nos dedicó un tiempo muy generoso para explicarnos qué estaba pasando y qué iba a pasar a raíz de las reformas. Quisiera señalar dos datos.

Primero nos señaló para el año 2000, quince años adelante, la población de China se incrementaría en 200 millones. Colombia tenía entonces 30 millones de habitantes, con lo que la comparación era apabullante: en tres décadas China tendría en recién nacidos 6.6 veces el total de colombianos. O más dramático aún, esta nueva generación sería tan numerosa como todos los Estados Unidos de ese entonces.

Lo segundo, fue el anuncio de que la meta para alcanzar a los Estados Unidos era el año 2050. No dijo en qué se igualarían, ni cómo. Pero no hacía falta. Lo sucedido en las últimas décadas ha mostrado resultados que, como en el caso de las aguas del Océano Pacífico, resultan de tal dimensión, tan amplios y tan profundos, que tienden a volverse inescrutables. Anoto lo anterior para llamar la atención sobre las dificultades que se tienen en Latinoamérica para entender las magnitudes y los tiempos chinos. Ahora, si se observan los avances desde otro ángulo, posiblemente lo más evidente es que los plazos han disminuido: las metas se han cumplido antes de lo previsto y el objetivo de alcanzar a los estadounidenses ya muestra frutos visibles. Y este marco quizás sirva de ayuda para entender las expectativas que se generan en materia de cooperación.

La intención de estas notas, como puede deducirse, es la de alimentar los alcances de la cooperación desde unas perspectivas menos rigurosas y más eclécticas con el fin de buscar alternativas. Por ejemplo, es un hecho notorio que las nuevas tecnologías están afectando nuestra visión del mundo, de la sociedad en que vivimos, de nosotros mismos, como también están afectando nuestra salud, nuestras capacidades, nuestro trabajo y, por supuesto, nuestros sueños.

El 18 de septiembre pasado, la Comisión Internacional para el Financiamiento de Oportunidades Educativas Globales presentó a la Asamblea General de las Naciones Unidas el reporte "La Generación del aprendizaje" 1. El trabajo que está dedicado a la educación, presenta varios datos que invitan a una profunda reflexión en términos de lo que está sucediendo y del impacto que tiene en el hombre actual.

La Comisión ha encontrado en su investigación que un 40% de los empleadores en el mundo ya tiene problemas para encontrar trabajadores calificados y que, de acuerdo con su diagnóstico, se estima que en el 2030 —dentro de catorce años— de los cuatro billones de empleos que hay hoy en día, la mitad desaparecerá, es decir, dos billones. La razón es que serán desplazados por la automatización. Y más aún, las expectativas indican que unos 800 millones de niños, la mitad de los que estudian hoy en día y que terminarán sus estudios secundarios en ese mismo año, 2030, no estarán adecuadamente preparados para integrarse a la nueva economía que los espera. Con una consideración más que agudiza lo dramático de la situación: no se sabe con certeza qué tipo de trabajos serán los que creen o necesiten en el próximo futuro ni qué capacidades y destrezas se requirirán.

Con estas consideraciones, tenemos que admitir que uno de los elementos que serán cruciales para despejar el futuro de nuestras sociedades, será el de cómo logremos encausar y entender la vertiginosa velocidad a la que avanzamos en unos campos y la lentitud que nos presiona desde la otra orilla. Hemos visto la celeridad con que marchan los sectores de la producción y de los servicios que son los beneficiarios de la innovación

científica y tecnológica. También hemos identificado la lentitud y la incertidumbre que rodea el campo educativo. Y esto ejemplifica los cambios y diferentes ritmos que muestran las sociedades en sus distintos niveles de progreso que incluyen el retroceso y el estancamiento, por una parte, y que en el otro extremo alcanzan una aceleración desmedida. Entre tales extremos surge la preocupación de cómo encontrar una mejor

formulación de lo que pueden ser los objetivos, los programas y los esquemas para la cooperación internacional.

Mientras en América Latina nos resulta difícil encontrar medios para generar un desarrollo regional de ponderada extensión, debido entre otras cosas a los distintos modelos económicos que juegan papeles a veces contradictorios, China, de manera contraria nos presenta unos retos conceptuales de gran calado. Quiero en tal sentido referirme al muy ambicioso proyecto de la Nueva Ruta de la Seda (el One Belt, One Rout - OBOR) y a resaltar unas características culturales de lado y lado que se deben considerar para calibrar las expectativas.

Si por un lado los chinos se han nutrido en las fuentes de la acción – o de la no-acción como la proponen los taoístas – nosotros, por el otro lado, nos hemos alimentado de la retórica y de la especulación griegas. Y eso conduce a que mientras China piensa en cómo empezar nosotros, entre tanto, nos concentramos en imaginar cómo será el final. De tal manera se

contraponen culturalmente lo pragmático, lo que puede hacerse, con lo ideal que es lo que quisiera hacerse. El efecto, en términos de lo que generalmente se plantea, es que cada cual desarrolla su propio lenguaje que no logra encontrarse con el del otro. La consecuencia es que muchas veces el único resultado se traduce en una inmensa frustración.

Si miramos las relaciones de América Latina y el Caribe con China, surgen de inmediato dos Américas: una que mira al Pacífico y otra que mira al Atlántico. O, en otras palabras, una América que se aleja y otra que se acerca. En efecto, con la Nueva Ruta de la Seda, China ha enfilado su desarrollo en la misma dirección de Magallanes: hacia el occidente. Que terminará en el Atlántico y se alejará del Pacífico. Sentimos que nuestro vagón está desenganchado de este formidable esfuerzo, cuyos fundamentos no son solo ambiciosos sino sensatos en la medida en que buscan el desarrollo equilibrado y armónico de todos los participantes.

Después de cinco siglos, el Océano Pacífico continúa aislándonos. Si en el pasado el imaginario europeo situó a China en el Lejano Oriente, la actual China parece situar a América en el Extremo Occidente. Si esta conjetura resulta cierta, estaremos obligados a replantear todas las formas de relacionarnos, incluyendo, por supuesto, los proyectos de cooperación. Será necesario buscar temas novedosos que logren captar el interés mutuo de nuestros pueblos.

Hemos señalado dos preocupaciones que están relacionadas con la cooperación y que podrían fundamentar un nuevo enfoque de este mecanismo: 1) la velocidad de los cambios que se dan y se darán en el mundo, y 2) el desarrollo de las grandes proyecciones de China que hasta donde se observa tendrían la capacidad de alejarnos. Estas conjeturas quizás puedan ser de utilidad y nos den pie para repensar y reconstruir unas vías de entendimiento más realistas a las cuales habría que agregar la escogencia de los ejecutores y la formulación de nuevas metodologías.

Los problemas que crea el factor tiempo son variados. Lo primero es que no toda la sociedad avanza a la misma velocidad. Algunos sectores van más allá de lo necesario y otros van más atrasados que lo deseable para construir sociedades armónicas. Frente a esto se requeriría que la cooperación se formulara desde una perspectiva holística que permitiera sincronizar el progreso de los distintos sectores. Lo segundo es que con las variaciones tan notables que se dan con rapidez inusitada, los planes de antaño (los decenales, los quinquenales, etc.) han terminado siendo desplazados por las visiones de mediano y largo plazo. La enorme producción de conocimiento nos está llevando a la necesidad de planear para un año, o un mes y seguramente sobrepasará los límites semanales y diarios. La necesidad que surge para sobrevivir a tal espiral es la de aguzar la flexibilidad para el cambio dentro de un equilibrio entre lo cauto y lo arriesgado.

Ahora, en cuanto a las relaciones entre China y América Latina y el Caribe, es necesario reconocer que seguimos siendo desconocidos y lejanos y que la velocidad a la que nos aproximamos no es mayor a la de Magallanes. Y eso, en un mundo digitalizado que le ha puesto fin a las distancias, resulta alarmante. La verdad es que no hemos logrado construir intereses conjuntos. Por lo menos en el caso de Colombia, el gobierno ha venido haciendo esfuerzos para acercarse en lo político en donde hemos alimentado una cercanía tímida. Pero la sociedad civil y el sector empresarial, no son sensibles al potencial y a las oportunidades que podrían consolidarse.

Hasta ahora, la cooperación – bien entre poderosos y débiles, entre ricos y pobres como también entre iguales – se ha caracterizado por ser un instrumento de política gubernamental. Por tal razón, los actores que la han desarrollado son los gobiernos. Sin embargo, los tiempos han modificado las realidades y hoy no es posible – y quizás no sea deseable – dejar de lado a la sociedad civil y al sector privado.

Lo anterior puede verse mejor si se tiene en cuenta que la cooperación sigue atada al concepto de ayuda. Que si se mira en términos de resultados ha sido muy positiva en lo político pero no tan exitosa en los resultados prácticos ni en el acercamiento de los pueblos. En tal sentido, se podría revaluar el enfoque de ayuda para substituirlo por el de "emprendimiento de riesgo compartido" en el que participen los gobiernos, el sector privado y los beneficiarios. Cambiar ayuda por riesgo podría estimular el mejor uso de los recursos y activar mecanismos de control eficientes.

Los cambios por los que ha atravesado el mundo en los últimos 70 años parecen no haber tocado con profundidad el concepto de cooperación que se gestó después de la Segunda Guerra Mundial. La cooperación para el desarrollo económico, sigue centrada en la asistencia técnica, tecnológica y financiera. Y los objetivos continúan dirigiéndose al mejoramiento de las condiciones materiales de vida de los habitantes de los países receptores. Es posible que este sea un buen momento para reevaluar los contenidos y, principalmente, los objetivos de la cooperación.

La crisis por la que atraviesan los modelos económicos del mundo es evidente. Los paradigmas están en quiebra. Frente a esta realidad, más que una necesidad, lo que tenemos es una oportunidad para reformular nuestros destinos. No sería una sorpresa si encontramos que las personas de este siglo XXI estén dispuestas a cambiar buena parte de sus ambiciones materiales por un poco de felicidad. Y en esa misma dirección, podríamos proponer nuevos horizontes para la cooperación internacional: la búsqueda de sociedades armónicas y de un mundo en el que todos se beneficien. En otras palabras, se trata de resolver el dilema sobre las prioridades: construir un mundo más rico o construir un mundo mejor.

Asia y América llevan cinco siglos navegando en la inmensidad del Océano Pacífico y pareciera que todo se nos sale de las manos entre semejantes dimensiones. Pareciera también que el momento es el propicio para volver a lo fundamental con el fin de redirigir nuestro destino.

El vértigo generado por la velocidad de los cambios y la profundización de la incertidumbre, reclama del mundo una pausa. Nada está quieto y todo se mueve. Quizás requerimos de un reposo para retomar después la marcha:

El hombre no utiliza como espejo el agua que corre, sino el agua que duerme —dijo Confucio—Solo la calma puede calmarlo todo. [1]

---

[1] Los capítulos interiores de Zhuang Zi (1998). Madrid: Editorial Trotta. p. 97.

中拉论坛在构筑中拉整体合作中的战略效用

牛海彬

中拉关系当前虽以经济合作为优先和主导,但已逐渐呈现出合作内容日趋全面的格局。2008年中国政府发布的对拉美和加勒比政策文件规划的全面合作正在展开,中国—拉共体论坛成立后成为促进中拉整体合作的重要平台。然而,受制于拉美地区一体化合作进程面临动力不足、分化整合的阶段性困境,辅之以拉美政治经济形势在困境中调整带来的不确定性,以及中拉全面合作展开带来的宏观管理难度上升,中拉论坛在发挥战略规划、凝聚各方共识、共探合作路径、谋求早期收获方面的战略效用亟需得到重视和发挥。

首先,发挥中拉论坛的战略规划功能引领中拉整体合作。战略规划或者顶层设计是推动中拉战略合作的重要内容。在战略规划习惯和能力上,中方相对经验丰富、能力较强,而拉美由于地域广阔、国别众多协调难度大,从而对其战略规划能力产生消极影响。在拉美次地区合作机制众多、面临分化组合的新形势下,拉共体在凝聚地区国家处理地区合作、对华战略上的战略效应显现。拉共体是拉美和加勒比地区唯一具有代表性的地区性组织,是中拉开展整体合作的良好平台。然而,拉共体面临着偏重政治功能、缺乏秘书处的执行机构以及拉美大国国内困难等因素的局限。中方

---

* 牛海彬:上海国际问题研究院美洲研究中心副主任、副研究员。

可以通过加强与拉美国家在拉共体框架下的互动,为双方进行战略沟通、进而开展战略规划提供动力。

其次,善用中拉论坛为中拉整体合作凝聚各方共识。随着中拉经济合作由贸易为主的单一引擎转向投资、金融和贸易为代表的多引擎阶段,中拉整体合作面临较好的经济基础,但也面临强化双方开展整体合作所需共识的挑战。中国经济模式在速度和结构上努力调整,拉美国家在后危机时期出现发展困境,这两者之间的关系需要获得正确解读。无论是理解双方下阶段的发展动力,还是认识彼此的经济重要性,都需要双方强化彼此互为重要发展伙伴的战略共识。面对当前的困难与合作形势,双方唯有从强化整体合作共识出发才能把握彼此带来的发展机遇,任何试图削弱整体合作的思路都会损害整体合作的效用。中拉经济合作的深化日趋呼唤和推进整体合作的进程。

再次,中拉论坛是共探整体合作路径的战略平台。拉丁美洲和加勒比经济委员会、经济合作与发展组织等机构对中拉经济关系进行了较为充分的研究,普遍认可中国发展是拉美的机遇,并建议拉美国家强化地区合作和塑造对华的地区整体战略。然而,此类研究更多是从国际组织这一第三方的角度做出的观察,如何把握中国发展的机遇需要加强中拉之间的战略对话与协调,中拉论坛是开展此类战略互动的理想平台。在中拉论坛的平台下,双方可以强化对彼此发展战略的理解,甚至提出优化和制定彼此发展战略的建议,研讨出双方发展战略对接的路线图。中拉论坛的重要功能之一是就各自发展战略制定、探讨整体合作路径等重大问题进行战略互动。这种战略性、前瞻性的务虚互动对于深化务实合作将会起到重要的推动作用,有助于提升双方对合作战略的认知水平和战略预期。

第四,中拉论坛需要提供早期收获以彰显其作为中拉整体合作平台的战略作用。拉共体目前主要发挥强化地区身份的政治功效,在规划地区经济一体化和对域外经济体经济合作上尚未形成领导力。鉴于拉共体现阶段的功能定位和制度能力,中拉论坛的功效受到较大的质疑。为改变这种局面,中拉双方需要探讨中拉论坛能够提供何种早期收获成果,以增强双方对该平台的战略认知和投入。中拉论坛可能提供的早期收获不应仅仅局限于物质性的公共物品供给,也需要探索发展经验共享、破解增长难题、构筑中拉产业合作、深化智力合作的非物质性公共产品供给。为了强化非物质性公共产品的供给,论坛除了提供更多的人文交流之外,亟需加强智库层面的合作研究,为中拉整体合作提供具有前瞻性和可行性的智力支撑。

Investigador del Centro de Investigaciones
De Política Internacional de Cuba
Eduardo Regalado Florido

LAS RELACIONES CHINA - AMÉRICA LATINA Y CARIBE. ACTUALIDAD Y PERSPECTIVAS

INTRODUCCIÓN

Las relaciones entre América Latina y el Caribe y China han venido mostrando un acelerado desarrollo a lo largo de los años 2000. Aunque los vínculos económicos son los más fuertes, también han crecido las relaciones en los ámbitos político, cultural, de educación y de seguridad.

Sin embargo, estas relaciones no están exentas de dificultades. En lo comercial y financiero son relaciones asimétricas, que si bien han resultado beneficiosas para América Latina, también han provocado desequilibrios y efectos negativos.

Ello ha suscitado diferentes valoraciones acerca del impacto de las relaciones en América Latina y Caribe, que van desde el extremo más optimista hasta el más adverso. También es objeto de controversias el futuro de los vínculos. La desaceleración del crecimiento en China y en la región hace pensar a algunos que puede influir en el estancamiento o reducción de las relaciones, pero otros consideran que los cambios que están dando en ambas partes, pueden estimularlas.

Sin embargo, más importante no es que las relaciones se amplíen sino que lo hagan de manera que resulten beneficiosas para ambas partes.

La ponencia tratará sobre los aspectos anteriormente señalados, intentando mostrar un panorama lo más objetivo posible del estado actual de las relaciones entre ambos actores y, en base a ello, propone algunas acciones que podrían contribuir a un mejor desempeño de las mismas en el futuro.

RELACIONES COMERCIALES

Los vínculos comerciales entre China y América Latina y Caribe (ALC) han mostrado un gran dinamismo, sobre todo desde la pasada década. El volumen de comercio entre ambos se multiplicó por 22 entre 2000 y 2014, creciendo a una tasa media anual del 27%, mientras en igual período, el valor del comercio de la región con el mundo se multiplicó sólo por 3, creciendo a una tasa media anual del 9%. (CEPAL, 2015a)

Este crecimiento se explica fundamentalmente por el fuerte crecimiento del Producto Interno Bruto (PBI) chino, el aumento de la urbanización, y el crecimiento de la renta per cápita, lo cual convirtió al país en un gran importador de materias primas, energía y alimentos, y en un gran exportador de bienes de consumo e intermedios; para lo que los países latinoamericanos fueron importantes contrapartes.

Influyó también el papel asumido por China en las cadenas globales de producción de bienes de consumo, sobre todo por ser base exportadora de muchas empresas multinacionales. (Cordeiro et al, 2015)

El siguiente gráfico muestra el gran dinamismo del comercio de ALC con China, sobre todo entre los años 2009 – 2011. A partir de entonces se ha producido una reducción de los ritmos de crecimiento del comercio entre ambos, debido principalmente a la reducción de la demanda de materias primas por parte de China, por lo que se estima que en 2015 y 2016 los ritmos de crecimiento del comercio también sean lentos.

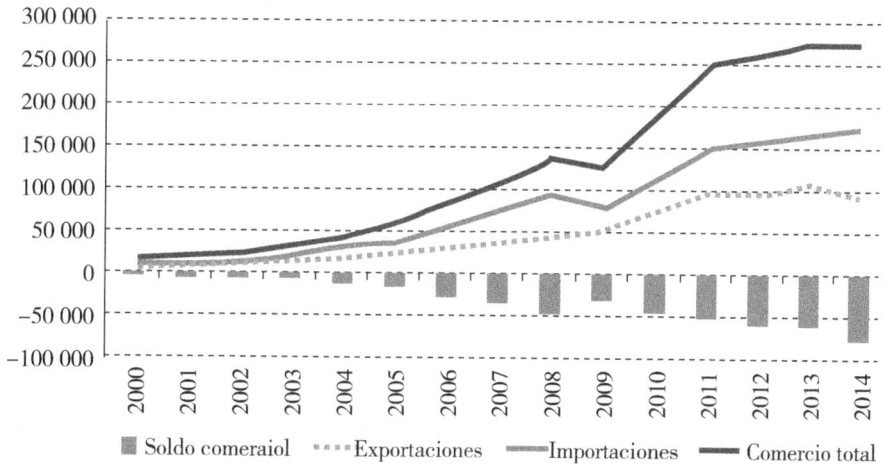

Gráfico 1   ALC. Comercio de bienes con China, 2000-2014(millones de dólares)
Fuente: CEPAL, 2015.

En el gráfico también se observa un crecimiento del déficit comercial de la región, aunque la situación por subregiones difiere. Así, México, Centroamérica y Caribe presentan abultados déficits, mientras América del Sur muestra un balance comercial bastante equilibrado básicamente por los superávits de Chile, Brasil y Venezuela.

El crecimiento de la importancia de China como socio comercial de ALC se evidencia en que el país es ya el segundo principal origen de las importaciones de la región y el tercer principal destino de sus exportaciones (Ver gráfico 2).

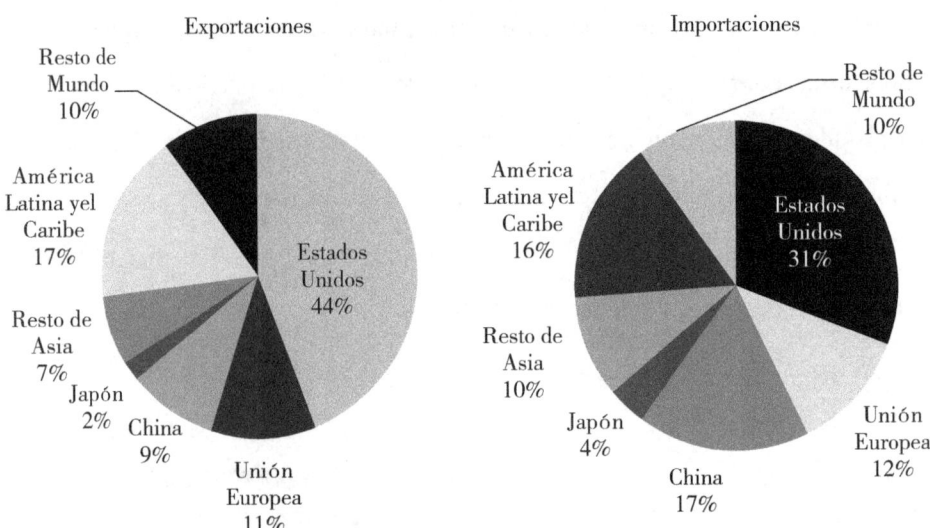

Gráfico 2　ALC. Distribución del comercio de bienes según principales socios, junio 2015 (%)

Fuente: CEPAL, tomado de (Observatorio ALADI-CAF-CEPAL, 2015)

ALC también ha ganado peso como socio comercial de China. En 2000 la región absorbía el 3% de las exportaciones totales de bienes de China y era el origen del 2% de sus importaciones, mientras en 2013 su participación en ambos flujos ascendió al 6% y al 7% respectivamente, aunque la región no es un socio comercial relevante para China si se compara con otras regiones o países. (CEPAL, 2015a)

Sin embargo, si bien la región se ha beneficiado por diversas vías del dinamismo del comercio con China, pues ha contribuido en buena parte al crecimiento experimentado vía expansión de sus exportaciones y altos precios de las materias primas; desde el punto de vista cualitativo, las relaciones bilaterales adolecen de desequilibrios, con un sesgo negativo para ALC.

Como se observa en el gráfico 1, el saldo comercial es cada vez más deficitario para la región; según muestra el gráfico 3, las exportaciones se concentran básicamente de productos primarios (73% de las exportaciones totales a China) y las importaciones en productos manufacturados (91% de las importaciones regionales desde China), (CEPAL, 2015a) por lo que se dice que el comercio entre las dos partes es netamente interindustrial.

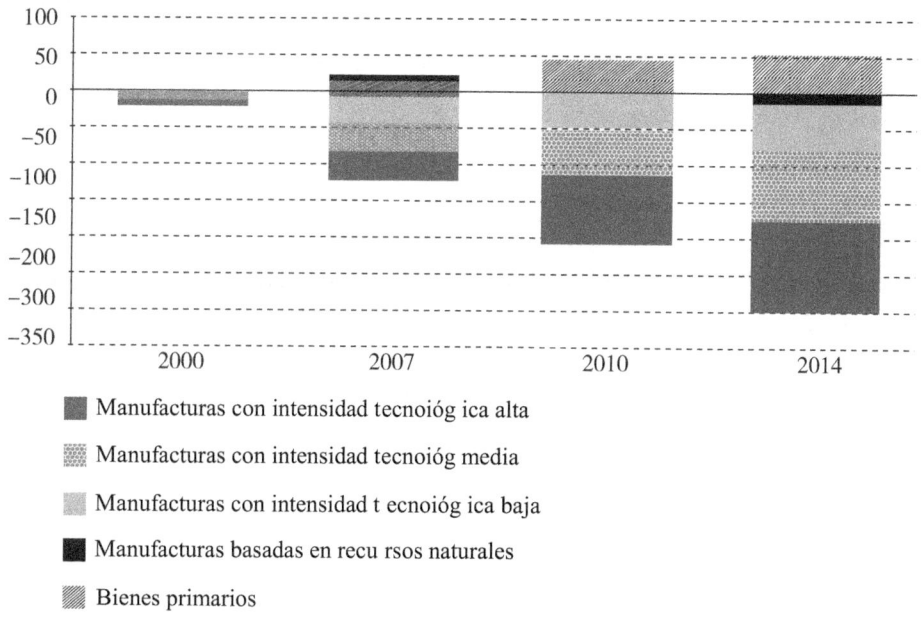

Gráfico 3　ALC. Saldos comerciales con China según tipo de producto, 2000-2014(miles de millones de dólares)

Fuente: (CEPAL, 2015b)

Las exportaciones también se encuentran significativamente concentradas por países (Brasil es el mayor exportador de bienes primarios y bienes de uso mixto, y ocupa el segundo lugar en las otras tres categorías; Chile es el principal exportador de bienes intermedios; y México el principal exportador de bienes de consumo y de maquinaria y equipos) y por productos (los 5 principales productos exportados por la región[20] representaron el 80% o más del valor total de las exportaciones a China en 2013. (CEPAL, 2015b)

En síntesis, ALC se ha beneficiado de las relaciones comerciales con China, pues ha incrementado sus ingresos por exportaciones (vía volúmenes y precios), ello ha influido positivamente en el crecimiento de sus reservas internacionales y en su crecimiento económico.

No obstante, la asimetría en las relaciones hasta la actualidad contribuye a reforzar el patrón exportador tradicional, lo que puede traducirse en la desindustrialización de las economías de ALC. La composición de las exportaciones conduce a la reprimarización de las economías y la de las importaciones, de mayor competitividad, pone en riesgo la producción industrial latinoamericana, sobre todo la de la pequeña y mediana empresa y con ello las principales fuentes de empleo.

Otros impactos negativos asociados a la alta concentración de las exportaciones, es que estas tienen escaso efecto multiplicador al resto de la economía, generan relativamente menos empleo y tienen un mayor impacto ambiental con respecto a los asociados a relaciones con otras partes del mundo. (CEPAL, 2015a)

I. RELACIONES FINANCIERAS

Las relaciones financieras entre ALC y China también han crecido a lo largo de los últimos 15 años, aunque a una escala y en un dinamismo menor que los vínculos comerciales.

Tanto las inversiones, los créditos, como los acuerdos de intercambio de monedas latinoamericanas por yuanes, firmados entre las autoridades monetarias chinas y los bancos centrales de algunos países de la región, han estado encaminados a favorecer el comercio.

Inversión Extranjera Directa (IED)

La IED recibida por ALC proveniente de China fue muy limitada hasta 2010, pero desde entonces ha aumentado a un nivel estimado entre 9 – 10 mil millones de dólares anuales, cifras que representan entre un 5% y un 6% de los flujos totales de IED recibidos por la región. (CEPAL, 2015b) Se estima que para 2014 y 2015 debe haberse mantenido la tendencia, a pesar de que China ha crecido menos. (Kyung-Hoon, 2016) Algunas fuentes estiman que en los últimos cinco años la IED china en la región creció 133%. (Jiménez, 2016)

En la medida que han crecido los flujos de inversión china hacia ALC, ha aumentado el peso de esta en la IED que realiza el país en el exterior, llegando a representar alrededor del 20% del total, lo que la situó en segundo lugar como destino. (China Daily, 2010)

Sin embargo, casi el 90% de las inversiones chinas se dirigió a los recursos naturales, fundamentalmente al sector minero, y a infraestructura, asociada a las exportaciones de materias primas.

Por su parte, las inversiones latinoamericanas en China también han crecido en los últimos años, aunque aún son muy limitadas. Entre 2002 y 2011 solo representaron el 0,25% del total de la IED originada en los países de la región entre y el 0,3% de la IED total recibida por China en 2012 y 2013. (CEPAL, 2015b)

Resumiendo, si bien es cierto que la IED ha sido importante para la región en términos de obtención de recursos financieros, transferencia de tecnología y desarrollo de infraestructura, también ha reforzado el patrón interindustrial, la transferencia de tecnología ha sido limitada, no ha tendido a desarrollar capacidades locales ni actividades intensivas en conocimiento u encadenamientos productivos, ha generado pocos empleos, así como débiles encadenamientos productivos bilaterales, y la alta concentración en los sectores mineros y de hidrocarburos ha ocasionado daños al medioambiente. (Slipak, 2012)

Flujos de créditos

Los créditos concedidos por China a ALC (básicamente por el Banco de Desarrollo de China y el Banco de Importaciones y Exportaciones) han ido en ascenso desde el 2005, superando en muchos casos a los ofrecidos por el Banco Mundial, el Banco Interamericano de Desarrollo y la Corporación Andina de Fomento. (Ver gráfico 4)

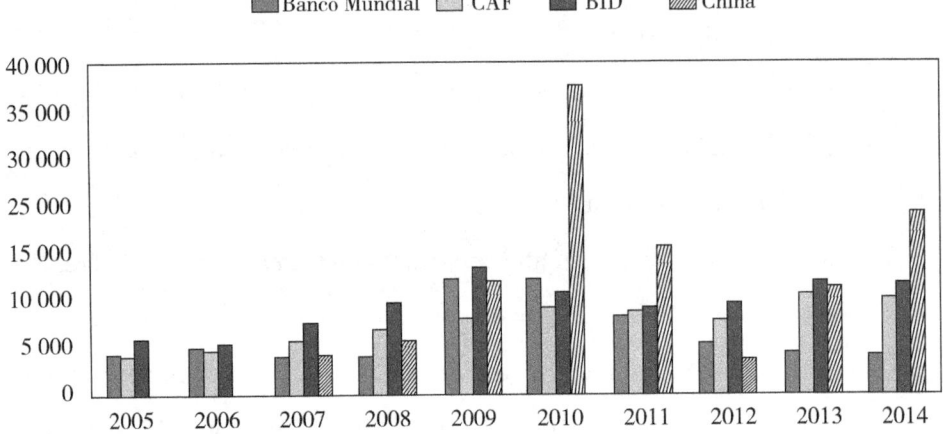

Nota:Los préstamoschinosincluyen préstamos concedidospor el BDC y el China Ex-Im Bank. Los préstamos del Bacnco Mundial son compromisos del BIRD y la AIF Los préstamos del CAF son compromisos depréstamosylos.
Fuente:Estimaciones OCDE/CAF/CEPAL según informes anuales del CAF,BID y el Banco Mundial,y Gallagher y Myers(2014)para los datossobre préstamos chinos.

Gráfico 4 Préstamos a ALC de China y de multilaterales, 2005-2014 (millones de dólares)

Fuente: Tomado de (OCDE/NACIONES UNIDAS/CAF, 2015)

De ese modo, China se ha convertido en el principal banquero de ALC, y los préstamos chinos a la región representan más de la mitad del total que otorga el país asiático a otros países. (Haibin, 2015)

En 2015, a pesar del descenso del crecimiento económico, el financiamiento bancario a gobiernos y empresas latinoamericanas y caribeñas, se estima que alcanzó los 29 mil millones de dólares, sobrepasando lo otorgado por el Banco Mundial y el Banco Interamericano de Desarrollo juntos. Además China recientemente estableció tres fondos para créditos para infraestructura y otros proyectos, por aproximadamente 35 mil millones de dólares. (Myers et al, 2016)

Los préstamos han favorecido fundamentalmente a 4 países, Argentina, Brasil, Ecuador, y Venezuela. En 2015, los 3 últimos recibieron el 95 % del total de préstamos de la región, y de ellos aproximadamente 34 % se dirigieron a Venezuela. (Myers et al, 2016) Por sectores, se dirigen básicamente a infrastructura y materias primas, sobre todo relacionados con el petróleo.

Haciendo una valoración, puede decirse que aunque los préstamos chinos constituyen una importante fuente de capitales para ALC, sobre todo para países considerados de alto riesgo, que tendrían dificultades en acceder – o lo harían en condiciones muy onerosas – a los mercados internacionales de capital, también son controvertidos.

Como se señaló, están fuertemente enfocados a la minería y la energía, actividades que causan daños medioambientales; además, aunque no se otorgan con condicionamientos políticos como los que ofrecen el FMI o el Banco Mundial, que además exigen la puesta en práctica de programas de ajuste estructural, los créditos chinos exigen otras condiciones a los prestatarios, como compra de equipamiento y contratación de trabajadores y empresas de origen chino, lo que reduce los potenciales efectos de derrame sobre las economías receptoras de los fondos. (Gallagher, 2012)

En determinados casos pueden resultar más onerosos que los otorgados por instituciones financieras multilaterales como el Banco Mundial o el BID. En ese sentido, hay que tener en cuenta dos aspectos, primero, que las empresas chinas en el exterior, aun con la participación del Estado, tienen que ser competitivas, por lo que su desempeño debe estar enfocado a maximizar sus ganancias; y segundo, que en esos casos los beneficiarios son por lo general los mencionados países riesgosos. Además, las condiciones exigidas por China (las mencionadas y la colaterización de los préstamos con productos básicos), actúan como mecanismos de mitigación de riesgos, permitiendo mejores condiciones que las del mercado. (Vera y Pérez-Caldentey, 2015)

De este modo, los préstamos chinos en general, son a plazos, más largos, tasas de interés menores y con una tramitación más expedita, que los de préstamos similares otorgados por bancos e instituciones financieras internacionales. (Solimano, 2015)

II. RELACIONES DE COOPERACIÓN

La cooperación entre China y ALC se ha ido profundizando y diversificando en varias esferas, fundamentalmente a lo largo de los años 2000. Así, existe cooperación en los sectores de comercio e inversiones, científico-técnico, cultura, educación, medioambiente y seguridad, entre otros; y se lleva a cabo a través de diversas formas como la complementación de proyectos, mercancías y materiales, desarrollo de recursos humanos, provisión de becas, ayuda humanitaria de emergencia, alivio de deudas, por solo mencionar algunas.

Un punto referencial importante a partir del cual se desarrollaron esas relaciones fue noviembre de 2008, cuando China publicó un "Documento de política exterior hacia América Latina y el Caribe", en el que manifestaba su voluntad de profundizar la cooperación económica aprovechando los respectivos puntos fuertes.

Otro momento significativo que se espera de un impulso a la colaboración es la celebración de la Primera Reunión Ministerial del Foro CELAC-China, celebrado en Beijing en enero de 2015, donde se aprobó el Plan de Cooperación entre ambas áreas para el período 2015-2019.

El Foro constituye un marco institucional para avanzar en las áreas propuestas, y en la "Declaración de Beijing" resultante, se expresó que su objetivo fundamental era pasar de una relación con base en el comercio de recursos naturales y energéticos, a la cooperación para la construcción de infraestructura. (CEPAL, 2015a)

Las relaciones de colaboración entre China y ALC hasta el momento han sido positivas para ambas partes, y aunque se han ampliado, todavía quedan espacios importantes en los que se puede trabajar.

El avance en esta esfera es muy importante pues no solo estimula las relaciones entre ambas partes, sino que en la medida en que ayude a cerrar las brechas que presenta la región en materia de infraestructura, logística y conectividad, ello estimularía también el comercio intrarregional y la gestación de cadenas regionales de valor.

La activa incorporación de China a los foros regionales de ALC[1], constituye

---

[1] Observador del Grupo de Río, del BID, la ALADI, la OEA y PARLATINO; Fundación del diálogo China-MERCOSUR; entrada de Banco Popular de China como miembro oficial del Banco de Desarrollo del Caribe; fundación del mecanismo de Consulta Política y Cooperación China-Comunidad Andina; establecimiento del Programa de Cooperación CAN-China; Foro de Cooperación Económica y Comercial Sino-Caribeño y el reciente Foro China-CELAC, entre otros.

una muestra de su interés en ampliar los vínculos no sólo económicos sino también políticos con ALC.

III. RELACIONES POLÍTICAS

Las relaciones políticas entre China y ALC han ido en ascenso, aunque han permanecido, en lo esencial, subordinadas a las relaciones económicas. Son muy importantes para ambas partes, pues a través de ellas pretenden lograr objetivos comunes como la construcción de un mundo multipolar y la constitución de alianzas estratégicas para fortalecer su posición en foros e instituciones multilaterales.

Además, China se propone buscar apoyo para contener diplomáticamente a Taiwán; mientras a algunos países de América Latina China las relaciones con China les posibilitan reducir su dependencia respecto a otros y les facilitan una mayor autonomía en sus políticas exteriores.

Un aspecto clave que determina la voluntad de ambas partes de fortalecer las relaciones son los principios proclamados sobre las que se basan: paz y amistad, apoyo mutuo, igualdad y beneficio recíproco, búsqueda del progreso común, respeto por la soberanía, integridad territorial y no intervención en asuntos internos.

IV. PROPUESTAS PARA EL FUTURO

Aunque algunos expertos han vaticinado que en los próximos años las relaciones entre China y ALC pueden estancarse o reducirse debido a los menores ritmos de crecimiento previstos para ambas, otros esperan que estas sigan expandiéndose, incluso el comercio y las relaciones financieras, ya que existen condiciones en las dos partes que lo justifican.

Sin embargo, a partir de lo que han significado para ALC las relaciones con China hasta la actualidad, más que la preocupación por si las estas se amplían, lo que debe estar en el centro de atención de los gobiernos es qué hacer para que estas sean cualitativamente superiores, para que no se amplíen las asimetrías que las han caracterizado.

En ese sentido, las acciones que se propongan deben estar dirigidas a corregir los desequilibrios y efectos negativos que han provocado, e involucrar a todos los actores, para lograr las relaciones sean beneficiosas para ambas partes.

Las propuestas deberán ir dirigidas a:

• Diversificar el comercio hacia sectores distintos de las industrias extractivas (como la industria, los servicios y la infraestructura).

• Incorporar más tecnología y conocimiento en la oferta exportadora.

• Expandir y mejorar la calidad de los flujos recíprocos de IED. En el caso de las inversiones chinas en ALC, estas deben garantizar exportaciones de mayor valor agregado; mayor transferencia de tecnología; generación de empleos de calidad y sostenibilidad social y ambiental.

• Fortalecer los nexos entre empresas latinoamericanas y chinas (translatinas y pymes) mediante distintas formas de asociación empresarial (alianzas productivas, comerciales y tecnológicas), de forma que faciliten la incorporación de las latinoamericanas a cadenas de valor. Según las condiciones actuales en China y América Latina, las empresas agroindustriales latinoamericanas tendrían importantes espacios de actuación.

REFERENCIAS BIBLIOGRAFICAS

• CEPAL, (2015a). *América Latina y el Caribe y China. Hacia una nueva era de cooperación Económica*, Mayo, Santiago, Chile.

• CEPAL, 2015b. *Panorama de la Inserción Internacional de América Latina y el Caribe* Santiago, Chile.

• China Daily (2010). *Crecen inversiones de China en el exterior, según Ministerio de Comercio de China.*

• Cordeiro, M., Santillán, G. y Valenzuela, J.L., (2015). Las relaciones China y América Latina en 2015. En *América Latina y el Caribe y el nuevo sistema internacional: Miradas desde el Sur. Anuario de Integración Regional de América Latina y el Gran Caribe*, No. 11, Coord. Serbin, A. (CRIES, Buenos Aires); Martínez, L. (CEHSEU, La Habana) y Ramanzini H. (UFU e INCT-INEU, São Paulo)

• Gallagher, K. (2012). Los bancos chinos en América Latina. En *Página 12*, sección Economía, Mayo 14. Disponible en: http://www.pagina12.com.ar/diario/economia/2193965-2012-05-14.html.

• Haibin, N. (2015). A New Era of China-Latin America Relations, *Anuario de Integración* No.11.

• Jiménez, I. (2016). *China en la caja de Pandora de Panamá*, AFN (Agencia Fronteriza de Noticias, Tijuana, México. http://www.afntijuana.info/editoriales/55015_china_en_la_caja_de_Pandora_de_Panamá.

• Kyung-Hoon, K., (2016). ¿Cómo China gana el poder en América Latina delante de las narices de EE.UU.?, *Reuters*, 17 feb.

• Myers, M., Gallagher, K. y Yuan, F., (2016). Chinese finance to LAC in

2015: Doubling Down, *China-Latin America Report*, February, http://www.thedialogue.org.

• Observatorio ALADI-CAF-CEPAL, (2015). *Boletín estadístico AMÉRICA LATINA - ASIA-PACÍFICO*, N° 7, Primer semestre.

• OCDE/NACIONES UNIDAS/CAF, (2015). *Perspectivas económicas de América Latina 2016. Hacia una nueva asociación con China.*

• Slipak, A.M., (2012). Las relaciones entre China y América Latina en la discusión sobre el modelo de desarrollo de la región: hacia economías reprimarizadas, *Iberoamérica Global*, Vol.5, No.1, 2012/2013.

• Solimano, I., (2015). Las relaciones económicas entre América del Sur y la República Popular China en el siglo XXI: entre las expectativas de diversificación comercial y la reprimarización productiva. Consideraciones a partir de los casos de Argentina, Brasil y Venezuela (2002-2014). Tesina de grado, N° de legajo: S-1607/1, Sept 30, Universidad Nacional de Rosario, Argentina.

• Vera, C. y Pérez-Caldentey, E., (2015). El financiamiento para el desarrollo en América Latina y el Caribe, *Serie Financiamiento para el desarrollo*, No.257, CEPAL, Diciembre, ISSN1564-4197.

中拉合作机制：前景与挑战

崔守军

2015年1月8日中国—拉共体论坛首届部长级会议在北京的顺利召开，预示着中拉关系取得历史性突破，进入全新的发展阶段。围绕"新平台、新起点、新机遇——共同努力推进中拉全面合作伙伴关系"的主题，中国同来自拉共体成员国的40多位外长和高官齐聚一堂，深入磋商协调双方政治经济关系，开启中拉整体合作的新起点。

一、中拉机制：谱写合作新篇章

从中国外交的整体布局上看，中拉论坛机制的正式启动实现了中国同发展中国家整体合作机制的全覆盖。遵循"大国是关键，周边是首要，发展中国家是基础，多边是重要舞台"的总体外交框架，中国已经建立了中国东盟合作机制、中非合作论坛、上海合作论坛、中阿合作机制等"1＋N"多边外交平台，拓展了全方位外交，加强了与发展中国家的关系。但中国与拉美之间却一直缺乏一个机制性对话平台，发展相对滞后，拉美成为中国最后一块未被覆盖的发展中大陆，颇为遗憾。

究其原因，主要有三：一是地理位置较远，历史联系相对薄弱，沟通

---

* 崔守军：中国人民大学国际关系学院副教授、拉美研究中心主任。

成本较高；二是拉美有 12 国尚未与中国建交，难以将这些国家纳入政府间对话平台；三是拉美地区"碎片化"格局较为突出，缺乏一个地区性的统一协调组织，中国无对话对象。

然而，全球化和地区一体化的加速发展，逐渐扫除了上述障碍。中国经济的快速崛起和世界经济一体化的加速发展，让中拉之间的贸易额快速增长，2014 年接近 3000 亿美元，地理距离不再是不可逾越的沟壑。2011 年，拉美和加勒比国家共同体（拉共体）成立，成为西半球最大的地区一体化组织，囊括了除美国和加拿大外的所有国家，该组织的广泛性和独立性为中国新一届领导人开展全方位多边外交创造了条件。2013 年，中国国家主席习近平运筹帷幄，访问了墨西哥、哥斯达黎加与特立尼达和多巴哥三国，并有针对性地同加勒比八国进行集体会晤，为开启中拉对话机制做了有益的尝试。2014 年 1 月，拉共体峰会通过了《关于支持建立中国—拉共体论坛的特别声明》，7 月习主席在巴西参加"金砖国家"领导人会议期间，中拉共同宣布成立中国—拉共体论坛。至此，中国奋发有为的外交实践瓜熟蒂落，取得重大突破。

二、互利共赢：中拉相通则共进

从中国角度看，自 1949 年至 2000 年，中拉关系经历了从无到有、从局部突破到大面积突破、从小规模低层次交流不断向大规模高层次推进的过程。进入 21 世纪以来，拉美地区已经成为中国企业"走出去"的"新边疆"，并逐步演变为主战场。纵观过去十年，中国对拉美地区的国际贸易和经济投资均快速增长，正处于井喷期，机遇前所未有。

拉美地区的地域空间、自然资源禀赋与文化开放性可以为中国提供可持续成长的战略性支撑。拉美地区总面积逾 2070 万平方千米，约占世界陆地面积的 13.8%，相当于欧洲大陆的 3 倍，其中可耕地面积占全球的

1/3，森林覆盖率占全球的 23%，拥有现代工业所需最基本的 20 多种矿物资源的绝大部分以及丰富的能源资源。据研究，拉美地区目前是全球公认的投资回报率最高的地区之一，投资回报率高达 30% 左右，相当于发达国家的 4 倍多。目前，拉美已成为中国对外直接投资存量最为集中的第二大地区，仅次于亚洲，远高于欧洲、非洲和北美。

从拉美角度看，中国经济的快速发展为拉美国家提供了宝贵的可借鉴经验，为摆脱对美国经济的依附、推动地区经济多元化发展提供了新契机。长期以来，美国习惯性地把拉美当作自己的"后院"，凭借经济第一强国的实力和与拉美地区独特的地缘经济关系，将拉美"庇护"于自己"羽翼"之下。对发达国家的依附性严重制约了拉美经济的现代化步伐，在全球产业链条中处于劣势地位，抑制了相关产业的发展。拉美各国难以形成独立的国民经济体系，对各国的经济基础构成潜在的威胁。一旦美国施压或经济发生大的衰退，拉美各国在经济上会受到相当大的冲击。

在拉美国家看来，中国是一个发展中的经济大国，并致力于推动公正、合理和均衡的世界经济秩序建构。与此同时，中国庞大的消费市场对于拉美国家极具吸引力。中国目前已经是拉美第二大贸易伙伴国和主要投资来源国。中拉经贸关系的加强，也帮助拉美国家较快地摆脱了国际金融危机冲击，率先实现地区经济的复苏增长。2014 年"金砖国家"领导人会议期间，中方宣布了关于促进中拉关系的新方案，包括：10 年内力争实现中拉贸易规模达到 5000 亿美元、中国对拉美投资存量达到 2500 亿美元；正式实施 200 亿美元中拉基础设施专项贷款，提供 100 亿美元的优惠性质贷款；全面启动中拉合作基金并承诺出资 50 亿美元；等等。这些举措为中拉经济融合创造了更多的利益交汇点，有利于拉动拉美经济的可持续性增长。

三、面向未来：携手应对挑战

展望未来，中国对与拉美和加勒比地区合作的新承诺也面临着挑战。目前，中国的新举措中存在以下四个挑战：第一个挑战来自中国内部。中国的政策制定者和智囊对拉美地区的认知不够深刻和具体。拉美实际上是一个非常多元化发展的地区，拉美国家中存在许多不同的经济发展模式，许多不同种类的治理模式和外交立场。第二个挑战来自拉共体内部。拉共体的建立是为了克服次区域组织中存在的纷争，加强多边发展，也是为了实现区域的政治协调一致而做出的举措。然而，作为一个政治行为体，拉共体受该地区两个大国巴西和墨西哥的共同牵制。巴西希望通过拉共体实现在南美地区的绝对领导力，而墨西哥则希望加强其在拉美地区国家中的存在感，修正其日益降低的区域影响力。由于墨西哥是北美洲国家，它渴望解决在地区经历的双重信任危机。因而，这两个怀有不同意愿的国家在一定程度上将限制拉共体的进一步发展。此外，秘书处机制和财政资源的缺失未来也将约束拉共体的整体功能。第三个挑战是如何权衡与美国的关系。地缘上的接近和紧密的经济联系决定了拉美和加勒比海地区对美国的安全和繁荣有着至关重要的影响。

在全球经济进入"后危机"时代以后，发展中国家对世界经济增长的整体贡献率已经超过发达国家，到2020年发展中国家之间的贸易总额也将超过发达国家间的贸易总额。中国与拉美地区同属发展中世界，双方具有共同的发展愿景和较强的利益互补，当前也同处经济增长周期。借助中拉合作论坛的新平台，中拉双方应充分达成机遇共识，深化战略互信，借鉴彼此的发展经验，通过同步协作加快自身改革，携手构建更加全面健康的"南南合作"新模式。

第四部分
助力中拉合作，
发挥中拉智库新作用

积极推动智库在中拉合作中发挥重要作用

吴洪英

一、中拉智库发展现状

当前,中国正处于全面深化改革的攻坚期、经济增长阶段的转换期和全面建成小康社会的决定性阶段,而拉美正处于政治经济社会深刻变化的转型关键期,改革与转型的重任、发展与稳定的难题均需要设法破解,全球化带来的前所未有的挑战也需要有效应对,如何科学决策、民主决策、依法决策、正确决策,均需要中拉智库提供更强有力的智力支持。

(一)中拉智库经历半个多世纪的发展历程

拉美智库

——20世纪40年代,最早智库开始出现(如:1944年巴西瓦加斯基金会)。

——20世纪60—70年代,学者独创研究机构。

——20世纪90年代,出现兴建智库高潮。

中国智库

—— 1955年,组建中国科学院哲学社会科学部。1977年5月7日,组建"中国社会科学院"。

---

* 吴洪英:中国现代国际关系研究院拉美研究所所长。

——20世纪50—60年代，组建"三所"——中国国际问题研究所、中国现代国际关系研究所、上海国际问题研究所。

——20世纪90年代，教育部支持建"两中心"——南开大学拉美研究中心、北京大学拉美研究中心。

——2011年12月，教育部资助建"新两中心"——天津外国语大学拉美研究中心、西南科技大学拉美研究中心。

（二）中拉智库建设初具规模

美国宾州大学出版的《2015年全球智库指数报告》显示，全球6846个智库中，拉丁美洲有774个，占全球总数的11.3%；在全球七大地区中排名第四，不如北美洲（1931个，占全球总数的28.2%，位居第一）、欧洲（1770个，占全球总数的25.9%，位居第二），也不如亚洲（1262个，占全球总数的18.4%，排名第三），但高于撒哈拉以南非洲（615个，占全球总数的9.0%）、中东非洲（398个，占全球总数的5.8%）、大洋洲（96个，占全球的1.4%）。

全球拥有智库最多的20个国家

名次	国名	拥有智库数量
1	美国（United States）	1835
2	中国（China）	435
3	英国（United Kingdom）	288
4	印度（India）	280
5	德国（Germany）	195
6	法国（France）	180
7	阿根廷（Argentina）	138
8	俄罗斯（Russia）	122
9	日本（Japan）	109
10	加拿大（Canada）	99
11	意大利（Italy）	97
12	巴西（Brazil）	89

续表

名次	国名	拥有智库数量
13	南非（South Africa）	86
14	瑞典（Sweden）	77
15	瑞士（Switzerland）	73
16	澳大利亚（Australia）	63
17	墨西哥（Mexico）	61
18	伊朗（Iran）	59
19	玻利维亚（Bolivia）	59
20	以色列（Israel）	58

2015年全球智库综合排名175强榜单中9家中国智库排名

智库名称	位次
中国社会科学院	31
中国国际问题研究院	35
中国现代国际关系研究院	39
国务院发展研究中心	50
北京大学国际战略研究院	64
上海国际问题研究院	72
天则经济研究所	103
中国与全球化智库	110
中国人民大学重阳金融研究院	150

中国智库从来源和隶属的关系上看，主要可分为六类：

一是直接隶属于党中央、国务院、中央军委的综合性研究机构，如中国社会科学院拉丁美洲研究所，这是"国家队"；

二是依托大学和科研机构的专业性智库，如：中国现代国际关系研究院、北京大学拉美研究中心、中国人民大学拉美研究中心、南开大学拉美研究中心，这是"学院派"。

三是依托各级地方政府支持的政策性智库，如上海国际问题研究院美洲研究中心，这是"地方派"。

四是依托国有企业的企业性智库，如中国石油经济技术研究院拉美中心，这是"企业派"。

五是依托外国支持的涉外性智库，如苏里南政府支持的安徽大学拉美研究所，这是"涉外派"。

六是为数极少的民间研究机构，这是"民间队"

显然，中国智库以官方、半官方为主，民间智库严重不足。

拉美智库从性质和特点来看，大体可分为五大类：

一是政策建议型，如巴西应用经济研究所和瓦加斯基金会、阿根廷战略规模研究所。

二是政党代言型，如巴西劳工党的智库"卢拉研究所"。

三是企业代言型，如巴西国家石油公司（petrobras）、墨西哥国有石油公司（PEMEX）和委内瑞拉国有石油公司（PDVSA）的规划研发部。

四是学术研究型，如拉美国家大多数大学的研究所或研究中心。

五是区域咨询型，如拉丁美洲和加勒比海经济委员会（CEPAL）、拉丁美洲社会科学院（FLACSO）等。

（三）中拉智库扮演重要角色

长期以来，中拉智库在国家政治决策、经济政策、社会政策、人文发展、中拉关系等方面发挥了越来越重要的作用。

二、中拉智库面临前所未有的发展机遇

中拉关系快速发展，客观需要智库提供智力支持。随着中拉合作全方位推进，中拉双方就治国理政、人文对话、互鉴互学等愿望和需要不断上升，"拉美热"和"中国热"同时在新旧大陆升温。中拉智库间加强交流与合作，是中拉关系发展的客观需求和大势所趋。

中拉双方高层高度重视，为中拉智库建设与交流提供重要推力。拉美国家政府普遍重视发挥智库在国家决策中的咨询作用，尤其在分析形势、研究对策、监督执行、效果评估等方面的作用。

中拉智库合作拥有机制保障——"中拉智库交流论坛"。2010年11月8—9日，第一届中拉智库交流论坛在北京举行，由中国人民外交学会主办，主题为"面临重要机遇的中拉关系——未来十年展望"。2013年7月22—23日，第二届中拉智库交流论坛在北京举行，由中国国际问题研究基金会和中国人民外交学会共同主办，论坛主题为"新机遇，新挑战，新思路——新形势下的中拉关系"。这一论坛作为中拉全方位合作的新尝试、新机制，已成为中拉主要智库进行文明对话、交流互鉴、进言献策的重要平台。

三、中拉智库建设面临的挑战

（一）中拉智库的数量与质量与发达国家仍然存在差距

根据美国宾州大学出版的《2015年全球智库指数报告》，在全球6846个智库中，北美洲和欧洲智库数量达3701个，占全球总数的54.06%，占去"半壁江山"。尽管中国是世界第二智库大国，但数量仅相当于美国的23.7%。

拉丁美洲33国的智库数量仅相当美国的40%，且主要集中在少数几个国家：阿根廷（138个）、巴西（89个）、墨西哥（61个）、玻利维亚（59个）、智利（44个）、哥伦比亚（40个）、哥斯达黎加（37个）、秘鲁（33个）、多米尼加共和国（31个）、巴拉圭（27个）等，这10国智库共计559个，占拉美全部智库数量的72.2%。显然，拉美智库的分布不太均衡。

同时，拉美智库的质量和影响力也有限。阿根廷智库数量在拉美地区位居第一，但在"拉丁美洲智库20强"中，阿根廷仅有4家，占3%；而且，排名第一至第四的分别是巴西瓦加斯基金会（FGV）、智利拉丁美洲经济委员会（CEPAL）、哥伦比亚高等教育和发展基金会（Fedesarrollo）、巴西国际关系中心（CEBRI），而阿根廷国际关系理事会（CARI）居第五，乌拉圭虽是一个小国，但其21个智库中有4个进入20强，占19%。

尤其在智库与政府的互动、智库对立法和司法的影响力、智库对国家政策的影响力、智库与政党的关系、智库与媒体的关系、智库之间竞合关系、智库的竞争力等方面，还存在一定的差距。

（二）中拉智库的作用与决策层高度期待存在明显差距

中国和拉美国家愈来愈将智库作为国家软实力的重要组成部分，将智库发展提高到国家战略高度，这与目前智库建设尚处于初级阶段、发展相对滞后、作用相对有限、尚未达到构成一国软实力关键构件的现实状况形成鲜明对比。

（三）资金投入不足与数据时代对智库的要求存在差距

无论中国还是拉美国家，对智库的资金、人力和物力的投入都相当有限，远远不能满足现代智库对建立庞大数据库、云计算、"一点即通"便利网络的需求。

（四）复合型人才与客观现实的需求存在差距

随着中拉合作不断密切，真正掌握一门专业、会两种语言、还会拓展市场或擅长交际的复合型人才仍然相当有限。中拉关系发展到今天，不再仅仅需要"翻译"、"销售员"和"一心只读圣贤书"的学者，强烈呼唤"中国通"和"拉美通"复合型人才。

四、如何推动智库发挥更大的作用

（一）智库应找准定位、明确方向

智库应该履行五种"天职"：政治决策的"好参谋"，经济合作的"有力推手"，社会舆论的"引领者"，精英人才的"培养基地"，对外交往的"有生力量"。

（二）政府应加大投入、助推智库成长

在管理体制上，打通政、商、学、研四个系统的分割状态，建立真正的"旋转门"机制；探索建立长期可行的评价机制、激励机制和反馈机制。

在资金上，应加大投入，制定和落实支持智库发展的财政、金融政策，探索建立政府、企业、社会组织和个人等资助智库建设的多元化、多渠道的投入体系。

在人员编制上，应突破现有人事管理体制，要不拘一格降人才，用待遇留住人才。

（三）智库应加强自身建设、推出精品成果

智库应"急国家之所急，想国家之所想"，为政府重大决策提出真知灼见的建言和对策；并借助传统传媒和新传媒的力量，将学术研究成果向社会公开、传播，引导公众舆论，推行社会进步。

（四）打造复合型人才、确保中拉合作持续稳健发展

复合型人才具备四种才能：语言能力、专门知识、理论功底、交际能力。

（五）加强国际交流合作、实现互学互鉴

"走出去，请进来"应成为智库对外交流的一种常态。为此，应做到四个"加强"：加强双边的对话、交流，加强与区域性智库交流与合作，加强与美国、英国和西班牙等西方发达国家智库的交流合作，加强与涉及拉美的国际性组织交流与合作。

Vicepresidente del Real Instituto Elcano de España
Rafael Estrella

Desplegar el nuevo rol del Foro de Think-Tanks de China y ALC para contribuir a la cooperación China-ALC

Desearía, en primer lugar, agradecer la amable invitación a participar en este Tercer Foro de think tanks China-América Latina. y, también, la hospitalidad de las autoridades Chinas.

China ha alcanzado en pocos años un importante nivel de presencia en América Latina, una región tradicionalmente alejada de sus intereses y prioridades; pero en esa presencia, dominada por el ámbito económico y comercial, la interacción de China con ALC ha sido mucho menor que con otras regiones, incluyendo África.

En el nuevo ciclo económico y en el contexto de cambios en el modelo económico de China, se abren nuevas necesidades y nuevas oportunidades, incluyendo la diversificación de la presencia china en ALC y su contribución al desarrollo del tejido industrial en la región y a la inserción de ALC en las cadenas globales de valor.

En una encrucijada como la actual, los think thanks pueden y deben contribuir decisivamente al proceso de reflexión estratégica sobre las relaciones entre China y ALC, así como a mejorar el conocimiento mutuo, intensificando igualmente los contactos con sus contrapartes latinoamericanas, ya que también hay un gran desconocimiento sobre China en ALC.

Las transformaciones que estamos viviendo en las últimas décadas afectan profundamente al papel y el posicionamiento de los think-tanks e incluso a su propia naturaleza y funcionamiento. Nuestros análisis han de ser a la vez inmediatos y rigurosos, no pueden ser solo descriptivos, hemos de mirar más allá del presente, formular análisis de riesgos o de realizar análisis de prospectiva. Además, nuestras audiencias son globales.

América Latina es una de las áreas más importantes en el trabajo de los analistas e investigadores del Instituto Elcano. La relación de España con la región tiene sus raíces en el pasado común, en vínculos sociales o culturales tan intensos como profundos, pero el presente es de afectos y complicidades, en una relación entre iguales. No solo hablamos la misma lengua (o lenguas), sino que hablamos "el mismo idioma" cuando se trata de compartir sufrimientos o dificultades, de cooperar con espacios sociopolíticos e institucionales, de intercambiar conocimiento o de generar empleo de calidad y coadyuvar al progreso y al desarrollo.

La presencia importante de empresas españolas en ALC es reciente, apenas un cuarto de siglo. Ese período, sin duda con errores y vaivenes en su inicio, ha sido todo un aprendizaje. Hoy, los estudios de opinión sobre imagen de las empresas españolas ALC muestran que son percibidas como "de la misma cultura", que se han integrado plenamente en el tejido socioeconómico para el que trabajan en cada país y que son modélicas en cuanto a eficiencia o en aspectos como buenas prácticas, RSC o estándares laborales. También, que acompañan los objetivos de las políticas públicas, y, desde luego, no solo la práctica totalidad de sus empleados son locales, sino que también lo son la gran mayoría de sus directivos. Son multinacionales esp. y multilatinas.

Al mismo tiempo, contamos con una complicidad estratégica de los países iberoamericanos, con toda una red institucionalizada, desde el nivel de Jefes de Estado (Cumbres Iberoamericanas) a numerosos ámbitos profesionales, académicos o de la sociedad civil, incluyendo la red iberoamericana de think thanks.

Nos beneficiamos también del espacio UE-CELAC para el diálogo político. En lo económico y comercial, la UE cuenta con Acuerdos de Libre Comercio con la práctica totalidad de los países de la región, aunque está pendiente Mercosur, con el que está en curso la negociación de un ambicioso acuerdo.

América Latina es un conjunto potente en términos de población, territorio, recursos o ubicación. Pero por circunstancias históricas, culturales políticas y geopolíticas, su existencia parece discurrir en una especie de 'dorado aislamiento' y ausencia de una visión común.

Tres países latinoamericanos (Argentina, Brasil y México) forman parte del G-20, a pesar de lo cual tienen una Hay una escasa influencia en los debates en curso sobre el futuro de la gobernanza global, La relevancia de ALC no se corresponde con su peso y dimensión. No hay una visión compartida y ALC no está en presente en los asuntos globales, aunque se la espera y se la necesita.

En Elcano venimos trabajando desde hace varios años, en colaboración con otros centros de pensamiento de América Latina y con organismos internacionales como la CAF o el BID en un doble objetivo: vertebrar una visión global desde América Latina y, al mismo tiempo, situar a la región en los escenarios globales: si se me permite la expresión, "poner América Latina en el mapa global".

Hemos puesto en marcha recientemente el proyecto '¿Por qué importa América Latina?', que busca trasladar esos objetivos tanto a las instituciones europeas, los gobiernos de los Unión y sus opiniones públicas como a los países latinoamericanos y sus actores económicos, sociales y políticos. Les doy un dato que pocos conocen: la Unión Europea invierte más en ALC que en China, Rusia e India juntas.

Y esto me lleva a la parte final de mi intervención. La importante presencia de China en América Latina no es, no puede ser indiferente para España, como sin duda, el papel y la presencia de España en América Latina no es indiferente para China.

España es el segundo mayor inversor mundial en América Latina, con un stock de inversión de 145.000 millones de dólares, un 8,9% del total recibido por la región, solamente por detrás de EEUU.

El volumen de la inversión de China en América Latina es todavía menos de un tercio del español, pero avanza a gran velocidad y, sin duda, lo superará en pocos años.

En un Informe del Instituto Elcano titulado "China en América, repercusiones para España", se señala que la presencia china en la región plantea retos -una competencia con fuerte respaldo financiero-, pero también ofrece grandes oportunidades de cooperación, de creación de sinergías con actores públicos y privados en múltiples ámbitos y, sobre todo de reflexión estratégica en común y de contribución compartida al progreso de la región.

En una reciente encuesta a 38 multinacionales españolas con inversiones en América Latina, más de la mitad de las empresas consideraban que la mayor presencia de firmas chinas/asiáticas en la región constituía una oportunidad.

Las empresas chinas y las españolas, operan en sectores y actividades muy distintos. La inversión china se concentra en un 90% en el sector de recursos naturales y actividades extractivas. Españolas, más diversificadas

El único sector en el que hasta ahora se ha producido una mayor competencia entre empresas chinas y españolas es en infraestructuras y obra civil. En otros sectores, se ha abierto la posibilidad de una colaboración mutuamente beneficiosa para las firmas de ambos países. Esa cooperación ya se da también, por ejemplo, en el mundo árabe.

Podemos prever que la presencia de China en ALC, hoy dominada por la dimensión económica y comercial, se seguirá ampliando, profundizando y diversificando en el futuro, y que China será un actor influyente, por ejemplo, impulsando proyectos de infraestructuras que incrementarán sustancialmente la conectividad dentro de América Latina.

Para entender la importancia actual de la relación de ALC con China, baste recordar que la caída de un punto en el ritmo de crecimiento del PIB chino reduce 0,6 puntos la tasa de crecimiento de América Latina (Banco Mundial); como ha señalado Alicia Bárcena, Secretaria Ejecutiva de la CEPAL: "El fuerte interés manifestado por las autoridades chinas en fortalecer los vínculos con América Latina y el Caribe ofrece a la región una oportunidad histórica de abordar los desafíos de infraestructura, innovación y recursos humanos, elevar los niveles de productividad y competitividad, y diversificar las exportaciones".

Ese es el reto, pero para ello sería necesaria una cierta modificación en los términos de la relación, hoy marcadamente asimétrica. Aunque la relación bilateral está siendo positiva, hay un cierto agotamiento de la estrategia empleada por China para favorecer su presencia en la zona.

En ALC, a diferencia de otras regiones como África, hay un entorno de creciente fortaleza de la sociedad civil, estándares medioambientales y laborales cada vez más exigentes y una mayor solidez del sistema jurídico. Parecería que el modelo seguido en la primera oleada de "desembarco" chino en ALC, limita el efecto positivo de la interacción económica con China sobre el desarrollo de América Latina, lo que repercute negativamente sobre su imagen y sobre la sostenibilidad del actual ritmo de profundización de sus vínculos con la región.

Esta parece ser la reflexión – muy saludable – que se está produciendo en China. Su relación con la región sería más eficaz si contase con un mejor conocimiento de la misma; sus empresas supiesen desenvolverse mejor en estos mercados y adaptarse a las leyes y normas locales; y si sus compromisos financieros se tradujesen en un mayor desarrollo económico para los países receptores.

En esa reflexión estratégica, va a ser fundamental el papel de los think thanks chinos, su interacción, en foros como este o en la relación cotidiana, con sus contrapartes de América Latina o con quienes, como yo, estamos muy honrados de estar aquí porque, siendo europeos, nos sentimos también "latinoamericanos del otro lado del Atlántico" y comprometidos con el progreso de ALC, con su presente y su futuro.

关于加强和改善中拉智库论坛机制的几点看法和建议

汪晓源

我十分荣幸也十分高兴有机会参加第三届中拉智库论坛，和来自中国与拉美和加勒比各国的专家和学者在一起，就如何进一步发展中拉关系进行交流。

中拉智库论坛是中国与拉美和加勒比各国有志于促进双边关系发展的政治家、专家和学者以及媒体和企业界代表交流各自研究成果和体会的平台，也是就发展中拉关系、向各国政府提供咨询和建议的智力支持机制。

论坛自2010年建立以来，已历三届，取得了长足的成长。首届论坛于2010年11月在北京举行，主题为"面临重要机遇的中拉关系——未来十年展望"，设立了"中拉关系发展：现状和未来发展"、"新形势下的中拉经贸关系：深化合作，互利共赢"和"中拉友谊：人文学术交流和作用"三个分议题，约100位中拉专家学者与会。第二届论坛于2013年7月在北京举行，主题为"新机遇，新挑战，新思路——新形势下的中拉关系"，设立了"中拉经贸投资合作面临的新问题和发展新思路""中拉人文合作的现状和前景""推进中拉整体合作，深化全面合作伙伴关系"三个分议题，100多位中拉前政要、专家学者、驻华使节、媒体人士和知名企业家

---

* 汪晓源：中国国际问题研究基金会研究员、前驻外大使。

出席。我们这次第三届论坛，以"中拉合作新时刻——开拓进取，共创未来"为主题，设立了"开拓产能合作，打造中拉务实合作升级版""深化人文交流，构建中拉互学互鉴新伙伴""助力中拉合作，发挥中拉智库新作用""建设中拉论坛，推动中拉整体合作新进展"四个分议题，约160位中拉政治家、专家学者、地区组织负责人、媒体人士和拉美驻华使节出席。从三届论坛所选主题和分议题上可以看出，论坛在分析和展望中拉关系上不断地深入；从参会人员上看，论坛的参与规模和水平在持续扩大和提高。

在前两届论坛上，中国与拉美和加勒比各国的论坛成员，从宏观方面分析了当今世界的政治、经济形势，并从微观方面详细研究了中国与拉美和加勒比地区国情，特别是在经济发展、贸易和投资流向方面的表现和变化，以及各国和地区组织有关经济社会发展的规划。在此基础上，充分肯定了中拉之间进行战略合作的现实意义和对双方长远发展的积极影响，努力找出了中国与拉美和加勒比各国在发展道路上的契合点，深入分析了双边交往中的主要障碍，并为克服这些障碍做出了有益探索，提出了许多切实可行的建议，其中有些不乏想象力。在论坛闭幕之后，各国专家、学者在当地媒体上发表了众多的评论文章，制造了强大的声势，提升了广大民众对中拉友好合作的了解和认同。

自2013年第二届论坛以来，国际局势发生了显著的变化，中拉双边的关系主要是双边经贸关系也随之发生了变化，论坛本身也经历了进一步凝聚成长的过程。受2008年开始的国际金融危机的影响，世界经济至今没有出现明显的恢复势头，国际贸易大幅下滑；中国经济进入中低速增长的新常态，正在深化改革上迈出新的步子，对内着重于转变发展方式、扩大内需，对外加强与各国的互联互通，促进联动包容、互利共赢的合作。

在这一新形势下，中拉合作出现了全新的格局。2014年7月，习近平主席在巴西与拉美领导人举行会晤，共同宣布了中国—拉共体论坛的建立。2015年1月，中拉论坛在北京举行了第一次部长级会议，通过了《中国与拉美和加勒比国家合作规划（2015—2019）》。中方提出了"1+3+6"中拉合作新倡议、新布局。第二届论坛上各位专家、学者提出的预判如今得到了印证，所提出的有关双边关系发展的建议被融合在中拉领导人达成的共识和文件中。

中拉整体合作的平台——中国—拉共体论坛建立之后，中拉智库论坛也纳入了这个大框架之内，使智库论坛具有了更强大的生命力和更坚实的发展基础。事实证明，智库论坛对于中拉友好关系和务实合作具有引导舆论、探索方向和出谋划策等不可忽视的作用。我们在座的论坛参与成员，有责任把智库论坛继续办下去，不断改进，为中拉关系发展作出更大的贡献。

关于下一步如何办好论坛，我谨提出以下几点想法，与各位共同探讨：

中拉智库论坛自建立以来，平均每三年举办一次。每次论坛都是中拉专家、学者敞开交流的盛会。如前所述，论坛对于促进中拉关系的发展起到了重要的和独特的推动作用，得到了政府方面的认同，将论坛进一步机制化的时机已逐步成熟，可以提上日程。关于论坛机制化，谨提出以下建议：（1）关于会期：根据国际和地区形势变化的频率以及各国发展的情况，论坛以每两年举行一次为宜。（2）关于会址：前三届论坛都是在北京举行，为方便拉美的出席人员与会，可考虑在中国或拉美和加勒比地区轮流举行。（3）关于组织机制：前三届论坛的中方主办单位是中国国际问题研究基金会和中国人民外交学会。建议今后中方由这两个单位与国内其他有关单位协商，组成中方工作组；关于拉美和加勒比方工作组的组成，请参会的拉美和加勒比地区专家学者提出建议。（4）关于参会人员：为保持论坛的研究讨论的持续性，参会人员宜维持一定的稳定性。同时，中拉智库论坛是一个开放包容的论坛，我们欢迎更多的中拉各国的民间组织和机构能加入论坛的工作。为此，建议中拉双方各列出对中拉关系有深入研究的专家学者名单，作为论坛的基本个人成员；建议中拉双方合作确定有研究能力的组织和机构，作为中拉智库的基本单位成员。

我们应该利用论坛这一平台，在各国专家学者间建立更密切和经常的联系，而不限于每届论坛会期。我们可以在网络上建立聊天室，除工作上的交流外，还可密切个人之间的关系。可由数位专家学者组成课题小组，就论坛中谈及的或随时出现的问题进行研究和讨论。小组研讨可利用现代科技提供的手段，也可适时举行小型的专题分论坛，轮流在中拉各地举行。以这种灵活的方式保持论坛活力不断，也可以避免大型论坛费用过高的问题。

论坛宜与企业建立更密切的联系。论坛的服务对象主要是政府和企业。论坛为政府的决策提供了咨询，目前论坛的资助很大一部分也来自于政府。应该指出，中拉关系的主体之一是各国的企业，是它们所进行的经济、贸易、投资促进了中拉实质关系的发展。论坛应更牢固地树立为企业服务的意识，为中拉各国企业开展业务提供可行性分析，提出思路建议。这样，论坛可以陪伴企业的成长，同时，从企业得到资助，取得自身的发展。论坛可以更广泛地邀请企业（包括大型企业和中小企业）参与论坛，就近了解企业的需求，并应邀进行特定方向的专题研究。

努力吸引更多的人材加入论坛。随着双方关系的持续发展，中国与拉美和加勒比各地有越来越多的人关注中拉关系，研究机构不断涌现，中国的一些高等教育单位也开始把拉美列为学生的研究课题。中拉智库论坛集中了中拉最高级别的资深专家，是研究中拉关系的权威代表。尽管如此，也宜吸收更多的中青年学者参与。中国有一句名言："海纳百川，有容乃大。"青年学者思想活跃，思路开阔，不拘一格，可能有时不很中规中矩，但每每灵光一闪，也容易突破框框。我们对他们应更加包容，吸收他们的长处，对他们的不足加以引导，最终组成共同努力的团队。这样，我们的论坛就能后继有人，长久地办下去。

*Director del Centro de Estudios Latinoamericanos
sobre China. Universidad Andrés Bello. Chile*
Fernando Reyes Matta

INNOVACION: EJE CLAVE DEL DIALOGO FUTURO CHINA-AMERICA LATINA

Hay un nuevo desafío para los académicos y las instituciones que vienen trabajando por conocer, entender y expandir las relaciones entre China y América Latina. Ese desafío está en ir más allá de los análisis de cifras sobre comercio e inversión o de las diversas declaraciones ligadas a mutuas visitas que han marcado los vínculos entre ambas partes desde 2000 en adelante. Este propósito a cumplir tiene una palabra que cabe tomar como centro o eje fundamental de la nueva etapa: "innovación". Ello se sustenta en interrogantes muy concretas:

¿Dónde y cuánto se está estudiando en América Latina los alcances del XIII Plan Quinquenal de la RPCh, el significado y proyecciones de sus metas?

¿Cuáles son las consecuencias que se sacan a futuro en relación con la transformación de la sociedad china, cada vez más urbana y con creciente clase media?

¿Cómo se entiende, interpreta y proyecta la irrupción de las redes sociales en sus características chinas y cuáles son las reflexiones en China sobre el impacto de Internet?

¿En qué medida los científicos latinoamericanos están seriamente buscando las aproximaciones con los científicos y técnicos chinos para abordar conjuntamente ciertas áreas?

¿Existe una preparación común de América Latina y Caribe en la perspectiva de la próxima cita del Foro China-CELAC en enero de 2018?

¿Existe conciencia en América Latina y China que es posible y necesario tener un "diálogo político" para abordar una agenda de los grandes temas globales que afectan sus intereses y desarrollos?

En junio de 2014, el Presidente Xi Jinping hizo una afirmación categórica: "Debemos poner la innovación científico-tecnológica en el centro de nuestro desarrollo nacional, acelerar el diseño al más alto nivel de la estrategia de desarrollo impulsado por la innovación, y debemos tener mapas de ruta e itinerarios para las tareas más importantes". Junto con ello señalaba una manera de relacionarse con el mundo en este ámbito, lo cual cabe observar con especial interés desde América Latina y el Caribe: "Debemos participar con más iniciativa en los intercambios y colaboraciones científico-tecnológicas internacionales, y aprovechar bien los recursos tanto nacionales como internacionales".[1]

Poco antes, Liu Shijin, influyente subdirector del Centro de Investigación de Desarrollo del Consejo de Estado en China, señaló cuales eran esos nuevos espacios para buscar áreas prioritarias de crecimiento: "China promoverá diversas formas de innovación buscando nuevas áreas de crecimiento. Estas

---

[1] La Gobernación y Administración de China, Xi Jinping, Ediciones en Lenguas Extranjeras, Beijing, 2014.

áreas pueden ser desarrolladas en los ámbitos de la medicina, la educación y la cultura; en aplicaciones avanzadas para el comercio-internet, en la producción de energía fotovoltaica; en avances tecnológicos en descontaminación, en ahorro energético y energías limpias…Hoy lo más importante para crecer es innovar".①

Ese es el marco en el cual cabe poner el análisis de una nueva etapa. Es cierto que los países latinoamericanos y caribeños caminan a paso lento en aquello de crear innovación y generar propiedad intelectual, mientras China ha avanzado año a año hasta colocarse hoy en el segundo lugar de inscripción de patentes en el mundo, según cifras de la Organización Mundial de Propiedad Intelectual.② Pero ahí está, precisamente, la oportunidad. El continente latinoamericano tiene buenas universidades y talentos, pero hay ciertas trabas o actitudes que no llevan a trabajar en una lógica que para los chinos hoy es esencial: la investigación científica debe estar en línea directa con las aplicaciones productivas y con las nuevas demandas sociales en el país y en el mundo.

Por cierto la interacción entre China y el continente latinoamericano y caribeño desde el 2000 en adelante ha sido creciente y fructífera. Los avances en las áreas mencionadas previamente y los encuentros de líderes, delegaciones oficiales y representantes de instituciones políticas, sociales y empresariales han sido altamente positivos. Según un estudio de Naciones Unidas, cada 1% de crecimiento chino aportaba al 2013 el 0,3% de expansión a la economía latinoamericana. El intercambio comercial entre estas economías alcanzó los US$264.000 millones en 2014. Los más alto líderes de China han visitado ésta

---

① http://spanish.peopledaily.com.cn/31620/8578064.html.
② http://www.wipo.int/pressroom/es/articles/2015/article_0016.html.

región como nunca ocurrió en la historia. Un hecho notable que ejemplifica la nueva realidad es que por primera vez un líder chino – antes de asumir el cargo de Presidente y Secretario General del PCCh – ya había recorrido varios países de la región. Así ocurrió en el 2011 con el actual Presidente Xi Jinping quien, además, hizo varios planteamientos de futuro desde la sede regional de la Comisión Económica para América Latina, CEPAL. Y también es un dato importante que el mecanismo articulador político de los países latinoamericanos y caribeños, la Comunidad de Estados Latinoamericanos y del Caribe, creara con el país asiático el Foro China-CELAC.

Pero en esta interacción hay perspectivas un tanto diferentes. Los latinoamericanos han desarrollado una política de claro acento bilateral en sus vínculos con China. En cambio, desde el país asiático se ha tratado de impulsar una relación que busca tener un diálogo con la región como un todo. Hay un imaginario distinto en China sobre este otro lado del mundo; desde allá sus líderes siempre hablan de este continente y sus dos grandes civilizaciones (azteca-maya y andina-incaica), imagen que nunca plantean los gobernantes latinoamericanos al hablar con el mundo. En estos predomina el rescate de las Repúblicas y sus dos siglos de vida independiente. Así, mientras China publicó en 2008 su Documento sobre "Política de China hacia América Latina y el Caribe", desde el lado latinoamericano no existe hasta hoy un documento de alto nivel político donde se plantee una estrategiade largo plazo con China. Es cierto que la CEPAL ha hecho su tarea y lo ha hecho bien, entregando importantes insumos al respecto, pero la CEPAL no es la voz política de la región ni le corresponde serlo. En otras palabras, hay más reflexión de alto nivel político sobre los vínculos sino-latinoamericanos en el país asiático que en sus contrapartes en la América Latina y el Caribe.

Como ha dicho la CEPAL, la región vive lo que se ha llamado el fin del "superciclo" de altos precios de los commodities que prevaleció en la mayor parte del período comprendido entre 2003 y 2011. "Paralelamente, las orientaciones adoptadas por las autoridades chinas apuntan a lograr un rebalanceo de su modelo de desarrollo, en que se da un mayor peso al consumo de los hogares y un peso relativamente menor a las exportaciones y a la inversión. Todos estos elementos plantean oportunidades y desafíos para las relaciones económicas entre América Latina y el Caribe y China, que cobrarán cada vez más relevancia en los próximos años."[①]

A su vez, China no se equivoca al pretender y esperar que desde el lado latinoamericano y caribeño surja una respuesta integrada. Es la perspectiva que se anuncia en las relaciones internacionales en el siglo XXI: aquella determinada por los vínculos entre países-continentes (Rusia, China, Estados Unidos, India, Australia) y regiones-continentes (Unión Europea). El momento latinoamericano no parece avanzar en esa perspectiva no obstante la creación de la CECLA. Después del Foro de China-CECLA, los diversos mandatarios que allí concurrieron privilegiaron totalmente dar cuenta a la prensa de sus logros bilaterales más que de la trascendencia política del paso dado. Es cierto que allí se aprobó el Plan 2015-2019, pero este emergió más promovido por los esfuerzos de los altos mandos chinos en coordinación con CEPAL que de un involucramiento serio y concertado del lado gubernamental latinoamericano.

Alicia Bárcena, Secretaria Ejecutiva de la CEPAL, en el prólogo del

---

① CEPAL, América Latina y el Caribe y China: hacia una nueva era de cooperación económica, Mayo, 2015.

libro citado, señaló que frente a ese Plan la región tiene una tarea: "Ahora es necesario dotar a dicho Plan de contenidos concretos, lo que a su vez exige definir una agenda regional concertada de prioridades, privilegiando las iniciativas plurinacionales". Como demuestra la realidad regional, esa agenda concertada de prioridades, con proyectos de varios países de la región, no existe. Una iniciativa interesante es la Alianza del Pacífico, pero ésta aún tiene que avanzar mucho en su integración interna para madurar como grupo capaz de actuar en conjunto en proyectos concretos con la contraparte china.

Sin embargo, los caminos posibles de esa nueva cooperación no sólo económica sino también cultural y política están abiertos. Primer Ministro Li Keqiang – al hablar a su vez en la sede de CEPAL – en junio 2015 hizo afirmaciones cuya factibilidad llama a hacer estudios concretos. Según informó esta entidad, China propone que ambas partes exploren un nuevo modelo de cooperación 3 x 3, es decir, la construcción conjunta de las tres grandes vías: a) logística, energética e informática; b) interacción virtuosa entre las empresas, la sociedad y el gobierno;c) ampliar los tres canales de financiación (fondos, créditos y seguros). Agregó que China y la región deben intensificar aún más su colaboración internacional y reforzar su coordinación para tener una voz común en los temas trascendentales como la reforma de la estructura financiera internacional, las negociaciones para un nuevo acuerdo sobre las emisiones de carbono, la elaboración de la Agenda de Desarrollo post 2015, así como la ciberseguridad, con el propósito de forjar una red global de asociaciones de desarrollo equilibrada y de beneficio universal, salvaguardando de mejor manera los intereses comunes y el derecho a voz de los numerosos países en vías de desarrollo.

A su vez, la Secretaria Ejecutiva de la CEPAL, señaló: "Existe también un amplio espacio para promover el diálogo de alto nivel y el acercamiento de posiciones entre China y la región en temas claves de la agenda global, en particular la Agenda de Desarrollo post 2015 y el futuro régimen multilateral de cambio climático así como la reforma del sistema monetario internacional. El acercamiento estratégico entre China y América Latina y el Caribe es también parte de ese necesario reforzamiento de la cooperación entre los países del sur."①

Es en el marco de todo este escenario de nueva etapa – a la cual de seguro la visita del Presidente Xi Jinping a la América Latina con motivo del Foro APEC en Lima, noviembre 2016, agregará nuevos estímulos – que cabe identificar tres líneas de estudio desde las cuales ver las proyecciones a futuro de la relación China-América Latina:

- Innovación productiva
- Innovación cultural
- Innovación ciudadana urbana

A. Innovación productiva.

La gran aspiración latinoamericana es pasar a ser parte de una manera más alta y tecnológicamente más avanzada de las "cadenas de valor" en los procesos productivos impulsados por China. Hasta ahora, según lo indican todos los estudios disponibles, el papel de América Latina ha sido aportar productos primarios, gestando la llamada "reprimarización" del desarrollo económico regional. Como sabemos, entre los principales factores que explican la

---

① http://www.unmultimedia.org/radio/spanish/2015/05/cepal-encomia-interes-de-china-en-profundizar-relaciones-con-america-latina-y-el-caribe/#.WAQlc_nhDIU.

emergencia de estos crecientes encadenamientos productivos de carácter global se encuentran "los avances tecnológicos en el transporte y las comunicaciones, la intensificación de la inversión extranjera directa, así como los cambios institucionales que han promovido una mayor apertura económica de los países, entre los que destacan China y otras economías emergentes".[①]

En ese marco, pasar a estar en la cadena en otro eslabón con mayor valor agregado requiere mucho realismo. No sólo por problemas evidentes ligados a la distancia (no es lo mismo para una empresa china tener proveedores de partes desde Tailandia o Vietnam que de Brasil, Perú o Chile), sino porque se requiere tener visiones estratégicas similares y capacidad humanas y tecnológicas que sean adaptables armónicamente entre sí. En ese marco, pasa a ser prioritario el estudio de las transformaciones que vive China, las proyecciones de su "nueva normalidad" y los sectores que pasan a estar a la cabeza de su desarrollo económico.

Pero también está la cuestión de la integración regional entre las diversas economías nacionales de América Latina. Allí las experiencias regionales y sub-regionales no entregan hasta ahora resultados que resulten atractivos para las empresas chinas. Lo que se requiere mostrar es un espacio amplio de mercados integrados y de procesos productivos que pueden responder a capacidades encadenadas de dos o más países de la región. En Mercosur los pasos aún son lentos, donde la integración entre Brasil y Argentina en la industria automovilística es el mejor ejemplo, pero con mucho vaivenes. En la Alianza del Pacífico hay buenas perspectivas, pero aún su historia es breve, si

---

① Revista Comercio Exterior Bancomext, "La inserción conjunta de América Latina y China en las Cadenas Globales de Valor", Julio-Sept. 2016. En: http://revistacomercioexterior.com/articulo.php?id=159&t=la-insercion-conjunta-de-america-latina-y-china-en-las-cadenas-globales-de-valor.

bien es clara su opción por tener nuevas formas de vinculación económica con Asia. Un avance importante, resuelto recientemente, es aquel que determina una regla de origen único para un producto que tenga partes de dos o más países del acuerdo. Además estableció un protocolo flexible en este aspecto para partes que provengan de fuera de los cuatro países de la Alianza.

Para una nueva etapa de vínculos bajo la lógica de la innovación la mirada debe estar puesta en áreas industriales nuevas y en expansión, donde los intereses de China y América Latina/Caribe pueden coincidir. Un ejemplo es Uruguay, donde parece existir posibilidades importantes para emprendimientos comunes de empresas chinas y uruguayas en el área farmacéutica y de la logística digital. En Chile se abren espacios para inversiones en sectores de servicio a la minería, en la agroindustria, como también en arquitectura para proyectos conjuntos en América Latina, China y terceros países. Lo mismo es válido en desarrollos científico-tecnológicos para la agroindustria. En los campos de la energía hay países con atractivos especiales para proyectores innovadores, como son México, Brasil, Chile, Panamá, Nicaragua y Perú. Para 2030, la demanda de energía podría aumentar un 75%.

La mirada de largo plazo obliga a pensar en las posibilidades de la revolución industrial 4.0 ya en marcha. Se trata de una fase histórica que permitirá nuevas formas de asociación productiva donde la distancia no será un tema, sino la capacidad de articular proyectos conjuntos. América Latina y China deben abrir un diálogo sobre estas potencialidades basadas en el uso intensivo de Internet y de las tecnologías de punta, con el fin primordial de desarrollar plantas industriales y generadores de energía más inteligentes y más respetuosos del medio ambiente. Ambas partes deben estudiar ya como podrían instaurar ciertascadenas de producción altamente comunicadas entre sí y con nuevos accesos a los mercados de oferta y demanda. Las conversaciones iniciadas entre Chile y China para la instalación de un cable submarino de fibra optima que uniría en 18.000 kilómetros las costas de China con las de Chile hace pensar en múltiples avances en la perspectivas de industrias 4.0 para este país como para otros de América del Sur.

Otro ámbito de perspectivas innovadoras está en el turismo. Según datos de la Organización Mundial del Turismo los países de América Latina y el Caribe recibieron 86,3 millones de turistas en 2014, que representa el 7,6% mundial. Se destaca México con 29 millones y el décimo puesto a nivel internacional. El ingreso anual supera los 79 mil millones de dólares. Y lo más interesante es que se estima que los destinos emergentes crecerán a una tasa superior hacia el 2030. China, Estados Unidos, Alemania, Reino Unido y la Federación Rusa son los principales emisores. En ese contexto y teniendo en cuenta los recursos naturales y riqueza cultural de América Latina y el Caribe es interesante que se armonicen y coordinen acciones entre sus países para ofrecer circuitos integrados en el mercado mundial. Un total de 120 millones de chinos viajaron al extranjero en 2015 frente a los 109 millones del año anterior, lo que supone un incremento del 19,5%, según datos de la Administración Nacional de Turismo de China (CNTA). La creación de servicios múltiples para atraer al turista chino a esta región del mundo reclama una visión innovadora de lo que América Latina y Caribe puede ofrecer, especialmente en programas integrados.

Todos estos desafíos reclaman que las Cumbres Empresariales China-América Latina-Caribe asuman una perspectiva innovadora. No sólo pensar en los intercambios comerciales de hoy, sino en las potencialidades productivas que a futuro se pueden coordinar entre ambas partes. En 2017 esta cita volverá a tener lugar en un país latinoamericano, esta vez en Punta del Este, Uruguay.

Sería pertinente que allí los diálogos tuvieran una inspiración innovadora más fuerte, para alimentar con ideas y planes de avanzada la Cumbre CELAC-China a realizarse en enero 2018 en Chile.

B. Innovación Cultural.

A comienzos de junio 2016 tuvo lugar en Belgrado el primer Foro de Industrias Culturales y Creativas China-Europa Central y Oriental (ECO) con el objetivo de crear una plataforma de comunicación para los intercambios en el sector. El foro de dos días con el tema "Nuestro futuro común: Industrias Creativas y Comercio Cultural" fue organizado por los ministerios de Cultura de China y Serbia. En el evento participaron más de 100 investigadores y representantes de instituciones de China y de los 16 países ECO. Entre los participantes en el encuentro también figuraron expertos del Instituto de Investigación en Comercio Cultural de China.[1] Este es un ejemplo del tipo de encuentros e iniciativas que en América Latina cabe impulsar para el desarrollo de "joint venture culturales" con China.

El marco de esa actividad está dado por una decisión política mayor. Ya en los debates y presentación del XII Plan Quinquenal (2011-2015) se subrayó la importancia de impulsar el crecimiento de las industrias culturales. Con la llegada del Presidente Xi Jinping y el XIII Plan Quinquenal está política se ha incrementado, llamando a las instituciones culturales y mediáticas de China a internacionalizarse y enviar un mensaje positivo de la cultura china al mundo. Según un informe reciente de la Oficina Nacional de Estadísticas de China, los ingresos del primer trimestre de 2016 generados por compañías de industrias creativas se incrementaron 8,6%, a US$ 258.000 millones, con

---

[1] http://spanish.xinhuanet.com/2016-06/06/c_135414721.htm.

respecto al mismo período del año anterior. Los ingresos obtenidos de "servicios de transmisión de información cultural", que incluyen compañías de Internet y algunos proveedores de telecomunicaciones, aumentaron 27,8%. El sector de "servicios culturales, ocio y entretenimiento" creció un 25%, y otros sectores, como museos, radio, televisión y cine, presentaron cifras de crecimiento similares. Todo ello dentro de un modelo de desarrollo que busca su crecimiento en el consumo interno y el sector servicios.

Esta expansión ocurre en momentos que diversos análisis demuestran como las industrias creativas en el mundo no han sufrido el impacto de la crisis generada desde el 2008. Un informe de la UNESCO lo ha señalado claramente. La exportación de bienes culturales en todo el mundo fue en 2004 de US$ 108,4 mil millones y de US$ 212,8 mil millones en 2013, es decir, se ha multiplicado por algo más del doble. Son responsables de 29 millones de empleos. Las cifras del comercio internacional en el mismo tramo, desveladas por la Organización Mundial del Comercio, indican una evolución similar. Por sectores, en 2013, la industria audiovisual y musical generó el 33% del total de los bienes exportados en todo el mundo, el sector editorial supone el 21,1% y las artes visuales el 35,7%. Según una excelente investigación realizada por Felipe Buitrago e Iván Duque para el Banco Interamericano de Desarrollo, las denominadas industrias creativas representan más del 6% del producto bruto interno mundial.[①]

El notable incremento desarrollado de estas industrias en esta década se debe a la entrada de China como gran mercado. Como indica el estudio, el crecimiento se debe a las exportaciones de China e India, cuyos PIB en este

---

[①] La Economía Naranja, F. Buitrago e I.Duque, Banco Interamericano de Desarrollo,2013.Cod. IDB-MG-165.

tramo se ha visto multiplicado por cinco, en el caso de China, y por dos en el de India. De hecho, añade que el porcentaje que aportan los países en vías de desarrollo a este crecimiento representa un 46,7% (con un crecimiento del 25,6% en esta década).①

Por su parte, Latinoamérica y el Caribe se encuentran en un momento clave para su desarrollo en este campo. Tras una década de rápido crecimiento basado en los precios de las materias primas que exporta a un mundo en rápida expansión, ahora la región cuenta con la oportunidad de cobrar el denominado bono demográfico. Los tigres del sudeste asiático y China ya lo cobraron; lo hicieron mediante la absorción masiva de millones de campesinos por sus ciudades e industrias manufactureras. Latinoamérica y el Caribe tendrán que ser más creativa. Integrar económica y socialmente a 107 millones de jóvenes de manera exitosa, va a requerir de mucha imaginación. La Economía Naranja es un manual para entender que es precisamente en la imaginación de nuestros artistas y creativos donde podemos encontrar una de las formas más efectivas para aprovechar las oportunidades de una era de cambios tecnológicos disruptivos, e insertarnos con fuerza en la economía del conocimiento.②

Los autores citados decidieron dar el nombre de Economía Naranja (por múltiples símbolos y referencias del pasado y del presente que conducen a ese color) a todo el gran universo ligado a la creatividad. Allí están todas las expresiones de la imagen y el sonido gestadas en el siglo XX (radio, cine, televisión, música grabada, prensa y publicaciones diversas), la industria editorial, publicidad, las artes plásticas, el diseño, moda, los eventos culturales,

---

① http://en.unesco.org/creativity/sites/creativity/files/gmr-portuguese_summary.pdf.
② La Economía Naranja, cit.

los diseños arquitectónicos, juegos, software, las nuevas formas de imagen y sonido digital y todo el campo de consumo cultural ligado a las redes digitales e Internet. O en otros términos, todo lo que puede generar derechos de propiedad intelectual. Las exportaciones de bienes y servicios creativos en 2011 alcanzaron los US$ 646 mil millones.

De acuerdo con UNCTAD, apenas el 1,77% de las exportaciones de bienes creativos mundiales se originan en Latinoamérica y el Caribe. Poco menos de la tercera parte de éstas se dirige a otros países de la región. Más del 64% se dirige a economías desarrolladas y menos del 3% alcanza otras economías en desarrollo. Exporta por US$ 18.000 millones e importa por más de US$ 28 mil millones. Si se agregan las regalías el déficit se eleva a los US$ 16 mil millones al año.[①] Con todo el desarrollo de todo este sector permite dar trabajo a 10 millones de personas.

A su vez, el reconocimiento a los creadores latinoamericanos es permanente en el mundo. Esta es una región que ha colocado el sello de su creatividad internacionalmente: allí están los ejemplos del bossa-nova y más atrás del tango. Continente de colores, de diversidad musical, de poesía y de narradores de influencia mundial. Las nuevas generaciones avanzan en colocar su presencia en el cine (directores latinos dirigen en Hollywood y disputan el Oscar), mientras desde nuevos ámbitos hay creadores ganando espacios en áreas como los video-juegos. China se ha vuelto muy atractiva como posibilidad en el área de video-juegos desde el momento que se levantó la prohibición que limitaba la importación y venta de consolas de video-juegos al mercado chino. La verdad es que el consumo principal de los video-juegos ocurre hoy en los smart-phone y

---

① http:// unctadstat.unctad.org/ReportFolders/reportFolders.aspx/.

en las tablets. Según datos publicados en la conferencia anual de la industria de videojuegos de China, en diciembre 2013, el mercado creció 38% en este año, en relación al año anterior, y alcanzó un valor de US$ 13.000 millones.

Pero la clave a explorar de manera innovativa es el espacio de la cooperación productiva para ir a los mercados globales de las industrias creativas. Es necesario estudiar y promover los acercamientos entre talentos de un lado y otro a explorar y planificar proyectos en común. Como señalan Buitrago y Duqye, la Economía Naranja "se centra en invertir en nuevas capacidades, en atraer talento y nutrirlo, en responder con rapidez y agilidad a condiciones cambiantes y oportunidades efímeras. Es una conversación, no una conferencia, que hoy en día implica priorizar, personalizar y producir colaborativamente". Es un área donde la innovación ocurre cada día y será determinante en el devenir del siglo XXI.

C. La Innovación ciudadana urbana.

El gobierno de China anunció en marzo 2014 un proyecto estratégico mayor para el desarrollo chino: el "Nuevo Plan de Urbanización Nacional 2014-2020", definido por los medios oficiales chinos como un esfuerzo para dirigir ese proceso "hacia un camino centrado en los seres humanos y el medio ambiente". Según señaló la agencia de noticias Xinhua, "la demanda nacional es el ímpetu fundamental del desarrollo de China y el más grande potencial para ampliar la demanda nacional está en la urbanización". El plan divulgado por el Comité Central del Partido Comunista de China (PCCh) y el Consejo de Estado, la urbanización es la vía que China debe tomar "en su modernización y ser un fuerte motor para el crecimiento económico sostenible y saludable".

Según el informe, la proporción de residentes urbanos permanentes respecto a la población total de China se fijó en 53.7%, inferior al promedio de las naciones desarrolladas de 80% y del 60% de los países en desarrollo con niveles de ingresos per cápita similares a los de China. La población urbana registrada, o aquellos que tienen un "hukou" (sistema de protección social según inscripción en un lugar de residencia asignado), conformaron apenas el 35.7 % de la población total a finales del año pasado, según datos del Buró Nacional de Estadísticas. Una proporción más grande de urbanización ayudará a aumentar el ingreso de los residentes urbanos a través del empleo en las ciudades y desencadenará el potencial de consumo, de acuerdo al plan. Además, estima que traerá grandes demandas de inversión en la infraestructura urbana, instalaciones de servicios públicos y construcción de viviendas, proporcionando así un impulso continuo para el desarrollo económico, según el plan.

Frente a esta perspectiva de transformación donde la residencia urbana pasa a ser predominante en China, un país que milenariamente fue rural, la experiencia de América Latina en este campo – buena y mala – es un gran espacio de colaboración entre ambas partes. El diálogo entre expertos de China y el continente latinoamericano en torno de la urbanización ha sido intenso en los últimos años. La CEPAL ha jugado un papel especial convocando a seminarios en su sede en Chile en torno de estos temas. En el seminario realizado en noviembre 2014, con la participación de académicos chinos y latinoamericanos, Zheng Bingwen dijo que el diálogo urbanístico entre China y América Latina tiene un propósito claro: "China tendrá que esforzarse en solucionar los problemas que involucran a las personas dentro del proceso de urbanización. Con esto se demostrará que China ha aprendido de las experiencias y lecciones que la urbanización excesiva de América Latina le ha proporcionado". Este mismo autor, identificó seis características de la "trampa urbana" en América Latina que encienden las alertas en el proceso de Nueva Urbanización puesto en marcha en China:

• El fenómeno de los asentamientos informales masivos, gestando a menudo los "barrios marginales". En Brasil los asentamientos irregulares representan el 22 y 20% en Sao Paulo y Rio de Janeiro, respectivamente. En Ciudad de México, las viviendas irregulares dan techo al 40% de la población.

• La enorme escala de la economía informal, ligada directamente con la existencia de infravivienda. Es cierto que el empleo informal neutraliza en parte los efectos de la "urbanización excesiva", pero esas personas carecen de estabilidad y protecciones sociales.

• La crisis del sistema de seguridad social que está lejos de considerarse suficientemente desarrollado como para mejorar la capacidad de consumo. La vertiginosa rapidez del crecimiento de las ciudades no tuvo paralelo en un sistema social desbordado.

• La persistencia del empobrecimiento con una tasa de pobreza que se mantiene alta: al 2010, el 30% de la población de América Latina vivía por debajo de la línea de pobreza.

• La desigualdad es muy alta y es una de las regiones con el coeficiente de Gini más alto: entre los veinte países del mundo con mayor desigualdad en la distribución de la tierra, dieciséis son latinoamericanos.

• La seguridad ciudadana se ha deteriorado y se ha convertido en un mal social. Los barrios marginales son escenarios de criminalidad y tráfico de droga, todo ligado a la alta densidad de población y la precariedad de vida.[①]

A comienzos de julio 2014 tuvo lugar en la sede de Naciones Unidas en

---

① ZHENG Bingwen,"Urbanización Excesiva y Urbanización Superficial: una comparación entre América Latina y China",documento en Forum on Sustainable Urban Development in China and Latin America and the Caribbean, 2014/11/26, CEPAL, CAF E ILAS-CASS. Santiago, Chile.

Nueva York un panel de discusión de alto nivel sobre Urbanización Sostenible en China organizado de forma conjunta por el Departamento de Asuntos Económicos y Sociales de Naciones Unidas (DAES) y el Fondo de Energía de China (CFEC). Allí, el Dr. Paptrick Ho Chi-Ping, secretario general del CFEC señaló que "la urbanización no tiene que ver con las ciudades ni con los edificios, sino con la gente, con desarrollar gente". La urbanización, dijo, es un proceso, "un proceso de transformación y un proceso de humanización por el que los residentes rurales se convierten en ciudadanos". Para que la urbanización sea exitosa en el largo plazo, agregó, el estilo de vida de los ciudadanos tiene que ser sostenible y el principio de sostenibilidad debe ser incorporado a nuestra vida diaria y manifestado en cada una de nuestras acciones y obras.

¿Dónde y cómo pueden trabajar juntos los arquitectos, los urbanistas y los planificadores de políticas urbanas de China y América Latina frente a esta nueva realidad? Los ámbitos son diversos: a) diseño y calidad de vida; b) logísticas de la ciudad en transporte y servicios esenciales; c) planificación de la interacción entre vivienda, escuela y trabajo; d) nuevas formas de vecindad y participación usando las redes y servicios digitales; e) sistemas de gestión pública eficientes para procesar las demandas y aspiraciones de los ciudadanos; f) planificación y desarrollo eficiente para enfrentar desastres naturales (arquitectura antisísmica, sistemas de desagües adecuados, etc).

Hoy se puede decir que el proceso de urbanización en América Latina ha completado su ciclo de grandes desplazamientos del campo a la ciudad. En distintos momentos y con diversas políticas, se trató de resistir a la urbanización. El resultado fue que las desigualdades sociales perduraron y hoy se tienen ciudades muy divididas o segmentadas, donde las comunidades más pobres siguen siendo mal atendidas a pesar del crecimiento económico sostenido.

Actualmente, la subida de precios de los terrenos urbanos hace difíciles las acciones para mejorar la infraestructura y los servicios. En medio de eso, las políticas públicas buscan mejorar las condiciones de vida de los ciudadanos, especialmente en el transporte, logrando en algunos casos soluciones pioneras muy positivas – como en Curitiba o Bogotá – y otras experiencias negativas y de alto costo, como en Santiago.

La cuestión a futuro está ligada a lo que en cada parte se entienda por "inserción social" y los mecanismos que se desarrollen para ello. Los modelos políticos son diferentes no sólo entre China y América Latina, sino también al interior de esta región por la diversidad de proyectos políticos en marcha, pero la similitud de desafíos llama a ser muy innovadores: las ciudades y su gente reclamarán cada vez más creatividad e inteligencia de quienes determinan su desarrollo.

社会团体如何助力中拉合作
以中国拉丁美洲史研究会为例

董国辉

进入21世纪以来，中国和拉丁美洲国家之间的关系迅速发展，中拉高层互访频繁，政治互信和合作不断深化，双边贸易、投资、金融合作全面发展，文化和教育交流活动日益加深。2016年是"中拉文化交流年"，它以"请进来"和"走出去"为主线，通过举办演出、展览、论坛、电影展映、图书节、经典互译等多类别文化交流活动，扩大中国文化在拉美地区的影响力与亲和力，同时也向中国人民介绍拉美优秀文化艺术，通过文明互鉴增进中拉友谊。作为对"中拉文化交流年"活动的呼应，中国拉丁美洲史研究会在2016年10月举行了"全球史视野下的拉丁美洲文明"学术研讨会，以期发挥学术性社会团体应有的作用，与社会各界共同推进中拉合作。

一、中国拉丁美洲史研究会发展概况

社会团体是由公民或企事业单位自愿组成、按章程开展活动的社会组织，包括行业性社团、学术性社团、专业性社团和联合性社团。中国拉丁

---

* 董国辉：南开大学拉丁美洲研究中心教授。

美洲史研究会属于学术性社会团体。

1979年12月初，在武汉洪山宾馆举行的中国世界史学术讨论会上，在北京大学、世界历史研究所、拉丁美洲研究所、复旦大学、河北大学、湖北大学等单位的倡议下，正式成立了中国拉丁美洲史研究会，并举行了第一次会员代表会议和第一届学术讨论会。会议制定了研究会的章程，推举中国人民大学李春辉教授为研究会首任理事长，秘书处设在武汉师范学院（即现在的湖北大学），1999年迁至南开大学。

此后，中国拉丁美洲史研究会先后于1982年、1986年、1991年、1999年、2003年、2007年、2012年和2016年召开了八届会员代表大会，先后选举中国人民大学李春辉教授、北京大学罗荣渠教授、南开大学洪国起教授、福建师范大学王晓德教授担任研究会的理事长。尤为重要的是，在每一届会员代表大会上，中国拉丁美洲史研究会均会确定一个或多个议题，提前布置给中国高校和研究机构的相关学者以撰写学术论文，由此展开学术探讨。例如，1982年举行的第二届会员代表大会的中心议题是"拉美独立战争的性质和拉美国家的社会性质"。1986年举行的第三届会员代表大会则围绕"拉美资本主义的发展""美拉关系的历史演变""拉美历史上的几个问题"进行了分组讨论。1991年的第四届会员代表大会重点研讨了哥伦布航行美洲的问题。1999年召开的第五届会员代表大会的主题是"20世纪拉美的重大变革和21世纪拉美史研究的重点与方向"。2003年的第六届会员代表大会围绕"20世纪拉丁美洲变革与发展"进行了深入讨论。2007年举行的第七届会员代表大会重点探讨了拉丁美洲的现代化问题。2012年召开的第八届会员代表大会着力讨论了"拉丁美洲文化与现代化"。2016年召开的第九届会员代表大会以"全球史视野下的拉丁美洲文明"为主题进行了深入研讨。其中，第二届和第八届会员代表大会的部分学术论文先后正式结集出版，即1986年出版的《拉丁美洲史论文集》和2013年出版的《拉丁美洲文化与现代化》。

中国拉丁美洲史研究会还先后召开了18次年会，每次会议也都确定一个研究主题，组织国内高等院校、研究机构和其他相关单位的学者和其他专业人士，共同探讨拉美问题。例如，2010年举行的第17届年会为纪念拉美独立运动爆发200周年而探讨了拉美独立运动爆发的根源、独立运动与克里奥尔人、独立运动与国际关系、独立后的政治经济发展模式等问题。2014年召开的第18届年会则重点研讨了拉丁美洲与外部世界的关系问题。

除此之外，中国拉丁美洲史研究会还定期出版学术交流刊物《拉美史研究通讯》，为研究会成员之间提供了一个学术交流的平台。《拉美史研究通讯》是半年刊，至今已经编发了64期。

二、中国拉丁美洲史研究会推进中拉合作的初步努力

1979年召开的中国拉丁美洲史研究会第一届会员代表大会制定了研究会的章程，规定研究会的宗旨是："团结和组织全国从事拉丁美洲史的教学、科研人员开展拉美史研究，推动本学科的学术讨论和信息交流，增进中国人民与拉丁美洲人民之间的友谊，为我国现代化建设和精神文明建设作出贡献。"因此，推进中国与拉丁美洲国家的友好关系，历来是中国拉丁美洲史研究会的重要目标之一。

迄今为止，中国拉丁美洲史研究会主要在以下几个方面开展工作，以实际行动来推进中拉合作：

第一，团结和组织全国各高校、研究机构和其他相关单位从事拉美史教学和研究的同人，对拉美历史上的重大问题进行深入的学术研究和探讨，推进中拉文化交流和文明互鉴。自成立以来，中国拉丁美洲史研究会组织国内学术界较为深入地研究和探讨了拉美历史上的许多重大问题，诸如哥伦布发现美洲、拉美独立运动、拉美社会性质、拉美的发展与变革、

拉美现代化进程等，为更好地了解拉丁美洲文明、推进中拉文明互鉴和中拉合作做了较为扎实的基础工作。

第二，与拉美国家和其他国家的拉美研究机构和拉美研究学术组织进行合作，共同举办学术会议或开展其他学术交流活动。例如，2015年在湖北大学举行的第五届中国拉美研究青年论坛暨"拉美发展与中拉关系"国际学术研讨会，汇聚了国内20多所高校、研究机构和来自巴西、阿根廷、智利等拉美国家的80余位专家学者，共同研讨拉美发展进程与中拉关系等问题。2016年在中国人民大学召开的第六届中国拉美研究青年论坛暨"中国、美国与拉美：新行为体和变化中的关系"国际研讨会，则是中国拉丁美洲史研究会与中国拉丁美洲学会、中国人民大学拉美研究中心以及美国匹茨堡大学、墨西哥国立自治大学联合主办的，来自中国、美国以及阿根廷、玻利维亚、巴西、厄瓜多尔、墨西哥、巴拿马等拉美国家的专家学者济济一堂，对会议主题相关的问题展开了深入探讨。

第三，鼓励中国拉丁美洲史研究会的会员积极开展对外学术交流，参与国外拉美研究学术性社会团体举办的学术会议和其他学术交流活动。自成立以来，中国拉丁美洲史研究会致力于鼓励其会员广泛开展各种形式的对外学术交流，推进中国与拉美各国学术界之间的交流活动。例如，研究会法人王文仙副理事长、常务副理事长韩琦教授、副理事长江时学研究员、吴洪英研究员、董经胜教授、王萍教授等先后多次到拉美国家进行访问研究，一些研究会理事和会员在拉美国家进行了长期的田野考察，还有一些理事和同人积极参加拉美国家学术性社会团体的学术研究和交流。相应地，来华进行学术交流的拉美国家学者的人次日益增长，对有关问题的学术交流不断深化。除此之外，研究会还利用《拉美史研究通讯》和其他渠道系统介绍拉美国家的主要拉美研究机构和学术团体，以推进中拉学术界的交流与合作。

三、中国拉丁美洲史研究会力争成为推进中拉合作的重要力量

尽管开展上述活动在一定程度上推进了中拉学术界的交流与合作,但应该承认,中国拉丁美洲史研究会作为一个学术性社会团体,在助力中拉合作方面还有许多工作要做,还有需要改进和提高的空间。鉴于此,我们计划着重围绕以下几个方面开展工作,使中国拉丁美洲史研究会成为助力中拉合作的重要力量。

第一,继续加强研究会在国内拉美史教学和研究中的协调和组织工作,为进一步提高中国拉丁美洲史研究的水平、培养更多拉美研究的专门人才作出应有的贡献。

第二,进一步加强对国内拉丁美洲史研究的协调和组织工作,为加强高等院校、研究机构与具体职能部门和企业之间的合作作出应有的贡献。

第三,进一步加强与中国拉丁美洲学会等国内其他学术性社会团体的合作,共同为中国的拉美历史与现实问题的研究作出应有的贡献。

第四,积极开展与拉美各国学术性社会团体的交流活动,为加深中国与拉美各国的相互了解、推进合作作出应有的贡献。

总之,像中国拉丁美洲史研究会这样的学术性社会团体,可以在协调和组织国内拉美研究力量,培养更多拉美研究专业人才,推进国内学术界与职能部门、企业界之间的合作,进而推进中拉学术界、企业界之间的交流与合作等方面发挥更大的作用,成为助力中拉合作的重要力量。

智库学者在中拉人文交流中的角色定位

楼项飞

进入21世纪以来,随着高层互访的频繁以及经贸关系的快速发展,中国和拉美各国对于扩大相互认识和加深互相理解的需求变得更为迫切。经过十几年的快速发展,双方官方与民间各个层面的互动不断增加,人文交流持续发展。中国在越来越多的拉美国家建立了孔子学院,拉美不少国家出现了"汉语热"。与此同时,中国学习西班牙语的人数也在快速增加,各所高校的西班牙语专业已经成为热门专业,各类西班牙语培训班也不断增加。中拉智库交流论坛、中拉法律合作论坛、中拉民间友好论坛等民间交流机制也在富有成效地开展。除了双方政府与民间的文化展览和文化团体交流活动日益频繁之外,双方旅游、商务和留学人员往来也日益增多。

人文交流是不同国家和地区之间加深理解和增加互信的桥梁。我们在看到人文交流快速发展的同时,需要注意的是,中拉相距遥远,双方的历史文化、宗教信仰和价值观形成体系都存在很大的差别。相对于中拉经贸关系的快速发展,中拉在人文领域的交流与合作相对滞后,双方在相互认知上仍存在很多误区和不足之处。中拉人文交流既没有欧洲与拉美之间的历史纽带优势,也没有美国和拉美之间的天然地缘优势。要消除中拉人文交流的不利因素,不仅需要官方层面的大力推动,也需要双方学者的共同

---

* 楼项飞:上海国际问题研究院美洲研究中心助理研究员。

努力。

智库学者作为对对方人文历史和社会现状了解相对较多的特殊群体，可以在双方人文交流中发挥独特的作用。具体来说，可以扮演好以下方面的角色：

第一，人文交流的积极参与者。直观地看，中拉智库论坛本身就是中拉人文交流框架内的重要组成部分，是一次重要的跨文化交流行为。智库学者之间的交流与合作是促进相互了解的重要平台。学者们通过对中拉双方关注较多的热点和难点问题进行系统的研究和调研，可以更有理有据地对双方关心的问题答疑解惑。这不仅可以加深对对方国家的基本国情、政府的内政外交政策的了解，也可以消除在诸如人权、民主等方面的误解。

从更为深入的角度看，首先，人文交流不应简单地被视为国家开展公共外交的手段和工具，更应该立足于促进不同社会文化以及不同地区人民之间的交往。它是双向互动的过程，同时需要建立在平等和可持续的基础之上。在构建中拉人文交流机制的过程中，智库学者不仅可以对机制化合作框架的确立建言献策，而且可以对后续的评价体系建设贡献自身的智慧。其次，智库学者可以通过具体的案例研究，例如对不同的社会制度、人文历史、宗教传统等方面的研究，为深化中拉人文交流提供基础性资源。

第二，积极的舆论引导者。大家都知道，大众传媒对社会各方面的信息具有很强的议程设置能力。温纳（Lawrence Wenner）曾经观察道："我们在文化方面的感觉（关于什么是新的，什么是重要的，亦即我们的文化议程）在很大程度上来自于电视上播放的内容。"当然，在当今社会我们获取信息的渠道远比温纳所处的时代要丰富得多，但不可否认传统媒体的议程设置能力以及在对形成社会共识方面仍具有很大影响力。智库学者作为思想生产者，在进行研究时不仅不能被媒体的信息框架所左右，更可以通过专业的学术研究背景去引导舆论，影响媒体的议程设置。

相比记者而言，智库学者依托自身的专业知识，能够为公众提供更为专业化和权威化的信息。记者对于事件的报道更注重是否为最新、最快和最能吸引大众眼球,而学者更讲究对各类问题进行深入的和系统的研究。当前,许多媒体的专题报道和评论员文章出自学者之手。

我们需要看到,人文交流类信息在一般情况下很难成为媒体追踪报道和深度分析的信息源。正因如此,中拉民众甚至是媒体从业人员对于对方社会各个层面的认知常常要滞后于实际现状。此外,由于中国和拉美各国在国际传播过程中仍普遍处于弱势地位,中国形象和拉美各国形象常常处于被西方学者和媒体论述和构建的框架之下。美国或欧洲的"中国通"和"拉美通"常常成为了解中国或拉美的信息源。

当然,我们可以借鉴西方学者对于中国和拉美研究的成果,但是我们更需要获得关于中国或拉美信息的一手资料,培养自己的"中国通"和"拉美通",进而更为直接地去引导舆论和影响舆论。一般来说,智库通过以下几种方式来实现传播思想、达到舆论引导的目的:首先,发行和编辑专业杂志,建设智库网站;其次,各智库之间进行学术交流,参加各类研讨会,举办各种培训班;最后,积极与媒体建立联系,在各类自媒体上发声。

以不久前举办的里约奥运会为例。在奥运会开幕之前的一段时间内,世界各国许多媒体都对巴西的场馆建设、实际运行能力以及治安问题进行了负面报道,中国各大媒体上也一度充满了这类负面消息,但一些研究巴西和拉美的中国学者在看到里约奥运会存在的问题之外,更对巴西政府和人民为举办这届奥运会所做出的努力予以了肯定。他们通过自媒体、撰写专业评论文章等方式去影响舆论并取得了一定效果。

第三,积极的人才培养者。智库通过举办国际会议、互派访问学者、进行各类学术交流以及实施联合培养人才计划等方式,不仅达到了学术交流的目的,也有利于促进智库人才培养。智库扮演的人才培养角色可以从两个方面理解:

一方面,为智库发展孵化人才。对于中国学者而言,拉丁美洲研究是一项跨学科研究，不仅需要掌握西班牙语或葡萄牙语等语言工具的人才，更需要拥有历史学、政治学和社会学等学科背景的复合型人才。作为思想库，智库具有独特的人才聚集效应，智库内拥有不同专业背景的学者通过合理的分工和协作能够达到优势互补的效果，实现人才培养和知识生产结构的合理化配置。

另一方面，为促进对外交流培养专才。许多智库本身就是本国著名大学的组成部分或者开设了具有自身特色的教学课程。学者在进行专项研究的同时肩负了教书育人的职责。我们看到，由于专业人才的缺乏，中国企业在走向拉美的过程中，不得不借助一些华人旅行社的帮助来拓展业务。要扭转这一局面需要大量既拥有语言优势、又拥有拉美专业知识的人才。

总体上看，智库不仅具有为政府决策提供智力支持的功能，也具有促进社会发展的功能。尽管各个智库产生的背景不同，具体的研究项目也各有所长，但都肩负着促进社会进步与发展的责任。智库学者在扮演好为政府建言献策的同时，需要更加关注社会需求，为人文交流的可持续发展贡献一己之力。

Director, the Caribbean Policy Research Institute

Damien King

New Role of China-LAC Think Tanks: Strengthening Cooperation

Role of Think Tanks

There are almost as many think tanks around the world as there is Green Tea in China. And that's a lot of Green Tea here.

Think tanks do research. They gather data; sift it; analyse it: extract information that can inform policy; and then advocate for that policy.

This is self-evidently important work anywhere, because informed policy is better than uninformed policy. But the role is more important in some countries than in others.

I am going to tell you why.

Policy is complex

Public policy is complex. How to manage, for example, energy supply and delivery? You need ownership rules & grid codes & procurement guidelines & resale restrictions & interconnect protocols & feed-in tariffs & on and on. Financial regulation involves fit and Proper criteria & capital requirements & reserve ratios & macro-prudential rules & so on.

No scale economies in governing

The problem with the complexity of governing is, the complexity doesn't scale down, become simpler, because you have a smaller country or poorer economy. It is just as complex to maintain financial and monetary stability in a small or poor country as it is in a large and rich one. Indeed, there is an argument that in instances, it is more difficult to do so in more vulnerable countries.

What is different in smaller and poorer countries, though, is that they have fewer resources with which to execute the demands of governing.

Staff complements are smaller and the salaries are often lower. Most of the top Latin American and Caribbean (LAC) economists in public service are working in Washington, not Kingston, San Salvador, Bogotá, or Asunción.

Thus, the public administration of most developing countries have a capacity, quantitatively and qualitatively, that is less than adequate for the importance and consequences of the tasks they are obliged to manage.

Why nations fail

And countries struggle when government doesn't do it's job. Only government can regulate private activity, can legitimately command force, can manage macro-prudential risks, can mitigate externalities, can provide public goods and services, can exercise management of the public purse. Those functions are irreplaceable by private action.

There are actually two dimensions of the capacity limitations of governing. One is institutional. Because of weak expertise, the institutions of government are sub-optimal in design and therefore ill-suited for their purposes. The other is executional. Even when optimally constituted, private entities that are the stakeholders in public policy have superior capacity to those that govern them, allowing government to be out-maneuvered and putting the government at a negotiating disadvantage. In these circumstances, it is easy for a regulated company, say, to have undue influence over the design of the regulation. We recognise that as "policy capture".

So, because of scale diseconomies in governing, smaller and poorer countries are naturally disadvantaged in their capacity to provide these critical elements to support prosperity and peace. Both dimensions of capacity limitations – institutional and executional – derive from the impossibility for government to be efficient and capable at smaller scale – the scale at which smaller and poorer countries are obligated by history to operate.

Hence, these countries are left with barren swathes in the landscape of prosperity and gaping holes in the armor of order.

Need for support

So LAC governments, especially the smaller, poorer ones, need non-governmental technical support. They need knowledge to inform policy making, knowledge beyond the capacity of their local public administrations and independent of interests vested in the policy.

And that is one value that the multilateral financial institutions (MFIs) do serve. The real value of an arrangement with the IMF, World Bank, or IDB is not the small, concessional loan – small relative to the total financing needs of these countries anyway.

The real value of a relationship with these institutions is the technical assistance with which it is accompanied. But the totality of the intrusiveness of these institutions compared to the narrow range of their technical support – usually related only to fiscal matters – makes it an unpalatable deal for many.

Role of Think Tanks

And that's where we, the think tanks, come in. In the absence of sufficient technical competence within the public administrations and in the presence of market dominating private companies, given the faustian bargain with which some view the MFIs, think tanks take on a unique importance.

Think tanks are a source of independent knowledge to strengthen the policy-making depth of well-meaning governments and to limit the deceptive facility of ill-intended ones.

Conclusion

It is for this reason that, whatever the differences of focus on the surface of our organizations, underneath it, we have a common purpose and a crucial role. And that role can only be enhanced if we leverage that common purpose through collaboration, cooperation, and partnerships. I hope I make many but I am not here to make friends; I am here to build strength through cooperation. Let's drink to that – Green Tea, of course.

Profesora de la Escuela Venezolana de Planificación Social
Iraida Vargas

Tanques pensantes chino-venezolanos y la "ciencia nuestra"

Los científicos/as venezolano(a)s que aspiramos contribuir a la construcción de la sociedad comunal venezolana, a consolidar nuestra realidad revolucionaria, debemos compenetrarnos con las experiencias que han vivido otros pueblos como el pueblo chino en su proceso de construcción de una sociedad socialista.

La necesidad de formular políticas de ciencia, tecnología e innovación que respondan a la necesidad de estudiar y resolver la problemática de las comunas venezolanas, reviste un carácter muy urgente luego del advenimiento de la Constitución de 1999 y de la Revolución Bolivariana, ya que las organizaciones populares, los frentes y movimientos sociales y las propias comunas que sustenta el Poder Popular, han llegado a constituir un importantísimo agente que incide positivamente en la definición de las políticas públicas.

En ese sentido, valioso es reconocer la necesidad que tiene Venezuela de propiciar la creación de colectivos que estimulen un proceso de creación intelectual para la transformación real de nuestra sociedad, en avances materiales e intelectuales en ciencia y tecnología congruentes con los propósitos de la Revolución Bolivariana, expresados en la Constitución Nacional, en el

---

* 伊赖达·瓦尔加斯：委内瑞拉国家计划学院教授。

Proyecto Nacional Simón Bolívar y en el Plan de la Patria.

El Estado bolivariano mantiene con la República Popular China una diversidad de convenios bilaterales donde resaltan los de colaboración científico-técnica y académica en diversos campos del conocimiento. Es precisamente en el campo de construcción de comunas populares, donde los científicos sociales chinos tienen una gran experiencia acumulada en el análisis de dicho proceso histórico.

Compartir tal experiencia con los científicos sociales venezolanos, particularmente los que formamos la comunidad académica de profesores y estudiantes de instituciones como la Escuela Venezolana de Planificación Social, adscrita el Ministerio del Poder Popular para la Planificación, así como aquellos planificadores del Ministerio de Poder Popular para las Comunas, nos abriría la posibilidad de acceder a las prácticas concretas de aquella experiencia desarrollada por el pueblo chino en la construcción de su modelo socialista a los fines de conocer las modalidades de tan notables emprendimientos que tomaron lugar en China en la segunda mitad del siglo XX.

Consideramos que la manera más expedita y conveniente de lograr esa finalidad sería la constitución de tanques pensantes que permitiesen convocar y reunir periódicamente a científicos sociales de ambos países para comparar y discutir experiencias en los campos de conocimientos relativos al proceso comunal.

En nuestro caso particular, dirigimos conjuntamente con el profesor Mario Sanoja un seminario sobre Geohistoria y Subjetividad en la Cátedra Pensar el Socialismo de la Escuela Venezolana de Planificación Social, el cual tiene como finalidad propiciar la formación transdisciplinaria de investigadores en el campo de las ciencias sociales. El tema central del seminario es la investigación trasformadora, teórica o directa, del proceso comunal venezolano, a los fines de desarrollar una visión científica sobre dicho proceso. El grupo de investigadoresb y profesores trabaja como una suerte de tanque pensante donde se combinan las exposiciones magistrales de los profesores con las exposiciones de los cursantes sobre el desarrollo de sus proyectos en un ambiente de discusión y debate colectivo.

Los resultados preliminares de las investigaciones se publican como parte de una obra colectiva donde se recogen tanto las propuestas teóricas como los resultados de la investigación acción directa que pueden servir eventualmente como referente para las políticas de planificación pública en el área de las comunas y consejos comunales.

La diferencia en calidad y cantidad entre el proceso comunal chino y el venezolano son enormes ya que en el caso de China Popular estaban involucrados cientos de millones de habitantes. En el primer caso se trata de una sociedad que estaba ya emancipada del dominio imperialista, la cual buscaba las vías para el desarrollo autónomo de sus fuerzas productivas, organizando y estimulando un gran movimiento social popular. En nuestro caso, se trata de una sociedad de treinta millones de habitantes que busca emanciparse políticamente del imperio estadounidense, emancipación que está condicionada por nuestro incipiente desarrollo científico, tecnológico, lo cual nos hace todavía dependientes de las patentes y procedimientos industriales que son propiedad del imperio estadounidense o el europeo.

La Revolución Bolivariana mantiene también una lucha interna con sectores sociales y políticos ideológicamente dependientes y alienados tanto a los intereses capitalistas del imperio estadounidense como al funesto modelo económico rentista y la cultura petrolera que nos legase la influencia neo-colonial ejercida sobre nuestro pueblo por las transnacionales petroleras Exxon y Shell, entre otras.

Una de las graves consecuencias de aquel legado fue la desnacionalización de importantes sectores de la población y el abandono de la productividad, tanto agropecuaria como la industrial y científico-técnica que son el fundamento de la emancipación de nuestra patria de la dominación neo-colonial que sobre ella ejerce el imperio.

Por las razones antes expuestas, al Estado Bolivariano le interesa la construcción de un nuevo paradigma científico e industrial que responda a las exigencias del nuevo modelo de patria socialista que trascienda el sistema de generación de conocimiento tradicional, a uno en el cual confluyan las creencias y los saberes del pueblo; el pueblo debe participar, debe ser oído por la comunidad científica nacional y ésta debe ser oída por el pueblo. Sería pues necesario crear a través de los "tanques pensantes chino-venezolanos" lo que hemos denominado como "Espacios de Inter-conocimiento". para definir los fundamentos concretos de la nueva sociedad socialista que estamos seguros surgirá del sistema de comunas del Poder Popular, a través y mediante el desarrollo de la investigación científica, de la evaluación y la preservación de los conocimientos, que son los únicos que pueden garantizar nuestra soberanía tecnológica, base de una verdadera soberanía política.

*Vicepresidente de la Comisión de Comercio Exterior
de la Cámara de Industrias del Uruguay*
Washington Durán

Un nuevo rol para los think tanks, Cómo Potenciar el Desarrollo Conjunto y el Conocimiento Mutuo

En primer lugar permítanme agradecer a los organizadores de este Foro por haber invitado al Consejo Uruguayo para las Relaciones Internacionales a participar de este evento, por el reconocimiento que ello implica hacia nuestra actividad y además porque gracias a eso podemos estar nuevamente en Beijing, compartiendo nuestros puntos de vista, sobre algunos temas que nos ocupan.

En segundo término felicitarlos por la excelente organización y por los resultados que ya se percibe que serán alcanzados con estos intercambios, que gracias a la generosidad del pueblo y el gobierno de China nos hacen posible.

Efectivamente nos enfrentamos a un nuevo tiempo en las relaciones y en particular en lo que debe ser la cooperación, que nos permita efectivamente crear un futuro promisorio para cada uno de nuestros pueblos, mejorando su desarrollo y condiciones de vida.

En general, en los últimos años, las relaciones entre nuestras dos regiones han crecido cuantitativamente, a impulsos del comercio y fundamentalmente de las exportaciones de materias primas y alimentos básicos demandados por el crecimiento de China. Ahora bien si analizamos en forma cualitativa este crecimiento, desde el punto de vista del tipo de bienes que se intercambian, apreciamos que, mientras nuestra región – como se dijo – es exportadora de productos básicos con poco procesamiento incorporado y poco diversificadas por país, las exportaciones chinas se componen principalmente de productos terminados con un alto grado de procesamiento, prácticamente listos para su venta al consumidor final y están muy diversificadas.

Quisiera ejemplificar esto con los datos de mi país -Uruguay- correspondientes al año 2015, pero que básicamente son similares a los de otros años.

En lo que hace el monto del intercambio está equilibrado alrededor de los U$S 1.400 millones en uno y otro sentido. Esto hace que China sea nuestro principal destino de exportaciones con el 18% y el segundo origen de nuestras importaciones con el 14%.

Sin embargo si analizamos los valores por kg exportado (aun sabiendo que éste no es un criterio riguroso) el valor promedio de las exportaciones uruguayas hacia China fue de U$S 0,71 por kg, mientras que el valor de los productos importados desde China fue U$S 3,14 por kg.

En cuanto al grado de diversificación de nuestras exportaciones, tres productos representan más del 92 % del total (soja, carne y lana), en cambio los primeros 100 productos exportados por China a Uruguay no llegan al 80% del total. El mayor de todos (teléfonos) apenas alcanza el 5% del total, seguido de herbicidas, computadoras, televisores y recién en quinto término automóviles.

Como se ve si bien hay un equilibrio cuantitativo en nuestro intercambio comercial, desde el punto de vista cualitativo el desequilibrio resulta evidente.

Esto se traduce en que, en nuestra región cada vez tenemos menor posibilidad de incorporar trabajo local. No es éste el ámbito para el análisis de las causas que originan esta situación, pero es necesario considerarla pues hace a uno de los nuevos roles que podríamos asumir los think tanks en materia de cooperación.

En esta sección del Foro se nos plantea la cuestión de cómo los think tanks pueden jugar un nuevo rol de modo de coadyuvar para la cooperación entre China y Latino América y el Caribe.

Para ello debemos tener en cuenta las diferencias entre ellas.

Mientras que China es país que constituye una región por sí misma no sólo por su tamaño geográfico y por su población sino, fundamentalmente, porque desde hace milenios las sucesivas conducciones han trabajado para mantener unidas sus diversas subregiones y etnias a través de una identidad y liderazgo únicos.

En tanto América Latina y el Caribe lo son mucho más por la proximidad geográfica de sus países, que por su identidad como región. Hay que buscar detenidamente para encontrar las similitudes entre algunos de sus miembros, tanto en lo que hace a sus poblaciones originarias, como al desarrollo histórico de los procesos de colonización y posterior emancipación, a sus tamaños, recursos naturales, geografía y ubicación geográfica que condiciona sus vínculos con sus vecinos y con el mundo, etc.

Tengamos en cuenta que, sólo desde el punto de vista de las lenguas que utilizamos, además de las de los pueblos originarios -muchas de ellas con plena vigencia (como el guaraní, sólo por poner un ejemplo próximo a Uruguay) – hablamos castellano, portugués, inglés, francés y neerlandés. Esto muestra las diferentes herencias culturales que hacen a nuestra diversidad y que son parte de nuestra riqueza como región.

Quizás lo que más nos une como región, es la necesidad de alcanzar mejores niveles de desarrollo para nuestra gente y sobre todo reducir la desigualdad. Para ello, en un mundo donde coexisten el discurso generalizado de la apertura comercial, con la práctica – por parte de los mismos actores- de un proteccionismo selectivo; es necesario que encontremos juntos el camino para dejar de ser proveedores de los bienes primarios que requieren los grandes fabricantes, tal como ha sido prácticamente a lo largo de los últimos 500 años de nuestro subcontinente, y comencemos un proceso de incorporación de valor, de avance en la cadena de producción que nos permita un mejor nivel de vida para nuestra gente.

Otro aspecto importante a tener en cuenta es que, si bien tanto China como los países de AL y C somos clasificados internacionalmente como economías en desarrollo, sea por el Indice de Desarrollo Humano, por el PBI per cápita o por el tamaño de la economía, la realidad nos muestra a China como la segunda economía del mundo, que será la mayor en algunos años, mientras que la mayoría de las economías de América Latina y el Caribe están bastante alejadas de ese nivel.

En consecuencia China asume – cada vez en mayor escala – un rol importante de liderazgo mundial y ese camino le impone ciertos costos o concesiones. En ese sentido es bueno que China lo asuma, pero es fundamental que no cometa los errores que, en otras circunstancias históricas, cometieron otras potencias emergentes. La forma en que se lleve adelante la Cooperación entre ambas regiones debe ser una prueba del ejercicio de ese liderazgo.

Una muestra de ese liderazgo del que hablamos es la convocatoria por tercera vez consecutiva a este Foro de Think Tanks, confiamos que este esfuerzo se mantenga en el futuro.

Es importante el rol que debemos jugar los Think Tanks redoblando nuestro esfuerzo para hacer propuestas concretas que puedan ser puestas en práctica de modo de mejorar el diagnóstico que hemos escuchado. Ambas partes tenemos deberes para hacer reconociendo que el esfuerzo necesariamente es proporcional al tamaño.

¿Qué necesitamos para ello y cuál puede ser el aporte de los think tanks de ambas regiones?

Nos parece que quizás lo más importante es ayudar a que nos conozcamos mejor. Reconocemos que en determinados niveles académicos o políticos hay un muy buen nivel de conocimiento mutuo, sólo que eso debe ser trasmitido a un número mayor de personas.

Si bien hoy la información está disponible a través de los distintos medios, para generar vínculos fuertes es necesario un mayor nivel de contacto personal. Esto requiere de un conjunto de acciones desarrolladas desde diversos ámbitos como el político, cultural, deportivo, educativo, académico, etc.

En este contexto los think tanks deberíamos contribuir – cada uno desde su propia realidad – con la realización de eventos que permitan que nuestras sociedades se conozcan mejor en todos los sentidos. El conocerse mejor debería generar una apertura mental que permita comprender la realidad del otro sin tratar de transformarla, sino aceptándola como es.

Para ello es necesario cooperación, sobre todo para el intercambio de personas vinculadas a los think tanks u otras, que puedan dar testimonio de las diferentes expresiones de la vida en cada región así como conocer mejor al otro, para llevar esa experiencia y trasmitirla en su propio ámbito para mejorar el conocimiento mutuo y levantar algunos mitos o preconceptos existentes.

Los intercambios de docentes y de estudiantes, a nivel universitario u otros son también una herramienta importante en uso, que sería necesario incrementar, muy especialmente para levantar las barreras que impone el idioma y el desconocimiento.

En conclusión y tratando de ser muy breves para contribuir al desarrollo en tiempo de la reunión, entendemos que los think tanks deberíamos asumir un rol más activo en el intercambio de expertos que visiten una y otra región, que multipliquen la trasmisión – en ambos sentidos – de experiencias y relatos de vivencias sobre la vida en cada región. Esto requiere de financiación y somos conscientes de las dificultades que tenemos para ello, de modo que habría que trabajar en este sentido para sortear este obstáculo.

第五部分
第三届中国—拉美和加勒比智库论坛会议纪要

第三届中国—拉美和加勒比智库论坛会议纪要

第三届中国—拉美和加勒比智库论坛于2016年11月7日至8日在北京举行。来自24个国家和5个地区组织的160位专家学者和各界代表出席会议。中国国务委员杨洁篪到会致辞。此次论坛的主题是"中拉合作新时刻——开拓进取,共创未来"。与会者围绕"开拓产能合作,打造中拉务实合作升级版"、"深化人文交流,构建中拉互学互鉴新伙伴"、"建设中拉论坛,推动中拉整体合作新进展"和"助力中拉合作,发挥中拉智库新作用"等议题展开热烈、坦诚、深入的讨论和交流,达成以下共识:

一、近年来,中拉关系全面快速发展,进入双边合作与整体合作并行共促的新阶段。这主要得益于双方坚持平等相待、始终真诚互信;坚持优势互补、始终携手共进,互补互利、合作共赢的发展目标成为中拉关系源源不断的发展动力;坚持顺应时代,始终着眼未来,赋予中拉关系更具纵深的国际视野和战略稳定性。

二、与会者认为,当前国际形势发生深刻复杂变化,世界经济总体保持复苏态势,但增长动力不足,需求不振,金融市场反复动荡,国际贸易和投资持续低迷,保护主义出现回潮,给中拉双方自身发展及中拉关系发展造成新挑战,中拉双方均在采取积极有效的应对措施。会议认为,在当前形势下,中拉双方在各自努力发展的同时,应加强对话协作,携手应对挑战,促进共同发展。建议双方:

——继续加强对中拉关系的政治引领。继续从战略高度和长远角度看待双方关系,支持彼此探索符合自身国情的发展道路,按照双方领导人达成的共识，积极构建政治上真诚互信、经贸上合作共赢、人文上互学互鉴、国际事务中密切协作、整体合作和双边合作相互促进的中拉关系"五位一体"新格局，推动中拉全面合作伙伴关系实现新的发展。

——积极推进各领域务实合作提质升级。贸易方面，中国对拉美大宗商品有着长期稳定的需求，拉美中高端农产品正日益受到中国消费者青睐，双方要继续优化贸易结构，提升贸易水平；投资领域，双方应积极探索产能合作新模式，共建拉美物流、电力、信息三大通道，助力拉美国家打破基础设施瓶颈，促进多元化发展，提高自主发展能力；金融合作方面，要继续发挥中拉之间各项多双边融资机制的作用，为各领域合作提供有力支撑，在能源资源、基础设施建设、农业、制造业、科技创新、信息技术领域深化产业对接与产能合作，促进双方经济增长、拓展新的发展机遇。

——继续深化人文交流合作。进一步加强政府、立法机构、政党和地方交往，深化文教、体育、新闻、旅游等领域交流合作，使双方人民在文化上彼此欣赏、心灵上相亲相近，夯实中拉关系长远发展民意基础。

——继续推进中拉论坛建设。论坛首届部长级会议举行一年多来，论坛各项合作稳步推进，实现良好开局。双方要继续加强对话协调，办好各项分论坛活动，鼓励创建新平台，抓紧落实中方对拉"一揽子"融资安排，为中拉务实合作提质升级和人文领域交流互鉴提供助力。

——着力发挥中拉智库新作用。双方专家学者要继续发挥专业优势，提出具有创造性、经得起实践检验的研究成果，为中拉关系提供更多的智力支持；要不断总结中拉合作好的经验，推广好的合作模式，使中拉合作更好地造福双方人民；要经常发声，在中拉之间架起一座学术与文化交流的桥梁，成为中拉友好的民间使者。中拉智库论坛在上述方面发挥了积极作用，应当机制化，使之更好运转。第四届会议的具体安排将通过相应渠道另商。

——会议建议与会者以各自方式将上述共识转告本国政府和有关各界。

与会者高度评价本届论坛取得的成果，并对此次论坛组织者——中国人民外交学会和中国国际问题研究基金会的热情接待和周到安排表示感谢。

此次论坛参加者分别来自下列国家和地区组织（国家按名称首字母顺序排列）：安提瓜和巴布达、阿根廷、巴哈马、巴巴多斯、巴西、智利、中国、哥伦比亚、古巴、多米尼加、多米尼克、厄瓜多尔、西班牙、格林纳达、洪都拉斯、牙买加、墨西哥、巴拿马、巴拉圭、秘鲁、苏里南、特立尼达和多巴哥、乌拉圭、委内瑞拉、联合国拉丁美洲和加勒比经济委员会、拉美一体化协会、美洲开发银行、拉丁美洲开发银行和加勒比开发银行。

Minutes of The Third China-LAC Think Tanks Forum

The third China-LAC Think Tank Forum was held in Beijing on October 7th and 8th, 2016, attended by over – experts and scholars from 24 countries and regional organizations. Chinese State-Councilor Yang Jiechi attended and addressed the opening ceremony. The theme of the Forum is "New Time for China-LAC Cooperation: Forging Ahead and Creating the Future", with four sub-topics: expanding cooperation on production capacity to achieve an upgraded China-LAC pragmatic cooperation; deepening people-to-people exchanges to build a new partnership of mutual learning; developing China-CELAC Forum to achieve new progress in China-LAC overall cooperation; and strengthening China-LAC cooperation to exert the new role of China-LAC Think Tanks. Participants conducted heated discussions with candidness and profundity over the topics and reached the following consensus:

1. In recent years, China-LAC relation has witnessed an all-round and rapid development and has entered a new stage where bilateral cooperation goes well with overall collaboration for a common development. This is mainly due to the unswerving adherence of the two sides to the principle of equality, sincerity and mutual trust; to their compliance with advantageous complementarities and jointed efforts to forge ahead, during which the goal of mutual benefit and win-win development has become the continuous motive force of the development

of China-LAC relations; and to their persistence in keeping abreast of the times, always focusing on the future, and endowing China-LAC relations with more profound international perspective and strategic stability.

2. Participants believed that the current international situation is undergoing profound and complex changes and the overall world economy is in its stable recovery. But due to the lack of growth momentum, a weak market demand, repeated turmoils in the financial market, downward development of international trade and investment, and resurgence of protectionism, new challenges against the development of both sides as well as China-LAC relations have emerged. The two sides are proactively taking measures to tackle the challenges. The meeting concluded that under the current situation, the two sides should, while endeavoring to develop on their own, strengthen dialogue and collaboration, jointly cope with the challenges and promote common development. Proposals for the two sides are as follows:

—Continue to strengthen political guidance of China-LAC relations. Continue to observe the relations between the two sides from a strategic height together with long-term perspective and support each other to explore the road of development under their own national conditions. According to the consensus reached by leaders of both sides, the two sides should actively build a new "Five in One" pattern of China-LAC relations featured by political sincerity and mutual trust, win-win economic and trade cooperation, cultural mutual learning, close collaboration in international affairs, and the overall cooperation coupled with mutual promotion, therefore fostering the development of comprehensive cooperative partnership between the two sides to a new high.

—Actively promote and upgrade pragmatic cooperations in various fields. In terms of trade, China has a long-term and stable demand for staple commodities in Latin America and high-end agricultural products from Latin America are increasingly favored by China consumers. Both sides should continue to optimize the trade structure and enhance the level of trade; in the area of investment, the two sides should explore new modes of production capacity cooperation and jointly foster logistics, power and information construction in Latin America so as to break the infrastructure bottlenecks Latin American countries are now facing, achieve diversified economic development and enhance the capacity for their self-development. In terms of financial cooperation, the two sides should continue to tap the potential of bilateral and multilateral financing mechanism in order to provide strong support for cooperation in various fields. Industrial tie-in and production capacity cooperation should be deepened in areas of energy resources, infrastructure construction, agriculture, manufacturing, technology innovation, and information technology, thus promoting bilateral economic growth and expanding new opportunities for development.

—Continue to increase people-to-people and cultural exchanges through greater interaction between state and local governments, legislative bodies, political parties as well as other actors of society to expand exchanges and cooperation in such fields as culture, education, sports, media, and tourism, so that people from both sides can appreciate each other culturally and relate to each other spiritually, further consolidating the public opinion foundation for long-term development of China-LAC relations.

—Continue to promote the construction of China-CELAC forum. Since the First Ministerial Meeting of the China-CELAC Forum held last year, stable progress has been made in all fields of cooperation and a sound start pointing has been witnessed. Both sides should continue to consolidate dialogue and coordination, organize successful sub-forums, encourage the creation of new platforms, and pay close attention to the implementation of a package of Chinese financing arrangements, thus providing the impetus for the upgrading of pragmatic cooperation as well as the mutual learning in the process of people-to-people exchanges.

—Exert the new role of China-LAC think tanks. Experts and scholars from both sides should continue to fully utilize their expertise and produce research results that are innovative and able to stand the test of practice so as to provide stronger intellectual support for China-LAC relations; think tanks should also constantly sum up good experience of China-LAC cooperation and promote optimal cooperation mode, in order to better benefit people of both sides; also, they should make their frequent presence to set up a bridge of academic and cultural exchanges between the two sides and become a folk messenger of a cordial and time-honored China-LAC relationship. China-LAC Think Tank Forum has played a positive role in above aspects and it should be institutionalized to guarantee a better functioning. The specific arrangements for the fourth Think Tank Forum will be negotiated through corresponding channels.

—The meeting recommended that participants convey the above consensus to their governments and related sectors in their respective ways.

Participants spoke highly of the achievements of the forum and extended sincere thanks to the organizers of the forum for their warm reception, hospitality and meticulous preparation for the meeting. The organizers are Chinese People's Institute of Foreign affairs (CPIFA) and China Foundation for International Studies (CFIS).

Participants of the forum are from the following countries and regional organizations (sorted according to the initials of countries' name):

Antigua and Barbuda, Argentina, Bahamas, Barbados, Brazil, Chile, China, Columbia, Cuba, Dominica, Dominic, Ecuador, Spain, Granada, Honduras, Jamaica, Mexico, Panama, Paraguay, Peru, Suriname, Trinidad and Tobago, Uruguay, Venezuela and the United Nations Economic Commission for Latin America and the Caribbean, Latin American Integration Association, Inter American Development Bank, Latin American Development Bank and the Caribbean Development bank.

Acta del III Foro de Think-Tanks de China y ALC

Del 7 al 8 de noviembre de 2016, se celebró en Beijing el III Foro de Think-Tanks de China y América Latina y el Caribe (ALC). En este Foro participaron 160 expertos, académicos y representantes de diversos sectores procedentes de 24 países y de 5 organizaciones regionales. Yang Jiechi, Consejero de Estado, asistió al Foro e hizo uso de la palabra. El lema de este Foro es "Desbrozar caminos con espíritu emprendedor para crear juntos el futuro: Nueva hora de cooperación China-ALC". Los participantes han llevado a cabo discusiones e intercambio de puntos de vista en forma animada, sincera y profunda en torno a los siguientes temas: "Fomentar la cooperación en capacidad productiva para forjar una versión actualizada de la cooperación práctica entre China y ALC", "Profundizar el intercambio cultural y humano para establecer una nueva asociación de aprendizaje mutuo", "Edificar bien el Foro China-CELAC para imprimir nuevos avances a la cooperación integral China-ALC" y "Desplegar el nuevo rol del Foro de Think-Tanks de China y ALC para contribuir a la cooperación China-ALC". Se llegaron a los siguientes consensos:

1. En los últimos años, las relaciones entre China y ALC han ganado un desarrollo rápido en todos los aspectos, entrando en una nueva etapa en la que las cooperaciones bilaterales y la cooperación en conjunto van en forma paralela y se coadyuvan mutuamente. Esto se debe principalmente a que ambas partes han persistido en el trato a pie de igualdad, la sinceridad y la confianza mutua,

en la complementariedad, solidaridad, beneficio mutuo y ganancias compartidas, lo que constituye la fuerza motriz del constante desarrollo de las relaciones entre China y ALC, así como en el mantenimiento de una visión global y una estabilidad estratégica en las relaciones entre China y ALC, con las debidas adaptaciones a los cambios de la época y los ojos puestos en el futuro.

2. Los participantes consideran que la situación internacional está experimentando cambios profundos y complejos, y la economía mundial, aunque en general presenta una tendencia a la recuperación, carece de fuerza de crecimiento. La demanda es débil, se registra una constante inestabilidad en el mercado financiero, el comercio y las inversiones internacionales siguen siendo deprimidos, y resurge el proteccionismo. Ante esta situación que conforma nuevos desafíos tanto para el propio desarrollo de cada uno como para las relaciones entre sí, China y ALC están tomando medidas positivas y eficaces. El Foro opina que bajo la situación actual, China y ALC, a tiempo de esforzarse por sus respectivos desarrollos, deben fortalecer el diálogo y cooperación para enfrentar conjuntamente los desafíos y fomentar el progreso común. Se propone que ambas partes deben:

—Continuar reforzando la orientación política de las relaciones entre China y ALC. Se debe seguir enfocando las relaciones bilaterales desde una altura estratégica y una perspectiva a largo plazo, apoyarse uno al otro en sus empeños por explorar el camino de desarrollo que corresponde a sus realidades nacionales. De acuerdo con los consensos llegados por los líderes de ambas partes, se debe construir con ahínco una nueva configuración "cinco en uno" de las relaciones entre China y ALC, o sea, la sinceridad y confianza en lo político, la cooperación de ganancias compartidas en lo económico-comercial, el aprendizaje recíproco en lo cultural y humanístico y la estrecha colaboración en asuntos internacionales, a fin de elevar la asociación de cooperación integral China-ALC a un nuevo nivel.

——Promover enérgicamente la escalada y mejoramiento de la cooperación práctica en los distintos sectores. En cuanto al comercio, China tiene una demanda constante a largo plazo de los commodities de ALC. Los productos agrícolas de media y alta gama de la región son cada vez mejor acogidos por los consumidores chinos. Ambas partes deben seguir optimizando la estructura comercial, elevando el nivel comercial; en el sector de la inversión, deben explorar activamente un nuevo modelo de cooperación de la capacidad productiva, construyendo tres viaductos para ALC: la logística, la eléctricidad y la informática. Prestar asistencia a los países latinoamericanos y caribeños para romper el cuello de botella de la infraestructura, lograr una economía diversificada y mejorar su capacidad de desarrollo con independencia. Con respecto a la cooperación financiera, deben seguir aprovechando los diversos mecanismos multilaterales y bilaterales de financiación existentes entre China y ALC, dando fuerte apoyo a la cooperación en las diversas áreas. En las áreas de recursos y energía, infraestructura, agricultura, manufactura, innovación tecnológica e informática, hay que profundizar el acoplamiento industrial y la cooperación en capacidad productiva para respaldar el crecimiento económico de ambas partes y explorar nuevas oportunidades de desarrollo.

——Seguir intensificando los intercambios y la cooperación en lo cultural y humanístico. Fortalecer aún más los intercambios entre los gobiernos, las instituciones legislativas, los partidos políticos y entidades regionales. Ahondar los intercambios y cooperación en áreas de cultura, educación, deporte, información y turismo, a fin de que los pueblos de ambas partes se aprecien en lo cultural y se acerquen en el corazón, sentando así sólidas bases populares para las relaciones a largo plazo entre China y ALC.

—Continuar trabajando en la construcción del Foro China-CELAC. En el transcurso de un año y pico después de la celebración de la Primera Reunión Ministerial del Foro, los diversos proyectos de cooperación del Foro han marchado con pasos seguros, logrando un buan comienzo. Las dos partes deben seguir fortaleciendo el diálogo y la coordinación, llevar a buen término las actividades de los sub-foros, estimular la creación de nuevas plataformas, e implementar con diligencia el paquete de arreglos financieros que ofrece China a ALC, con el fin de contribuir a la mejora y escalada de calidad de la cooperación práctica, así como al intercambio y aprendizaje mutuo en áreas culturales y humanísticos.

—Esforzarse para desplegar el nuevo rol del Foro de Think-Tanks de China y ALC. Expertos y académicos de ambas partes deben seguir poniendo en juego sus virtudes profesionales, presentando estudios innovadores y a prueba de la práctica, de modo que puedan ofrecer más apoyo interctual a las relaciones entre China y ALC; deben resumir oportunamente las experiencias positivas en la cooperación entre China y ALC, difundir los modelos por excelencia de cooperación para que ésta beneficie mejor a nuestros pueblos. Deben dejarse escuchar sus voces, estableciendo un puente de intercambio académico y cultural, y convertirse en embajadores populares de la amistad China-ALC. El Foro de Think-Tanks de China y ALC ha jugado un papel positivo en todos los aspectos antes mencionados y debe institucionalizarse para un mejor funcionamiento. Los planes concretos para el IV Foro serán acordados aparte a través de los canales correspondientes.

—Se sugirió que los participantes transmitieran los consensos acordados en el Foro a sus respectivos gobiernos y círculos sociales pertinentes en las formas que consideran convenientes.

Los participantes valoraron en alto los logros obtenidos en el presente Foro y expresaron su agradecimiento al Instituto del Pueblo Chino para las Relaciones Exteriores y a la Fundación China para Estudios Internacionales, organizadores de este evento, por su cálida hospitalidad y finas atenciones.

Los participantes en el Foro provenían de los siguientes países (por orden alfabético) y organizaciones regionales:

Antigua y Barbuda, Argentina, Bahamas, Barbados, Brasil, Chile, China, Colombia, Cuba, La República Dominicana, La Mancomunidad de Dominica, Ecuador, Granada, Honduras, Jamaica, México, Panamá, Paraguay, Perú, Surinam, Trinidad y Tobago, Uruguay, Venezuela. España y La Comisión Económica de las Naciones Unidas para América Latina y el Caribe. La Asociación Latinoamericana de Integración, el Banco Interamericano de Desarrollo, el Banco de Desarrollo de América Latina y el Banco de Desarrollo del Caribe.

第三届中国—拉美和加勒比智库论坛闭幕词

第三届中国—拉美和加勒比智库论坛闭幕词

李国邦

尊敬的拉美和加勒比国家驻华使节,
尊敬的各位专家学者,
尊敬的各位嘉宾,
女士们,先生们,朋友们:

大家下午好!

到此刻为止,我们顺利地完成了论坛的各项议程,第三届中拉智库论坛即将闭幕。

中国与拉美和加勒比国家虽远隔重洋,但我们同处于一个深刻变化中的世界。当前,世界多极化进程在曲折中发展,地缘政治风险上升,世界经济深度调整,全球经济复苏乏力,国际贸易和投资低迷,国际大宗商品价格和金融市场波动不定。我们共同面临着实现经济强劲、可持续、平衡增长的严峻挑战。在这一世界大背景下,中国同拉美和加勒比国家正在把握机遇,全面深化友好合作,努力实现互利共赢。正是在这样的形势下,我们召开了本次论坛。

两天来,与会的专家学者们就"开拓产能合作,打造中拉务实合作升级版"、"深化人文交流,构建中拉互学互鉴新伙伴"、"建设中拉论坛,

---

* 李国邦:中国国际问题研究基金会执行理事长。

推动中拉整体合作新进展"和"助力中拉合作,发挥中拉智库新作用"四个议题,进行了深入的探讨与交流,大家在热烈的讨论中,都突出了一个"新"字、一个"实"字,取得了可喜的成果。

与会者各抒己见,建言献策,提出了很多真知灼见,不仅为双方政府部门提供了可资参考的有益咨询,也为中拉关系深入发展增添了新的智力支持。请允许我代表主办单位——中国国际问题研究基金会和中国人民外交学会,向所有与会者表示热烈祝贺和衷心感谢。

女士们,先生们,朋友们,

当前,中拉关系已进入双边合作和整体合作并行发展的新阶段,双方正致力于共同构建"1+3+6"合作新框架,打造携手共进的命运共同体。我们之间的合作是全球南南合作的重要组成部分,具有强大的生命力。目前,中拉双方正在不断探索互利共赢的新模式,这种模式将带动中拉全面合作伙伴关系进一步提质升级,呈现出广阔的发展前景。

中国与拉美和加勒比国家都肩负着发展国家、改善民生的伟大使命。有人比喻说,中国人民正在追逐自己的"中国梦",拉美和加勒比人民也在奋力圆自己的"拉美梦"。其实,"中国梦"和"拉美梦"是息息相通的,那就是双方都在谋求共同发展。习近平主席曾说过:"一个更高水平的中拉全面合作伙伴关系,必将更有力地促进双方共同发展,也有利于地区和世界的和平、稳定与繁荣。"今天,历史赋予我们难得的发展机遇。我们要努力把中拉全面合作伙伴关系推向一个更高的水平,为双方的共同发展创造更多实实在在的成果,为推动世界更加均衡、公平、包容发展,构建以合作共赢为核心的新型国际关系作出更大贡献。

本次论坛充满了真诚、友好、团结的气氛,这是一次圆满成功的盛会。再次感谢各位为本次论坛以及中拉关系的新发展所作出的积极贡献。

现在我宣布,第三届中国—拉美和加勒比智库论坛胜利闭幕!

谢谢大家!

图书在版编目(CIP)数据

第三届中国—拉美和加勒比智库论坛文集/刘古昌主编.
—北京：世界知识出版社，2017.1
ISNB 978-7-5012-5392-0

Ⅰ.①第… Ⅱ.①刘… Ⅲ.①国际合作—经济合作—中国、拉丁美洲、西印度群岛—文集 Ⅳ.① F125.57-53

中国版本图书馆 CIP 数据核字（2017）第 005457 号

书　　名	第三届中国—拉美和加勒比智库论坛文集
	Di-san Jie Zhongguo-Lamei he Jialebi Zhiku Luntan Wenji
主　　编	刘古昌
责任编辑	柏　英
责任出版	王勇刚
出版发行	世界知识出版社
地址邮编	北京市东城区干面胡同 51 号（100010）
电　　话	010-65265923（发行）　010-85119023（邮购）
网　　址	www.ishizhi.cn
投稿信箱	xueshuchuban@126.com
经　　销	新华书店
印　　刷	北京京华虎彩印刷有限公司
开本印张	720×1020 毫米　1/16　22½ 印张　4 插页
字　　数	300 千字
版次印次	2017 年 1 月第一版　2017 年 1 月第一次印刷
标准书号	ISNB 978-7-5012-5392-0
定　　价	56.00 元

版权所有　翻印必究